U0453229

国家社会科学基金项目
"社会主义核心价值观的微传播研究"(16BKS120)成果

社会主义核心价值观的微传播研究

徐霞 著

中国社会科学出版社

图书在版编目（CIP）数据

社会主义核心价值观的微传播研究/徐霞著. —北京：中国社会科学出版社，2021.12

ISBN 978 – 7 – 5203 – 9282 – 2

Ⅰ.①社… Ⅱ.①徐… Ⅲ.①社会主义核心价值观—传播—研究—中国 Ⅳ.①D616②G206.2

中国版本图书馆 CIP 数据核字（2021）第 219288 号

出 版 人	赵剑英
责任编辑	张冰洁　乔镜蕫
责任校对	周　昊
责任印制	王　超
出　　版	中国社会科学出版社
社　　址	北京鼓楼西大街甲 158 号
邮　　编	100720
网　　址	http://www.csspw.cn
发 行 部	010 – 84083685
门 市 部	010 – 84029450
经　　销	新华书店及其他书店
印　　刷	北京明恒达印务有限公司
装　　订	廊坊市广阳区广增装订厂
版　　次	2021 年 12 月第 1 版
印　　次	2021 年 12 月第 1 次印刷
开　　本	710×1000　1/16
印　　张	19
插　　页	2
字　　数	268 千字
定　　价	108.00 元

凡购买中国社会科学出版社图书，如有质量问题请与本社营销中心联系调换
电话：010 – 84083683
版权所有　侵权必究

目 录

导 论 …………………………………………………………………（1）
 第一节 研究缘由和研究意义 ………………………………………（1）
 第二节 国内外研究现状综述 ………………………………………（9）
 第三节 研究内容和研究方法 ………………………………………（15）
 第四节 研究重难点和研究创新 ……………………………………（21）
 第五节 研究目标和研究思路 ………………………………………（26）

第一章 微传播与社会主义核心价值观的基本概述 ……………（29）
 第一节 微媒体的基本概述 …………………………………………（29）
 第二节 微传播的基本概述 …………………………………………（40）
 第三节 社会主义核心价值观的基本概述 …………………………（52）
 第四节 微传播与社会主义核心价值观认同的基本概述 …………（66）

第二章 社会主义核心价值观微传播现状与传播案例的实证分析 …………………………………………………………………（78）
 第一节 社会主义核心价值观微传播成功案例的实证分析 ………（78）
 第二节 社会主义核心价值观微传播"欠佳""低效"案例的
    实证分析 ……………………………………………………（118）

第三章　社会主义核心价值观微传播的体系构建……（142）
- 第一节　凝聚"微力量"，打造"四位一体"微队伍……（142）
- 第二节　定制"微内容"，在细雨春风中润物无声……（149）
- 第三节　加强"微协同"，推动全媒体融合发展……（154）
- 第四节　精控"微过程"，确保社会主义核心价值观精准传播……（163）

第四章　社会主义核心价值观微传播的效果评价……（172）
- 第一节　发掘大众传播理论对社会主义核心价值观微传播的参考价值……（173）
- 第二节　构建科学实用的社会主义核心价值观微传播效果评价的指标体系……（188）
- 第三节　社会主义核心价值观微传播效果评价模型及效果提升策略……（213）

第五章　社会主义核心价值观微传播的对策建议……（246）
- 第一节　做好顶层设计……（246）
- 第二节　推进亲和力建设……（256）
- 第三节　打造融合传播格局……（266）
- 第四节　净化信息生态系统……（275）

参考文献……（292）

后　记……（299）

导　论

随着微博、微信、微视频、穿戴媒体等微媒体的迅猛发展，客观物理世界、网络数据世界和主观精神世界，被无处不在、润物无声的"微传播"豁然贯通，使得这"三个世界"前所未有地相互融合、相互作用。人类已经快速迈进"微传播"时代。它不仅深刻影响了整个传播格局，使得传统传播渠道面临边缘化危险；更深刻影响着人们的生活方式、价值观念、精神面貌，越来越多人生活在以微媒体为中心的世界里。对此，习近平总书记深刻指出："很多人特别是年轻人基本不看主流媒体，大部分信息都从网上获取。必须正视这个事实，加大力量投入，尽快掌握这个舆论战场上的主动权，不能被边缘化了"[①]。为此，要适应微传播时代新需求，找准"微传播"新趋势，遵循"微传播"新规律，掌握"微传播"新方法，筑牢"微传播"新阵地，不断提高社会主义核心价值观教育效果和效率。

◇ 第一节　研究缘由和研究意义

一　研究缘由

对研究缘由的探讨，实则是在"微传播"的特定语境中，依据研究靶

---

① 中共中央文献研究室编：《习近平关于全面深化改革论述摘编》，中央文献出版社2014年版，第83页。

向，解答"为什么"，追问研究目的等问题。严格来讲，理论探索、理论研究都要展现一种价值立场，凸显服务社会的崇高价值追求。社会主义核心价值观作为重要理论研究成果，应当深入群众，转化为全体人民的情感认同、基本遵循和行为习惯。自2006年党的十六届六中全会通过《中共中央关于构建社会主义和谐社会若干重大问题的决定》，明确提出"建设社会主义核心价值体系"的重大决策，到2012年党的十八大从国家、社会和个人三个层面勘定社会主义核心价值观12个方面的具体规范，社会主义核心价值观的基本内容已经十分明确，现在的主要问题是如何落地、如何传播。2014年3月，中共中央宣传部召开组织推动培育和践行社会主义核心价值观的电视电话会议，强调要在落细、落小、落实上下功夫。今天，传播环境已经发生极大改变，以微博、微信、微视频等微媒体为代表的微传播正急剧改变着传播生态和舆论格局。如何利用微媒体有效宣传、阐释及传播社会主义核心价值观，并提升其教育的覆盖面、针对性和实效性，是一个迫切需要研究的问题。

从国家安全层面看，微传播带来了新的意识形态安全问题。就意识形态安全各要素而言，意识形态的广纳性是一个重要衡量标准，对于培养民众政治认同感和维系政治体系的社会控制力具有关键作用。良好的意识形态广纳性能够塑造全社会国家观的稳定性、相对同质性和可通约性，形成社会认同、民族共识、宗教宽容和共同信念，获得巨大的政治组织向心力与政治思想凝聚力，使国家政治体制和主流意识形态更能受到民众的认同和拥护。相反，一国主流意识形态出现重大裂痕或者发生激烈冲突，则必然引发内部的政治认同危机，造成社会动荡，并对执政党的执政地位构成严重威胁。正因为作为国家信仰认同的意识形态如此重要，所以强化社会意识形态的整合也就成为国家维护其政治安全的必然选择。纵观目前传播态势，"西强我弱"的国际话语格局依然存在，西方媒体利用传播技术的绝对优势，贩卖意识形态，疯狂发动意识形态战，抹黑中国，进行政治渗透，从事各种政治颠覆活动，微平台中充斥着多元化的意识形态和价值观念，鱼目混杂，良莠不齐。例如"普世价值""民粹主义""新自由主义"等，这些错误思潮的传入必然对广大微民（即玩微博、微信等微电子产品的人）的价值观形成强大冲击，消解大众的政治认同感，如处置不好，可能引发颜色革命。习近平总书记指出："意识形态工作是党的一项极端重要工作。"[①] 在今天，作为在线人数最多、传播力最强的新型传播形态，"微传播"正高歌猛进，迅速而有力消除了国际传播、国内传播之界限，使微空间、微社会成为敌我意识形态斗争的主战场。没有传播领域的意识形态安全，就没有国家政治制度安全。我们要打赢这场新形态战争，必须打造两支"尖刀队伍"，一支要在国际上能战斗，能适应国际意识形态斗争新形势，坚决回应和化解各种舆论攻击，塑造中国形象，讲述中国精彩故事，传播中国文化；另一支要在国内能战斗，能增强主流意识形态的影响力和竞争力，增进与大众的共情力，使社会主义核心价值观直抵人心。为此，在微传播环境中，既要加强国际传播能力，有理有利有节地传播中国声音，增加国际话语权，维护国家利益；也要全面考量当前我国社会主义核心价值观微传播的现状，探寻影响和制约社会主义核心价值观微传播低效、失灵的各种深层次因素及问题，建立健全社会主义核心价值观的心理认同、文化认同机制。通过借助"微传播"这一利器推进国家治理体系和治理能力现代化，不断引导和调适微民之间的各种价值观冲突，形成奋发向上、崇德向善的社会新风尚。

从集体凝聚力层面看，微传播掀起了"微力量"的争夺战。正如马克思所指出："人是最名副其实的政治动物，不仅是一种合群的动物，而且是只有在社会中才能独立的动物。"[②] 在这里马克思指明了，为了克服个体活动能力有限的短板，社会性会赋予个人本能地选择合作，形成亲密关系，

---

① 《习近平谈治国理政》第一卷，外文出版社2018年版，第153页。
② 《马克思恩格斯选集》第二卷，人民出版社2012年版，第684页。

结成超越个体有限性、跨越时空的微群。不言而喻，微媒体技术的诞生必然导致社会分工的变化，产生从事相关技术或产业的群体或集团，催生一批新阶层、新兴群体。伴随着无线通信技术的深入发展和各种便携式、穿戴式移动终端产品的广泛普及，以及传播新模式"分众化""精准化""社群化"的赋能，微民普遍会基于自身诉求准确筛选，加入各种微群，形成数目众多的"信息茧房"，结成微时代的"团团伙伙"，譬如，QQ群、微博群、微信群、粉丝群、动漫群等。从现实状况看，不论是政治精英、知识分子还是平民大众，每个人既生活在现实的社会政治空间里，也生活在"虚拟"的利益族群之中。各种身份背景聚集在传播平台上，都会代表各自的阶层表达价值立场，展现阶层文化，从而产生围观效应、放大效应，引发社会价值体系解体、分化。微时代的"团团伙伙"、网民的"政治无感"容易造成广大网民，尤其是青少年网民政治情感淡漠，盲从群内意见，淡忘政治责任，很可能造成下一步的"政治反感"，甚至可能成为现实政治生活中的诘难者、对抗者。作为马克思主义理论的传播者、阐释者，应当提高政治敏感性，主动关注意见领袖、网络大V、行业精英的言行，及时掌握各个网络社群的舆论动态，借助微博、微信公众号、各种群平台，在谋求社会基本共识的框架下，加强社会主义核心价值观的亲和力建设，不断拉近与微平台用户的距离，提高社会主义核心价值观传播的吸引力和感染力，使微平台内的各种微民产生"平台依赖感"，从而凝聚微力量，占领微民"头脑"，主导微民的言行，掌握广大微民。

从个人价值选择层面看，微传播带给网民各种"价值选择"之惑。微时代的来临，既使得个人的信息传递、购物支付、休闲娱乐、金融理财、民意表达、政治营销日趋方便、快捷，也带给网民政治信仰之危、价值选择之惑、情感归宿之忧，直接对网民认同社会主义核心价值观造成了前所未有的深刻影响。比较而言，在传统传播时代，传媒内容"高大上"，彰显主流价值观，展现形式"严肃严谨"，一本正经。在微时代，媒体内容包罗万象、泥沙俱下,"普世价值"有之、"心灵鸡汤"有之、"宗教伦理"有之,更有赤裸裸颠覆历史人物,恶搞道德标杆,攻击政党制度,散播政治谣言等,以上种种与社会主流价值观相违背,表现形式五花八门,标新立异,个性十足,吸引眼球,文字、图片、动漫、音频、视频等随心所欲,任由自己操控,"语不惊人死不休""标题党""懒人包"横行,极具吸引力和冲击性;微时代的"百家争鸣",客观上使越来越多的网民激情澎湃,豪情万丈,导致他们思想上迷茫,政治上迷糊,远离主流价值,进而导致我国原先较"厚实"的意识形态认同基础被逐步瓦解分化,致使人们的政治信仰逐渐松动、损毁甚至丧失。为此,要净化信息生态系统,依法治网,做好社会主义核心价值观微传播的顶层设计,将价值引领融入传播工作,遵循从"暖人心"到"聚民心"再到"筑同心"的基本走向和发展过程,从而引导广大微民远离信息污染,提高政治鉴别力,形成价值合力。

习近平总书记明确指出:"问题是创新的起点,也是创新的动力源。"[①] 马克思主义理论研究也必将在面向中国问题的过程中推陈出新、在坚持问题导向的历程中吐故纳新。今天的世界已处在一张"网"中,移动互联网把各种各样的微人群和大小不一的微力量充分聚合起来,短期内可以爆发出巨大能量,直接影响微民的政治观念、思想观念与情绪表达,形成强大的网络舆论场。如何借助新传播技术的东风,发挥精准化的传播优势,提供多样化的传播渠道,全面提升微民的社会主义核心价值观认同水平和认同能力,是我国教育体系和社会治理能力现代化转型的应有之义。本书正是基于这样的思考和认识,开展系统的学术研究。

[①] 习近平:《在哲学社会科学工作座谈会上的讲话》,人民出版社2016年版,第14页。

二 研究意义

概览人类发展的历史，可以发现古往今来几乎每个国家、每个民族都高度重视核心价值观的建设。核心价值观是推动国家发展进步的正能量、精神标识和道德规范，是推动本民族不断发展壮大的能量补给，是调理各种复杂社会关系的奇特"调节剂"。在汹汹而来的新媒体时代，传播和培育社会主义核心价值观，有效整合"微力量"，凝聚"微共识"，是我国社会系统得以持续运转、网络社会秩序得以有效维护的重要途径，也是国家治理体系和治理能力的重要表征。从当前青年一代接受信息的来源渠道看，智能手机已经是他们不可或缺且占绝对优势的信息通道。据中国互联网信息中心（CNNIC）已完成的第44次《中国互联网络发展状况统计报告》统计，我国现有8.54亿网民偏爱社交媒体平台，更愿意使用各种网络流行语、暖萌微表情进行情感交流，65.1%的网民年龄在10—39岁更青睐互动式、小众化传播模式。此外，据清博舆情监测系统2019年3月9日的监测报告，微信公众号仅2019年2月就有109217篇文章涉及社会主义核心价值观。其次是微博53254篇、各种网页96228篇、各种客户端49075篇、报刊8705篇、各种论坛3510篇。各种媒体2019年2月共发文319989篇涉及社会主义核心价值观。从数据上看，微信公众号占比34.1%，微博占比16.6%，各种客户端占比15.4%。换言之，微传播平台在传播社会主义核心价值观方面已经占各种原创和转发文章总量的66%，居绝对主导地位。因此，加强社会主义核心价值观的微传播，是当下开展社会主义核心价值观教育的重中之重。作为重要传播手段的"微传播"，其广泛运用和快速融合为社会主义核心价值观传播带来了新机遇新思路，在推进内容建设、增进交流互动、提高传播温度、提升传播效果等方面提供了有力抓手，为增强社会主义核心价值观的感染力和亲和力，进一步提高国家文化的软实力开启了崭新的篇章。

（一）理论意义

第一，有助于建构社会主义核心价值观微传播的基础理论体系，推进马克思主义理论学科的时代化。本书系统研究了社会主义核心价值观微传播的基础理论、传播现状、存在问题、效果评价体系建构和策略建议等问题，逐步构建了社会主义核心价值观微传播的研究框架，描绘了价值引领的清晰"路线图"。因此，本书的研究一定程度上可加强思想政治教育学的基础理论研究，服务于马克思主义理论学科的时代化、中国化和大众化。

第二，有助于探索创新社会主义核心价值观传播的新理念、新模式和新路径，提出传播落细、落小、落实的方法手段、传播效果评价模型和对策建议。新形势下，各种传播概念应运而生，各种传播手段层出不穷，只有将"微传播"概念用好、用活，社会主义核心价值观才能在激烈的传播竞争中占据信息的制高点。习近平总书记指出："一种价值观要真正发挥作用，必须融入社会生活，让人们在实践中感知它、领悟它。要注意把我们所提倡的与人们日常生活紧密联系起来，在落细、落小、落实上下功夫。"[①]这"三落"的传播要求，充分体现了价值观念的生成理路，规定着价值引领的方向、过程及效果评估，构成了本书的研究旨归。本书以"微"为独特视角，从小处着手，聚焦小人物、寻常事，借助微媒介，通过精准化的小众传播模式，实现"以小搏大""以微见著"的传播效果。

第三，有助于确立社会主义核心价值观微传播的理论分析、实证调研和数据分析"三结合"的研究范式，推动社会主义核心价值观微传播教育研究向交叉学科的纵深领域发展。目前已有的研究成果大多侧重于对社会主义核心价值观的内涵、外延、时代特征、培育方法等一般理论问题的探

---

① 《习近平谈治国理政》第一卷，外文出版社2018年版，第165页。

讨，缺乏对现实语境的全面考察和评估，对新媒介的独特功能认识不足，对社会主义核心价值观的精准化传播、小众化转播的方法与策略研究不够，因而部分研究成果难以与现实无缝对接。例如，新媒体的传播规律是什么？社会主义核心价值观的传播效果如何评价？传播模型应当如何构建？等等，而对这一系列问题的解答和研究，必须借鉴和综合运用新闻传播学、心理学、社会学和信息学等多学科知识和研究方法。因此，可以预见的是，对本课题的深入系统研究，有助于推动社会主义核心价值观传播研究向交叉学科纵深发展，从而拓宽相关理论研究的新视野新路径，提高理论研究的新水平新层次。

（二）现实意义

第一，有助于建设社会主义核心价值观的网上传播阵地，加强社会主义核心价值观的理解和认同，抵制西方国家各种消极、腐朽价值观的有害影响和冲击，维护国家意识形态安全。在传统大众传播时代，人们往往一直追求宏大叙事、超越精神层面的信息内容，关注群体的共性追求；在微时代，人们倾向于关注碎片叙事、世俗生活的信息，价值诉求比较注重个体的个性化需求。本书突破了传统大众传播时代研究范式，注重发挥社会主义核心价值观微传播的独特优势和积极作用，借助微媒体推进社会主义核心价值观的精准化传播、科学化管理，推动微传播与社会主义核心价值观教育的深度互动融合，有助于强化战略思维，增强国际对外话语传播力，塑造国家形象，维护国家意识形态安全，提高主流价值观的舆论引导力，是我国国家传播理念的一次重大革新。

第二，有助于化解大量上线的政务微博、大量开设的政务微信公众号与社会主义核心价值观传播欠佳、低效的矛盾局面，为主管部门提供决策咨询和实践指导。本研究通过实证调研、理论研究和数据分析，探寻我国当前社会主义核心价值观微传播的存在问题、影响因素、机制缺陷等。例如，制约微传播的深层次因素是什么？部分地区存在"僵尸博""僵尸APP""僵尸微信"的主要原因是什么？对上述问题的研究有助于回答和缓解新时代社会主义核心价值观在微传播过程中遭遇的众多现实问题，为社会主义核心价值观传播、运营提供操作指导，为党的主管部门提供政策咨询，为广大思想政治教育工作者提供教学素材与实践指导。

第三，有助于培养广大群众，特别是青年大学生正确的政治态度，提高他们对社会主义核心价值观的认同程度，避免政治行为失范和社会主义核心价值观认同危机。社会主义核心价值观的教育传播，必须抓住高校大学生这个重点群体。青年大学生是祖国的未来、民族的希望，其价值观可塑性非常强，如果他们认同、接受了社会主义核心价值观，有这一正确价值观的引领，那么社会主义核心价值就会更容易内化为自身的品德修养，从而得到自觉遵守，成为指导和规范大学生行为的准绳；反之，则可能误入政治歧途，走上反对中国特色社会主义、反对科学社会主义、反对祖国统一的邪路。例如，台湾的"太阳花"运动、周子瑜事件、香港的"占中"运动暴力事件等等，均是部分青年受西方敌对势力蛊惑。这些鲜活的事例警示我们，加强青年一代的爱国主义教育和社会主义核心价值观认同教育，十分必要，极其紧迫。然而，传统以课堂灌输为主的社会主义核心价值观认同教育在微媒体冲击下面临"边缘化""形式化""空心化"的困局。为此，必须充分发挥微博、微信、微电影、微课程等新媒体作用，开展社会主义核心价值观认同"互联网+"教育模式研究，对于增强社会主义核心价值观认同教育的针对性和实效性，具有重大现实指导意义。

◇ 第二节　国内外研究现状综述

2008年以来，社交媒体传播逐步深入人心，链接了不同的群体，引起了各界的广泛关注，带来了国家之间传播的多元化跨界交流。社交媒体以无限的能量赋予个人创造并传播内容的能力，这一定程度上激发不同行业的探索兴趣和研究热情，掀起了从不同视角探究社交媒体与社会核心价值观传播的热潮，并逐步取得了较为丰硕的研究成果。

一　国内研究现状

社会主义核心价值观自提出以来，便得到大力宣传和弘扬。笔者对中国知网的文献进行搜索，以篇名"微传播"并含"社会主义核心价值观"为检索词，时间跨度是自2008年以来，共检索到791条结果。从社会主义核心价值观传播、社会主义核心价值观微传播发表的研究论文数量来看，2016年以后相关研究逐渐呈现欣欣向荣的景观，成为理论界研究的前沿问题和热门问题，在2018年达到最高峰，2019年后略有回落，但涉及面愈来愈广。综观对社会主义核心价值观微传播及其关联问题的研究，国内学术界集中体现在以下四个方面。

第一，阐释社会主义核心价值观微传播的基本特征。张继艳认为，在新媒体基础上诞生的微传播具有传播介质多元化、传播内容微型化、传播速度快捷化、传播模式多样性等鲜明特质（张继艳，2011）。原黎黎等认为，微媒体拥有强大的影响力，在传播社会主义核心价值观的过程中，具有成本低廉，方便快捷；精确定位，靶向传播；即时分享，平等互动等诸多特征（原黎黎等，2015）。颜隆忠认为，微传播具有便捷性、交互性和多样性，是当前最具影响力、辐射力的生活化媒介（颜隆忠，2017）。何妍、刘芳霞提出，微时代社会主义核心价值观的传播呈现传播主体多元化、传播方式立体化、传播形式民主化等新特征，并提出传播社会主义核心价值观必须搭建"微平台"，注重"微创新"，增强"微素养"，加强"微监管"（何妍、刘芳霞，2018）。

第二,探讨社会主义核心价值观微传播的功能作用。周小华等学者认为,微传播是真正意义上以人为本的传播模式,是传播发展到一定程度的必然结果。它的诞生和发展,既为社会主义核心价值观的传播提供了新契机,又为马克思主义在新媒体中传播抓住了更多受众的注意力(周小华等,2014)。张文侯认为,微传播是社会主义核心价值观传播的重要途径,在新媒体基础上诞生,在舆论导向和价值整合方面发挥着重要作用,能为培育和形成社会主义核心价值观提供良好的精神土壤和话语体系支撑(张文侯,2012)。锡彪等认为,微博、微信等强大的信息传播机制使其成为新型政治传播工具,是社会主义核心价值观建设的有效载体(锡彪等,2013)。颜隆忠认为,微信传播具有便捷性、交互性和多样性,是当前最具影响力、辐射力的生活化媒介,在培育和弘扬社会主义核心价值观"落细落小落实"中具有独特优势和作用(颜隆忠,2017)。张志元、雷慧俊认为,高校作为现代科技文化的引领者,在高校中推进社会主义核心价值观大众化,是培育和践行社会主义核心价值观的重要步骤。在高校校园文化建设中,微博、微信、微视频等传播手段发挥着越来越重要的功能。高校可以通过营造积极向上的校园微文化、创新教育教学基本手段、发挥网络新媒体技术的支撑作用等途径,加快社会主义核心价值观在高校的大众化传播(张志元、雷慧俊,2019)。

第三,构建社会主义核心价值观微传播的有效模式。有不少学者在全面审视关于社会主义核心价值观微传播形态和传播模式现有研究成果之基础上,尝试性地提出了切实可行的微传播模式。如王建润等提出,将社会主义核心价值理念转换成生活化、通俗化、层次多样化和具有循序递进规律的话语传播模式(王建润等,2011)。杨晓强等借鉴传播学相关传播模式理论,提出了社会主义核心价值观建设与传播的"七要素"结构模型(杨晓强等,2011)。张福平提出了"共创共享"传播模式(张福平,2010)。苏星鸿提出了构建以传播者互动式、传播介质多样化、传播信息平民化为取向的传播模式（苏星鸿，2011）。程晓军提出，需要激励更多意见领袖参与到社会主义核心价值观传播的工作当中，让微传播成为传播社会主义核心价值观的最佳途径。通过解决微传播过程中出现的问题，可以更好地突显微传播模式的优势，使受众更加认同社会主义核心价值观（程晓军，2018）。

第四，提出社会主义核心价值观微传播的主要策略。这是学者们阐述最多、最深的内容层面，主要有"技术说""工程说""体验说""融合说"等。郑洁提出"技术说"，认为微传播事实上就是网络中自由人的联合体，主张借助新媒体技术，把社会主义核心价值观推上新媒体的主旋律位置，将"人人"变成社会主义核心价值观的传播者（郑洁，2014）。吴国恩提出创新方法手段，通过实施楷模"微小说"、好人"微电影"、邻里"微信群"、凡人"微视频"、未成年人"微博客""五微"工程，增强社会主义核心价值观的影响力和感染力。李梁主张"体验说"，认为社会主义核心价值观传统的传播方式由于过多强调意识形态性和政治意义，而忽略其文化价值和人文关怀，难以让群众真正地接受认同，应当提倡优化传播内容，遵循贴近实际、贴近生活、贴近群众的原则，增进受众的情感体验和情感认同（李梁，2013）。郭小安、李鹏提倡"融合说"，指出走"融合传播"的道路，是培育和践行社会主义核心价值观有效方式。不仅实现媒体的融合，还包括实现传播载体融合、传播形式融合等，通过实现这种多渠道、多形式的融合，达到"拟态环境"营造的全覆盖，从而让社会主义核心价值观像空气一样，无处不在、无时不有（郭小安、李鹏，2012）。杨林香也认同"融合说"，创造性地提出在高校社会主义核心价值观培育的过程中，要构建微传播与主渠道相融合的立体网络，以"迭代创新"方法实现社会主义核心价值观内涵的深化拓展，借助"平台集成"方式来构建深思考性与浅娱乐性结合的内容体系，以"端口对接"形式来促进稳定融合传播长效机制的形成，从而使社会主义核心价值观真正内化为大学生"日用而不觉"的价值准则，实现社会主义核心价值观的引领作用（杨林香，2017）。

二 国外研究现状

国外学者针对价值观微传播的专门论述不多，主要侧重于新媒体时代背景下的价值观研究等研究，主要涉及以下三个方面。

第一，研究新媒体和技术对价值观传播与培育的影响。学者们的相关研究比较深入。如美国学者道格拉斯·凯尔纳在《媒体文化：介于现代与后现代之间的文化研究、认同性与政治》一文中指出，新的媒体和技术为传播自由、幸福、民主以及其他价值目标发挥独特作用，与此同时在其惯常的形式与体裁之外提供另类的文化与话语模式。英国学者维克托·迈尔－舍恩伯格在《大数据时代：生活、工作与思维的大变革》中指出，大数据技术已经撼动了世界的方方面面，同时也影响了人们生活的方方面面。在大数据时代，人们的生活和工作从商业、科技到教育、医疗、经济、人文、政府以及社会的其他各个领域，都已经发生了极大的改变，也引起人们在思维和价值观方面的深刻变革。美国学者罗伯特·奈斯比提出，新媒体能够重新塑造和固化广大受众的认知及其原有的价值观，批判和揭露不符合社会主流价值观的意识及其行为，从而引导人们确立符合社会需要的主流价值观，促进社会核心价值体系的发展稳定。

第二，探讨利用新媒体传播价值观的主要特点。多数学者认为，现代媒介在社会价值观传播中扮演不同的角色，具有实时传播、互动交流强等特征。美国学者丹尼尔·C.哈林在其著作《媒介与政治的三种模式》中提出，社会价值观的现代媒介传播，具有的显著特点主要为简便廉价、随时随地、事半功倍等，因而其实质是"对话式民主"或"政治利益表达"。

第三，结合传播的新变化，提出价值观传播的新策略。西方一些国家的传播学研究者提出，建构主题网站来传播本国的价值观。如"美国价值工程网""美国核心价值网""美国方案网"等主题网站,都是为美国服务,致力于传播美国的文化、美国的价值观念等。① 美国学者更注重通过大力宣传乔丹、科比等"平民英雄"展现勤奋工作、有强烈进取心的美国价值观。英国学者西奥·西奥博尔德强调"润物细无声"式的表达和传播。他在《信息的骨头——数字时代的精准传播》中指出,在数字时代,"少即是多",无论你是在发微博还是以其他任何途径推行价值理念,重要的不是硬性教育,而是通过非正式的教育、轻松灵活生动的软传播形式达到口耳相传之效。

三 国内外研究现状述评

国内外学界的现有研究成果,基本奠定了社会主义核心价值观微传播研究的概念范畴和理论基础,为本书的研究提供了很好的学习借鉴和学术积累,开启了本书研究的思路,但已有研究也存在一些问题。主要表现在三个方面。

第一,研究理念还不够"微"。已有成果对社会主义核心价值观微传播进行了一定理论分析,但结合时代特点对社会主义核心价值观微传播概念的系统深入解析不够,对"星星之火、可以燎原"的微力量作用认识还不够深刻,对微媒体技术的颠覆性认识还不足,对微传播分众化、精准化等特征、规律研究不够深入。

第二,研究视角还不够"小"。已有研究成果开始注重个别社会精英、网络大V、意见领袖的强大号召力,然而对草根民众的独立思考和盲从效应辩证考量不够;开始注重改变传播内容的"高大上",但如何"从小事中品味大爱、在平凡中发现崇高"的策略和途径研究还不够;开始注重借助微

---

① 徐霖杰、王鑫:《国外媒体社会核心价值观传播的策略研究》,《科技传播》2015年第9期。

媒介，但对"点对点"式小众化、精准化的传播方法和手段研究还不多；开始注重对"宏大严肃"形式做出改变，但对如何利用简短传播实现情感互动、交流研究不够。

第三，研究方法还不够"实"。已有成果大多是从一般判断出发的逻辑推演、理论分析，综合利用现代心理学、政治学、新闻传媒学的研究成果并不多见，将实证调查、个案访谈和大数据统计分析的研究范式与理论研究相结合的更是少数。多数研究成果还只是对社会主义核心价值观微传播相关问题某一方面的研究，缺乏从国家社会需求出发进行顶层设计的研究，缺乏对微传播理念、内容、体裁、形式、方法、手段、业态、体制、机制的一体化、整体性研究，缺乏对传播效果的评价研究和动态管理机制研究。

◇ 第三节 研究内容和研究方法

一 研究内容

微博、微信、微视频、微课程等微时代新媒体以其个性化、多元化、开放化等特质，形成了全新的传播方式和价值生态，极大地吸引汇聚了广大社会成员，不断冲击和解构社会主义核心价值观传统传播模式，导致部分网民消解、弱化主流意识形态，甚至出现政治认同危机。因此，必须高度重视微传播的力量和深刻影响，深入探讨"微传播"语境下，网民社会主义核心价值观认同的生成机理，综合分析社会主义核心价值观政治认同的生成资源和合力系统，准确把握社会主义核心价值观微传播的特征规律，通过构建传播学效果评价的相关模型，在充分借鉴国内外核心价值观微传播先进经验的基础上，形成以社会主义核心价值观微传播的"顶层设计"为抓手、"亲和力建设"为根本、"融合传播格局"为支撑、"净化生态系统"为保障,"四位一体"社会主义核心价值观微传播的"互联网+"传播模式,实现党员群众的社会主义核心价值观认同教育与现代信息技术的深度融合,切实提高广大微民社会主义核心价值观认同的的质量与水平。

本书共分五章,主要内容如下。

第一章首先探讨了微传播与社会主义核心价值观的基础理论。本章重点阐述了社会主义核心价值观微传播的基本内涵、主要特征、功能作用、基本原则等相关内容,可为本书的全面展开作理论上的铺垫。一是介绍了微媒体的发展历程,概述了微媒体的内涵、分类,全面考察了微博、微信、微视频等微媒体的实际应用,为社会主义核心价值观传播教育带来的机遇与挑战,明确提出适应微媒体的发展态势,充分利用微媒体,综合运用广大群众更易接受的方式,如文字、声音、图表、动态画像等多种符号来表达信息,聚集受众,实现互动。二是解读了微传播的基本概念、时代特征和主要功能,并对"微传播"与"传统传播"进行了区别与辨析。阐明了本书的"微传播",具体包括三层含义:"微内容""微介质"和"微受众"。(1)"微内容",即内容形态的细微化,本书专指"小人物""身边事"。(2)"微介质",即技术载体形态的微型化。本书专指微信、微博、微视频等微媒体。(3)"微受众",即传播模式的微小化。本书主要指小众传播。比较来看,"微传播"与"传统传播"主要区别在于:传播主体"草根化""去权威化"、传播内容"个性化""多元化"、传播渠道"分众化""精准化"。三是考察了社会主义核心价值观微传播的基本内涵。本书主要指借助微博、微信、微视频等微传播工具,从小处着手,通过精准化的小众传播,传播身边的小人物、寻常事,实现"以小搏大""以微见著"的传播效果,让社会主义核心价值观在当代中国价值体系中获得更为集中、更有成效的彰显。在对基本内涵探讨的基础之上,进而探讨了社会主义核心价值观微传播的主要特征、功能作用等。四是系统研究了社会主义核心价值观提出的过程、意义和基本内容,阐明了社会主义核心价值观微传播的基本原则，探讨了微传播与社会主义核心价值观认同的内在关联性。本书提出，社会主义核心价值观微传播应当坚持守正创新与依法治理相结合、坚持突出重点与全员覆盖相结合、坚持理性引导与科学过滤相结合、坚持显性互动与隐性教育相结合四项原则。此外，从逻辑关系上看，微传播与社会主义核心价值观认同存在辩证统一的关系。

第二章实证分析了社会主义核心价值观微传播现状、存在问题与传播案例。我们根据对西南、华东、西北、东北等地区有代表性的部分社区进行跟踪调研，结合社会主义核心价值观微传播典型案例，尽可能地收集有关微传播的第一手资料。从当前的微传播情况看，传播社会主义核心价值观的主体主要有党员个人、各类学校和政府机构三类微媒体主办者。我们选取了5个成功案例作为研究对象，分别是"鞍钢郭明义"微博、福建师范大学"五微五阵地"微博体系、社会主义核心价值观主题微电影、"共青团中央"微信公众号和"学习强国"APP，系统分析成功样本在社会主义核心价值观微传播中的经验做法、主要亮点和传播效果，为未来进一步强化社会主义核心价值观微传播提供有益借鉴。与此同时，分析了社会主义核心价值观微传播存在问题和影响因素，探索了部分官媒存在"僵尸博""僵尸APP""僵尸微信"的原因，总结了当前部分地区社会主义核心价值观微传播"欠佳""低效"的主要原因。通过研究，本书提出，加强社交微平台传播的理论研究，推进社会主义核心价值观微传播的实践创新；注重传播效果的及时反馈，建立健全配套分级监管制度和应急管理机制；建立联结中外、智能化运营的"价值共创"传播模式等改进方向和实际措施。本章研究可为第五章"社会主义核心价值观微传播的对策建议"提供基本遵循和客观依据。

第三章探讨了社会主义核心价值观微传播的体系构建。本章遵循社会主义核心价值观政治认同的生成机理，在此基础上，针对当下社会主义核心价值观微传播存在的问题，针对传统传播模式存在的缺陷，借鉴国内外先进传播经验和做法，运用政治传播学的基本原理，通过凝聚"微力量"，定制"微内容"，加强"微协同"，精控"微过程"，全方位全过程努力，试图构建以队伍建设为支撑，以内容建设为根本，以平台建设为保障，线上沟通、线下服务的"互联网+"传播体系。具体内容如下：一是凝聚"微力量"。凝聚各种微力量的参与，发挥新媒体代表人士的"宣传员"作用，发挥学校教师的"主力军"作用，发挥家庭的"亲友团"作用，发挥政府的"管理员"作用，打造"四位一体"的微队伍。二是定制"微内容"。增强内容吸引力，定制微而深刻、微而系统的新型传播内容。三是加强"微协同"。重点加强两类"微协同"，分别是各类微传播工具之间的协同、各类传播主体之间的协同。四是精控"微过程"。力求从三个方面着手，分别是社会主义核心价值观微传播内容转换创新、社会主义核心价值观传播过程控制与策略创新、社会主义核心价值观微传播互动与反馈机制创新。

第四章研究了社会主义核心价值观微传播的效果评价。如何构建传播效果的评价模型？如何进行传播效果比较？社会主义核心价值观微传播效果的好坏、优劣如何科学评价？以上是本章探讨的重点。首先，借鉴科学理论。本书将充分借鉴传播学效果研究的经典理论，具体包括"议程设置理论""涵化理论""把关人理论""定位传播理论"等，对以上理论的深层探讨是本章开展深入研究的重要理论依据。其次，构建传播指标体系。本书依据研究需要，依次构建①品牌力（平台知名度、平台公信力、信息质量）、②传播力（内容创新力、受众欢迎度、信息覆盖率）、③互动力（用户活跃度、平台参与度、消息评转率）等指标体系。再次，进行传播效果比较。在前两步研究基础之上对社会主义核心价值观微传播效果进行比较，具体分为即时效果、短期效果和长期效果三个指标，进行整体设计、跟踪分析和效果比较，以确定社会主义核心价值观微传播的频次、力度、方法及创新方向。最后，构建传播评价模型。本书尝试性地依托人工智能系统、虚拟社会情境，通过计算机展开分析，对虚拟社会情境进行"沙盘推演"，同时结合数学模型，试图建立一套科学化、标准化、系统化的微传播效果评价体系及评价模型，为实现精准化传播提供理论和方法支撑，并展开反复试验、不断优化。

第五章提出了加强社会主义核心价值观微传播的对策建议。本章在上述研究基础上，重点探讨并提出了强化社会主义核心价值观微传播具有可操作性、针对性、实用性的对策建议。我们认为，在全媒体时代，强化社会主义核心价值观微传播，面临着众多新机遇新挑战，需要从组织管理、媒体融合、宣传教育、生态净化等多个方面来研究对策。当前最主要的工作就是要抓紧做好社会主义核心价值观传播的顶层设计，切实推进社会主义核心价值观传播的亲和力建设，努力打造社会主义核心价值观融合传播的全新格局，净化社会主义核心价值观信息化建设的生态系统。具体对策建议如下：一是做好顶层设计。在组织管理方面，要依据融媒体时代的传播规律来制定社会主义核心价值观微传播的长远规划，建立联合协调机制，设计现代化的微传播管理模式；二是推进亲和力建设。在宣传教育方面，务必密切联系"微民"，梳理传统文化资源，打造有温度有思想有品质的作品，建设社会主义核心价值观"故事"库；三是打造融合传播格局。在媒体建设方面，要切实打造具有品牌效应的新传播平台，构建整体互动传播模式，创建主流传统媒体与网络媒体内容资源开发与合作机制；四是净化信息生态系统。在执法执纪方面，着力构建舆论预警与快速反应机制，加强微民的媒介素养教育，建立和完善微传播的法律法规体系。概而言之，社会主义核心价值观微传播必须坚持正确的政治方向、舆论导向、价值取向，在设计理念、内容形式、方法手段等方面不断改革创新，提高社会主义核心价值观微传播者的能力和水平，力求推动微传播质量和水平有一个明显提高。

二 研究方法

本书研究坚持理论联系实际的原则，遵循基础理论研究的一般规律，结合收集的实际调研资料进行探讨论证，最终以方法优化和理论创新为落脚点。采取的研究方法具体有五种。

1. 文献研究法。利用报刊、网络、期刊数据库等手段广泛阅读、收集与本书相关的国内外经典原著文献、学术论文、专著、政府文件、现行法律法规等，把握当前学术界关于社会主义核心价值观微传播理论的研究现状、发展脉络、基本走向、前沿进展。本书对社会主义核心价值观微传播的基础理论解读、对传播体系的建构、对传播效果的评价等都需要采用文献分析的方法，通过对文献资料的深入研究，力求为本书研究奠定扎实的理论基础，并能立足学科研究领域的前沿，使本书获得较好的实际效果。

2. 网上调研法。先后对全国以社会主义核心价值观命名的6个微信公众号、校园微信公众号（包括武汉大学、华中师范大学、华中科技大学、北京大学、东北师范大学）、校园微博（福建师范大学、石家庄工程技术学校）、校园抖音号、"鞍钢郭明义"微博、"共青团中共"微信公众号、"学习强国"APP、社会主义核心价值观主题微电影等进行了深入调研，对传播社会主义核心价值观的成功做法、存在问题进行了详细分析，以确保课题研究的学术质量和实际操作性。本书对社会主义核心价值观微传播现状的调查分析需要采用这一方法。

3. 深度访谈法。拟好调研访谈提纲，深入高校教室、办公室、图书馆、城市社区、居民家属楼等处与高校教职工、社区居民进行深度访谈，也联系了高校相关部门主管领导，通过组织召开学生代表座谈会、教职工座谈会等方式进行了深入访谈。深度访谈法可进一步深化对社会主义核心价值观微传播，尤其是我国高校社会主义核心价值观微传播的现状、制约因素等问题的研究，提升本书理论分析的实证依据。

4. 比较研究法。本书将传统传播与微传播方式，在传播内容、传播介质、传播受众三方面进行了对比，有利于更好地把握上述两种传播方式的特点和规律。此外，我们对社会主义核心价值观微传播效果进行跟踪分析，并对即时效果、短期效果和长期效果进行了比较研究，结合相关传播理论的效果测评分析，构建了一套用于测评社会主义核心价值观微传播效果的数学模型。

5. 交叉学科法。借鉴和综合运用了新闻传播学、心理学、社会学、管理学、统计学和信息学等多种重要学科的研究方法，探寻了广大受众社会主义核心价值观认同的微观机理，并在此基础上进行社会主义核心价值观传播体系的设计与重构，并针对不足之处，制定了积极稳妥的改进措施。

◇ 第四节　研究重难点和研究创新

一　研究重点

第一，构建社会主义核心价值观微传播的体系。社会主义核心价值观微传播的研究无疑是个崭新的研究领域，加之在微传播的语境下，可供参考文献相对较少，在研究中需要不断拓宽研究思路，不断学习新知识，系统分析微时代社会主义核心价值观传播的新要求，在理论与实践、历史与现实的张力中展开深入研究，并统筹兼顾，从宏观上形成有效的综合体系机制，确立理论研究图示，并在理论批判的基础之上完成本书的体系建构，致力于对社会主义核心价值观微传播的队伍建设、内容建设、平台建设、机制建设等进行综合考察和深入分析。

第二，推进社会主义核心价值观的亲和力建设。在当前环境下，推进亲和力建设直接关系到社会主义核心价值观能否深入广大微民心中，并成为影响他们的信息渠道、价值选择及行为遵循。这也是本书研究的理论重点和创新之处。本书尝试站在用户的角度思考问题，围绕其心理需求和传播需求，着手从传播民众的难心事、烦心事、高兴事、乐呵事等方面系统推进社会主义核心价值观传播，让社会民众接触和感受到国家前进和努力的方向，使社会主义核心价值观逐步深入人心。

第三，提出社会主义核心价值观微传播的对策建议。在严密论证分析的基础上，探讨微传播语境下如何实现社会主义核心价值观有效传播，努力把广大公民特别是广大青少年凝聚到新时代中国特色社会主义的旗帜之下是本书研究的价值旨归。借助微媒体对社会主义核心价值观实现精准化传播既是一项重大的理论课题，也是一项重大的实践课题。目前关于社会主义核心价值观的研究，仍是热点。相关研究成果可谓汗牛充栋，数量惊人。但从实践应用的角度考察，通过强化传播内容建设、拓展传播载体、优化传播方法来开展社会主义核心价值宣传、培育的相关研究成果较少，且针对性和可操作性不强。然而，理论研究只有与实践应用相结合，服务现实社会，才能体现理论研究的重要价值。因此，立足微时代的现实大背景，并在此基础上探讨社会主义核心价值观微传播的现状、主要问题，分析其影响因素，归纳社会主义核心价值观微传播的功能作用、特征规律等，有针对性提出领导管理、媒体建设、宣传教育、执法执纪等方面转型建设思路，为社会主义核心价值观的认同和建设提供具体对策建议，这是本书研究的重点工作内容。

二 研究难点

第一，开展社会主义核心价值观微传播的实证研究。对社会主义核心价值观微传播现状、效果的分析皆需要有实证性的分析。这一分析应基于实践调查基础之上，主要内容包括核心价值观的普及度、认知度、认同度、践行度和再传播度。此外，还有一个我们应当考虑到的指标，那就是拒斥度问题，亦即在社会主义核心价值观的微传播过程中，有的人对社会主义核心价值观的内容存在不认同甚至反感情绪，对传播方式的不接受或不满意程度等。拒斥不仅意味着是无效传播，其在客观上往往还有着较严重的负面作用。这些都带来了实证研究、效果测量的难度，本书将依据上述指标，全面分析当前社交媒体传播社会主义核心价值观的亮点、堵点、难点，以期在研究成果中能有的放矢、精准施策。

第二，创建社会主义核心价值观微传播效果的评价模型。从定量研究方面看，其效果究竟如何，需要有一个科学的评价标准，以便我们能更精准地把握其传播实效，进一步优化社会主义核心价值观微传播手段。建立评价模型，是我们开展对社会主义核心价值观微传播效果评价的前提条件。在本书中，我们提出了社会主义核心价值观微传播效果评价的指标体系。涉及的研究指标、参数较多，它们彼此间是个什么样的逻辑关系？各个具体指标应当赋予多少权重？用什么方式最终来确定社会主义核心价值观微传播的客观效果？以上问题都要求我们必须将理论与实际联系起来，以科学的手段来解决问题，但事实上这是一个极为复杂的统计工程。

三 研究创新

（一）研究观点的创新

第一，多数传播平台各自为战，"强个体、弱体系"的传播格局导致力量分散，无法形成社会主义核心价值观的微传播合力。在"颠覆与被颠覆"的风险传播语境下，万物互联的发展态势倒逼各传播主体实现"认知创新"，由"竞争逻辑"向"共生逻辑"转变，通过集合智慧，互动共生，形成命运共同体，进行价值共创，实现 $1+1>2$ 的传播效果。审视现状，值得关注的是，在个体价值崛起的洪流中，似乎每个传播平台更加注重"自我传播"，注重自我价值的实现，不但无视微传播平台之间的协同创新，而且不屑与传统主流媒体开展有效合作，甚至于无视国际国内传播平台之间的友好合作。各传播平台之间的信息隔离，致使有效的资源、知识得不到充分利用，从而使自身逐步陷入"信息孤岛""资源孤岛""囚徒困境"之中，最终干扰、影响社会主义核心价值观的有效传播，不利于我国社会主流价值观地位的巩固。

第二，加强社会主义核心价值观微传播内容端"供给侧"结构性改革，加大内容选题策划，加强原创性内容的生产。加强"供给侧"结构性改革，实现内容持续传播、持续发酵。从"质"的角度而言，社会主义核心价值观微传播应加大内容选题的策划，包括从什么角度切入、以什么视角阐述、讲什么内容故事等，尤为重要。实际上，借助自然风光、健康养生等全人类共同关注选题的"软性传播"，逐步向时政类"硬性"传播转换推进，更容易激发受众的兴趣，将会使国家政策在群众中的接受度更高。从"量"的角度来说，传播的文本、图片、视频、稿件等数量十分重要。应当通过技术驱动，加速融合传播，充分发挥联动作用，使资源实现多平台使用，实现最大化使用，抓住社交平台"内容＋"的传播属性，从而成功实现规模化的传播社会主义核心价值观，巩固壮大主流媒体传播社会主义核心价值观的效果和引导力。

第三，从个人内部认知系统看，微媒体环境下社会民众的社会主义核心价值观认同环境、认同心理虽更为错综复杂，但也是有规律可遵循的。具体来看，认同形成的内在机理包括：感官体验、逻辑理解、情感驱动、观念内化，它是一个由自发认同（朴素的本能认同）向理解认同、情感认同到价值认同逐步推进、螺旋式上升的综合性过程，旨在通过建构一个由"认同体验→认同自决→认同升华→认同固化"的内驱动系统，不断激发、强化政治认同感和向心力。从认同生成的外部机理研究，其生成逻辑主要包含"环境测查→舆情预警→预案模拟→行为奖惩"等综合性过程,通过建构社会成员"认同态势感知→认同风险评估→认同治理决策→认同危机处置"等这些外部防范系统,进而促使其良好运行转换,全面解构影响微民认同的负面能量、外部威胁,营造安全有利的外部环境,筑牢外部安防的铜墙铁壁。

第四,加强社会主义核心价值观微传播的品牌建设,多推出"现象级"视频、"史诗级"作品。品牌不单单是文化产品,还是一种用来区分"我"和"他"的文化符号,更是一种实现隐性传播的有效途径。从国家主流媒体传播战略看,它们非常注重自己的品牌管理,切实提升品牌的知名度,壮大主流舆论。例如,"共青团中央"微信公众号的品牌号召力明显,积极发挥了"中央级"共青团的政治功能、动员功能,取得了社会主义核心价值观内容传播的明星效应,引导33个省级以及团属媒体、地市级、基层共青团微信公众号连成一体,形成密集式、互粉式传播。

(二)研究视角的创新

本书始终以"微"为独特视角,探索社会主义核心价值观微传播模式的创新与优化,提出构建具有极好到达率和渗透度的社会主义核心价值观微传播模式。本书指出在遵循社会主义核心价值观认同生成机理的基础上,充分借鉴国内外在核心价值观传播上的成功经验和有益做法,在综合运用各种传统传播模式的基础上,通过微媒体连接、集成、优化,有效整合各类资源、聚合各类动力,以"微内容"为根本、"微平台"为抓手、"微队伍"为支撑、"微生活"为保障,实现线上线下互动、虚拟现实融合,从而构建一体化、精准化、润物细无声式的"互联网+"传播模式。

(三)研究方法的创新

本书充分借鉴新闻传播学、心理学、社会学、管理学、统计学和信息学等多种学科研究成果，运用理论分析、实证调研和数据分析"三结合"的研究方法。本书对社会主义核心价值观微传播的特征与规律进行了深入挖掘，结合我国国情对社会主义核心价值观的微传播进行了整体设计，从时、度、效三个维度着力创新价值引领，提出了具体策略。

第五节　研究目标和研究思路

一　研究目标

第一，通过梳理和分析社会主义核心价值观微传播的时代背景、功能作用和特征规律等，使人们高度重视微传播的力量和深刻影响，筑牢社会主义核心价值观认同的理性基础，提升马克思主义学科理论的科学化和综合化发展水平。

第二，通过揭示社会主义核心价值观微传播的特征规律，分析社会主义核心价值观微传播认同教育的现实困境、存在问题，探讨如何提升社会主义核心价值观微传播教育的实效性等问题，找到进行社会主义核心价值观微传播的有效途径。

第三，通过对社会主义核心价值观认同生成机理的探究，开展对国内外社会核心价值观传播的典型个案和成功经验的研究，通过对传播评价模型的建构、传播效果比较的研究，从我国实际出发探讨社会主义核心价值观"互联网+"传播模式如何构建、如何优化等问题。

二　研究思路

本书在借助网络资源、图书馆资料，审视国内外研究现状，分析典型案例和实际数据基础之上，按照"理论—问题—体系—模型—对策"五步法实施系统研究。

第一步，基础理论牵引。从理论层面，探讨了社会主义核心价值观微传播的基本内涵、主要特征、功能作用、基本原则等相关内容，可为本研究的全面展开作理论上的铺垫。着重研究了"微传播"与"传统传播"的主要区别，揭示了社会主义核心价值观微传播的特殊规律和独特优势。

第二步，现实问题导向。从实践层面，研究了社会主义核心价值观微传播成功案例："鞍钢郭明义"微博、福建师范大学"五微五阵地"微博体系、社会主义核心价值观主题微电影、"共青团中央"微信公众号、"学习强国"APP，与此同时研究了"僵尸博""僵尸APP""僵尸微信"存在问题和影响因素，得出制约社会主义核心价值观微传播的问题和原因，并在此基础上针对性地提出社会主义核心价值观微传播的领导管理、媒体建设、宣传教育、执法执纪等方面转型建设思路。

第三步，传播体系探究。在充分借鉴国内外经验、启示的基础之上，从逻辑层面研究了社会主义核心价值观认同的内外作用机理，试图构建以队伍建设为支撑，以内容建设为根本，以平台建设为保障，线上沟通、线下服务的"互联网＋"传播体系。

第四步，评价模型构建。立足微时代的现实背景，在遵循客观机理和社会主义核心价值观认同生成和变化规律的基础上，借鉴传播学相关传播模式理论、定位传播理论、受众理论、把关人理论、效果理论等知识，研究总结了社会主义核心价值观传播效果评价模型的构建与优化；并在实践中与高校社会主义核心价值观微传播、教育结合，不断修正评价模式。

第五步，对策建议优化。在上述四步研究的基础上，提出社会主义核心价值观微传播的对策建议，并将研究成果反馈到实践中进行试验，再对试验结果进行提炼改进、总结升华。

综上所述,本书从理论、现实、历史、逻辑、战略思维五者相结合的角度展开逻辑研究,建构逻辑框架,同时注重在研究过程中,根据实际研究需要,不断调整、迭代研究。

第一章

微传播与社会主义核心价值观的基本概述

在信息技术迅猛发展的推动作用下,以微博、微信、微视频为主要代表的各种微媒体已成为当前我国最具传播活力、最具话题深度和最具影响力的媒体平台之一,也成为社会各阶层表达自身诉求、参政议政的重要交流工具,对我国政治体系和广大网民的社会主义核心价值观认同度产生了深刻影响。

◇◇ 第一节 微媒体的基本概述

微媒体的快速发展引发越来越多的关注。微媒体是什么?微媒体的产生背景和发展脉络是什么?相比传统媒体,微媒体具有哪些新特征、新功能?毫无疑问,关于上述问题的答案,许多人都希望了解并充分掌握。

一 微媒体的发展历程

微媒体从它诞生的那一天起就高度耦合用户在数字时代的需求,而人们又以其无限的想象力推动技术的持续发展。下面,本书尝试对微媒体的发展历程进行划分、梳理。

(一) 微媒体的初步形成时期(2004—2009)

2006年3月,logger创始人Evan·Williams(埃文·威廉姆斯)创建的新兴公司Abvious推出了Twitter(推特)服务,起初该服务仅有向好友的手机发送文本信息的功能。到了2006年底,Abvious对服务进行了优化、升级,用户直接省去了输入手机号码的麻烦操作,享有即时性、自主性、个性化的新服务功能,在有网络覆盖的位置,就能随时接收、生产和发布各种信息。它完成了一个社交媒体的功能,引发信息传播领域的变革,即人人都是传播者,所有的Twitter消息通过140个字符即可完成发布和共享。Twitter更是在新闻事件和社会热点问题中承担了重要角色,以前所未有之势展现强大的传播力。在2008年孟买恐怖袭击案爆发后,Twitter先于传统新闻媒体,第一时间进行了报道,使其声名鹊起。2009年发生的美航坠河事件,由于网民实时发帖子、更新现场图片,加之大量网评而被越来越多人知晓,Twitter正式进入了公众视野。Twitter的出现和发展推动了互联网从此进入了微时代,标志着一个崭新传播时代的正式开启。

Twitter的成功带动了中国国内微博的发展。2007年5月,王兴建立了中国第一家具有微博色彩的社交网络"饭否网","饭否网"也因此获得了中国微博鼻祖的美名。2007年8月13日,腾讯推出了"腾讯滔滔"。2009年7月中旬,老牌微博产品"饭否网""腾讯滔滔"相继关闭;而同时,"叽歪""follow5""9911"等新产品不断涌现,但大多昙花一现,并未产生较高的热度和影响力。直到2009年8月,新浪成为我国第一家提供微博服务的门户网站,微博正式进入广大中国网民的视野,并成为网上主流的社交工具,至今微博的服务功能不断推陈出新、日渐完善,成为了人们最常用的交流方式之一。

(二) 微媒体的快速发展阶段(2010—2014)

2010年,中国版"Facebook",即"人人网"正式推出,成为我国社交媒体网络元年的开启者。2011年1月21日，腾讯公司推出的一个即时通讯服务应用——微信，是微媒体发展史上的重要里程碑。微信，作为一个为智能终端提供即时通讯服务的免费应用程序（需消耗少量网络流量），"它支持跨通信运营商、跨操作系统平台，通过网络免费快速发送语音短信、视频、图片和文字，也可以使用流量共享媒体内容的资料和基于位置的社交插件'摇一摇''漂流瓶''朋友圈'等服务插件。"[1] 微信兴起的同时，微博异军突起、迅猛发展。据第32次《中国互联网发展状况报告》的数据显示（此报告由中国互联网络信息中心发布），我国微博活跃用户数2010—2011年出现了爆发式增长。2011年7月23日，温州发生动车事故，微博第一时间将信息传出，许多人就第一时间关注了这次事故，这充分表明微博平台的出现，打破了传统媒体对话语权和信息渠道的绝对垄断，赋予了公众更多样、更快捷获取社会信息的渠道，一定程度上也释放、激活了公众的话语权。据统计，96%的用户通过微博了解社会问题、突发事件的情况，发表自己的观点、看法。2012年腾讯微博注册用户达5.07亿，2013年上半年新浪微博注册用户达5.36亿，另有超过半数的国内用户同时使用微博、微信。微媒体的开放性、草根性、互动性等特点使其用户数量迅猛增加，发展速度令人震惊。根据我国教育部发布的《2013年中国语言生活状况报告》显示，自2010年至2013年，"微某某"格式的词持续升温，异常火爆。"微电影""微小说""微故事"作为"微文学"一类与"微广告""微传播""微访谈""微招聘"等作为"微生活"一类，都名列其中。2014年7月21日，中国互联网络信息中心CNNIC发布第34次调查报告显示，截至2014年6月，我国网民达6.32亿人，年净增网民1442万人，互联网普及率达46.9%，与2013年底相比较提升1.1个百分点。其中手机使用率达到83.4%，首次超越传统PC网民规模（80.9%），宣告"微媒体"

---

[1] 严宏伟：《微媒体舆论引导：策略、方法、案例》，国家行政学院出版社2013年版，第9页。

王者时代的到来。

(三) 微媒体进入全方位发展阶段 (2015 年至今)

微媒体在深刻影响个人生活的同时,这一新型媒体介质,逐步引起了我国政府和企业的高度重视。政府和企业纷纷争抢"两微一端"(微博、微信及移动客户端)新阵地,微媒体进入全方位发展阶段。"两微一端"成为政务新媒体发展新模式,据国家网信办召开的政务新媒体建设发展经验交流会消息显示,2015 年,我国政务微博账户超过 24 万个,各地政务微信账户超过 10 万个,其他政务客户端的发展也极为迅猛。2015 年,人民网舆情监测室开始发布国内"两微一端"融合传播排行榜,在国内是首次发布,以后每年更新榜单,推动了国内媒体融合发展大潮的到来,也推动微传播正式成为一种主流传播方式。同年《中国新媒体发展报告》也对中国的新媒体发展状况作出了总结概括,指出中国的新媒体已迈入快速发展阶段,表现为:"中国成为移动互联网大国;微传播正成为一种主流传播;网络空间法治化得到加强;中国互联网企业国际影响力剧增;各种自媒体发展迅速;媒体融合转型加快。"① 2016 年 9 月,今日头条旗下短视频平台抖音上线,是一款社交软件,专注年轻人、时间限定 15 秒以内。根据第 41 次《中国互联网发展状况统计报告》(2018 年)的数据显示:我国网民人数持续增长,截至 2017 年 12 月,达 7.72 亿人,其中手机网民有 7.53 亿人,手机网民上网的比例达 97.5%;微信朋友圈空间用户的使用率为 87.3%;2017 年,微博因时因地制宜,将发展的战略重点转移到短视频、移动直播上,用户使用率达到 40.9%,保持了持续增长,较 2016 年上升了 3.8 个百分点。2019 年 2 月 28 日,第 43 次《中国互联网络发展状况统计报告》发布,我国网民人数又创新高,截至 2018 年 12 月,我国网民规模达 8.29 亿,其中

---

① 《2015 中国新媒体发展报告发布 中国成为全球最大新媒体市场》,《社科院专刊》2015 年第 301 期。

手机网民达到了 8.17 亿，手机网民通过手机上网达到 98.6%，互联网普及率达新高，即 59.6%。

综上所述，随着微媒体对公众生活的影响与日俱增，其发展呈现不可逆转的趋势，深刻改变了社会的政治、经济、文化，改变了人们的精神家园、生活方式、消费模式，使公众的价值观更为多元化，生活时间更为碎片化。

二　微媒体的概念与分类

（一）微媒体的概念

严宏伟认为，微媒体是："信息发布主体通过有线互联网和移动互联网等传播渠道，使用智能手机、大尺寸移动智能终端（如平板电脑）和台式计算机等终端设备，向带有特定标志的社会单位、社会群体和公众用户等受众群体进行微信息传播，或这些受众群体之间进行微信息传播的媒体形态。"[①] 赵前卫、汪兴和则认为，微媒体是指："以微博、微信、新闻客户端为代表的基于移动互联网具有社交属性的信息传播平台。"[②] 两种概念从不同角度给出了定义，前一种概念相对宏观、相对抽象，后一种概念相对狭义、相对具体。

深刻理解微媒体的概念，可以从以下两点把握其本质特征：一方面，微媒体由很多微小的传播单元构成，每一个传播单元各自独立，又都具有一种交流介质；另一方面，在众多的小型传播单元累积后，微媒体形成了一个传播网络，进而形成了一种新的传播媒介。无论是在个体意义上来说，还是在群体意义上来说，这些新的传播单元和新的传播媒介，都可以称为

---

① 严宏伟：《微媒体舆论引导：策略、方法、案例》，国家行政学院出版社 2013 年版，第 8 页。

② 赵前卫、汪兴和：《微媒体舆情传播特点》，《今传媒》2017 年第 12 期。

微媒体。它的特点就是：传播者具有平民化、私人化、自主化、泛在化等特征；传播内容即为发布自己或他人亲眼所见、亲耳所闻事件；传播方式就是通过微博、微信、微视频等技术手段，向特定或非特定的个人传递规范及非规范性的信息。

基于上述分析，本书认为：微媒体主要是指建立在网络传输、智能终端、移动通讯等新设备和新技术的应用基础之上，并不断创新发展而来的，以微博、微信为社交软件代表的微媒体平台的传播形式，它是在平面媒体和电波媒体等传统媒体之后所产生的一种全新媒体形态。微媒体信息主要包括文字、图片、动漫、音频和视频等多样内容，通常以多种表现形式并存的多媒体方式传播。

（二）微媒体的分类

根据微媒体的性质与形式差异，可将微媒体细分为微博、微信、微视频等。

1. 微博

微博，微型博客的简称，是一种广播式社交平台。微博通过一种关注机制，一般用于分享较为简短的实时信息。它最早起源于美国，是一种即时通知系统，传播对象是不确定的陌生的多数人，属于大众传播。目前，我国网民即时信息的获取方式，多数人首选登录新浪微博、头条或者热搜。甚至有许多网民认为，当自身权益受到损害时，当遇到急事、难事、棘手事时，在新浪微博发布消息甚至可能比报警还管用。通常按照发布主体的不同，微博主要分为个人微博、政务微博和企业微博三种。

个人微博是当前使用频率最高且最具活力的微博形态。值得注意的是，随着"网络问政"的不断发展，公职人员的微博日益受到全社会的广泛关注。人民网、新浪网、腾讯网、搜狐网、网易网等推出的微博服务，小米科技推出的米聊、2013年8月19日中国电信与网易联合发布的新一代移动即时通讯社交产品"易信"、2013年9月23日阿里巴巴集团推出的新型社交平台"来往"等都是具有较好口碑的产品,它们在满足用户社交需求的基础上不断延伸功能,受到用户的真心喜爱。正如阿里巴巴集团原首席执行官陆兆禧所言,这样的产品"不仅是移动端产品,更是针对个人用户的新一代好友互动平台。这款产品将人们的社交、生活和消费等不同的应用场景链接起来,打造出新的无线应用场景,解决用户在移动时代的社交需求。"[1] 一些活跃度较高、互动性较强、广大青年学生关注较多的个人微博有:中一在线、张雪峰老师、陈正康老师、秋叶(武汉工程大学校团委老师),他们中既有高校辅导员、党务干事,也有考研培训机构的网红老师。青年学生登录微博的原因五花八门,各种各样。例如:放松心情,释放压力;多方互动,增进交流;展现自我,表达情感;学习技能,刷各种资讯;消磨时间,排遣寂寞。但最为根本的一条是,新时代的青年网民普遍期望寻求存在感,渴望建立自信心,盼望获得成就感。

政务微博具有浓厚的政治色彩,主要代表政府机构和官员个人,因公共事务而设立。目前政务微博在我国社会管理创新、政府信息公开、新闻舆论引导、倾听民众呼声、树立政府形象、引导群众参与等方面发挥了独特作用,掀起了"微博问政"的热潮。据考证,2009年11月,国内首个政务微博——湖南桃源县"桃源政务微博"正式面世,尝试借助微博的神奇传播力和影响力,试水网络问政。2011年11月17日,继我国首个省级政务微博"北京微博发布厅"闪亮登场后;我国首个警务微博也在两周后问世了,并且在短短半个月的时间便吸引300多万粉丝;紧跟其后,上海市政府新闻办开通了实名政务微博,在多家网站同时上线。伴随着我国网络新闻发言人等问政平台的出现,我国网络沟通机制不断完善,越来越多的政府部门在有关国计民生的重大政策出台前,会选择通过互联网了解民情民

---

[1] 阿里巴巴集团:《阿里巴巴发布新一代好友互动平台"来往"》,2013年9月23日,阿里研究中心网站,http://pre.aliresearch.com。

意。例如，每年两会召开前一段时间，新华网、人民网等网站都开展"我向两会提建议""我为两会献一计""代表风采"等征集活动，政府部门新闻发言人也会在互联网上开设微博、微信等。"我国电子政务发展迅猛，截至2017年第三季度，'两微一端'政务账号总数已超过33.6万个。"① 目前具有较大影响力、人气较旺、粉丝较多的政务微博主要有：中国政府网、共青团中央、政府微博助理、政务风云榜、香港政府新闻网、广州市政府新闻办、广东省政府应急办、上海发布、湖北省政府门户网站、武汉市政府应急办、新疆政府网、青岛发布、四川发布、成都发布、杭州发布、湘警民生、政府微博助理、网民励志网等官网微博网站。另据有关统计，在各种政务微博中，公安部门的微博数量最大，在发布信息、提供服务、服务民生、政策咨询与解答方面都发挥了突出作用。如"平安北京""武汉交警""江城警讯""河南公安""广州公安""十堰市公安局东岳分局"等微博。据新浪网统计，2011年"粉丝"数排名前20位的政府部门微博中，公安政务微博有15个；在腾讯网、人民网评出的全国十大政务微博中，7个是公安政务微博。②

企业微博是"一个以客户关系为纽带的信息获取、分享及传播平台，企业可以通过互联网和移动互联网，以图文并茂的方式更新产品、服务和企业信息，实现即时信息分享。"③ 2009年我国移动3G技术，成功解决信息接收终端的移动难题，推动各类移动便携式终端的迅猛发展，正式宣告我国步入了信息传播的新纪元，微时代由此开启。微媒体平台上的各种用户，可以使用手机移动设备、即时通讯软件和外部API接口，在任何时

---

① 王一彪：《新时代呼唤构建良好网络舆论生态》，《人民日报》2018年4月19日。
② 何春中：《全国公安机关政务微博逾4000个》，《中国青年报》2011年9月27日。
③ 严宏伟：《微媒体舆论引导：策略、方法、案例》，国家行政学院出版社2013年版，第13页。

间、任何地点发布信息，或者通过转发与好友分享和交流，此种方式非常适合企业进行多渠道、低成本的信息资源发布，已经成为众多企业开展营销、促进和用户双向沟通的重要工具。当前，仅新浪微博平台上通过认证的企业微博就达到27万个，与11万个媒体微博、6万个政务微博构成三大组织化微博群。目前网民经常关注和登陆的企业微博主要有：阿里巴巴1688、统一企业、全球企业动态等微信，中国企业家杂志官方微博等。

2. 微信

微信是一个免费应用程序。它只需要消耗少量网络流量，通过智能终端，就能够提供即时通讯服务。2011年1月21日，由腾讯公司开发推出，目前已走过10年发展历程。微信最初只是一种社交通讯工具，逐渐发展成为连接人与人、人与服务、人与商业的平台。它设计科学，功能强大，同时支持跨通信运营商与跨操作系统平台，还可以快速传输各类信息，包括图片和文字、语音、短信、视频，更为人性化的是，还开发了"朋友圈""微信群"等有指向社交服务功能，以及"附近的人""摇一摇""漂流瓶"等无指向服务和"发送位置""语音输入""红包发送""微信小程序"等服务插件。与微博显著不同的是，微博属于通知系统，微信属于通信系统。微博属于大众传播，传播对象为陌生人，具有广泛性、不确定性，微信是一对一或者一对多、点对点传播，具有针对性、具体性的目标群体，其传播对象多为手机通讯录中的熟人、朋友、亲属等。随着微信的兴起和广泛使用，微博的江湖地位告急，其风光岁月被微信大部分抢走。微信服务主要分为三类。

个人微信。个人微信是当前使用最多且最具活力的微媒体平台。腾讯公司推出的微信、小米科技推出的米聊、中国电信与网易于2013年8月19日发布的新一代移动即时通讯社交产品"易信"、阿里巴巴集团于2013年9月23日推出的新型社交平台"来往"等都是其中的代表性作品，在满足用户社交需求的基础上不断延伸功能，受到用户喜爱。如今在校的大、中学生网民基本人人都有微信，使用率近乎100%。在校学生经常登陆的微信公众号有：郭明义、新闻哥、景夜思、六品带刀侍卫、吐槽青年（曹林的时政观察）。大、中学生网民喜欢使用微信的原因是：除了微信较为安全，不易被盗号外，微信还较为私密，如朋友圈的评论只有共同的好友才能看到。对网民而言，微信不仅仅是聊天工具，而且是现代生活中的必需品，可以满足他们的日常生活需要，如：购物、订外卖、打车、订车票，更可以用碎片时间阅读、获取信息、做"微商"、打游戏或者用于看短视频，甚至直接分享各种信息和链接，例如可以连接登录"王者荣耀""英雄联盟"等腾讯游戏开展在线娱乐活动。

政务微信。继微博掀起一波问政热后，微信政务平台又为网络问政打开了一片新天地，迅速成为新的网络问政平台。"据人民网舆情监测室监测，最早推出微信政务的是广州市白云区政府应急管理办公室，2012年8月30日，'广州应急——白云'微信公众平台首次亮相。"[①] 实践证明，政务微信公共服务是"面向社会民众的良好平台和界面，可以更好地延伸政府的服务时间、空间，打造新型的智慧政务、智慧民生，形成'微信治理''微信行政''微信问政'的一体化公共服务平台，充分发挥政府的公共服务职能，更好地满足社会民众的多样化需求。"[②] 我国青年学生群体经常登陆的政务微信公众号有：人民日报、新华网、新华社、学习中国、央视新闻、中国政府、中青评论、中国新闻网、凤凰新闻、时政云、法务之家、澎湃网、解放日报、环球记者、百度贴吧、楚天日报等。

企业微信。随着数字技术的日新月异和互联网的飞速发展，人类进入了一个全新的大数据时代。大数据技术对我国企业的生产、运营、管理、

---

① 严宏伟：《微媒体舆论引导：策略、方法、案例》，国家行政学院出版社2013年版，第121页。

② 刘畅、郝向阳：《别让政务微信成为摆设》，2018年1月2日，人民论坛，http://www.rmlt.com.cn/2018/0102/507505.shtml?bsh_bid=1915489463。

售后等产生了重大影响，在大数据技术支撑下，越来越多的企业选择建立"企业微信"或者"企业微信公众号"。据《2018智慧企业数据报告》显示，企业微信的注册企业数量在一年内增长了180%，用户数则增长500%。近80%的中国500强企业开通了企业微信或企业微信公众号。企业微信如此受青睐，原因就在于企业微信的移动化办公能力，让公司轻松做到跨界沟通，大幅提高信息在企业内部周转的效率。目前国内有影响力的企业微信号主要有：全国中小企业中心、华为企业业务、企业上市、家族企业杂志、微众银行企业金融、京东企业购、企业管理培训、腾讯企业、滴滴企业等。

3. 微视频

微视频（又称视频分享类短片），是指个体通过摄像机、手机、DC、DV、MP4等多种视频终端摄录，上传互联网，人们点开就可以播放共享的音频视频等。一般而言，微视频时间短则30秒，长则不超出20分钟。视频形态分类众多，包括纪录短片、DV短片、小电影、剪辑视频、广告片段等，视频内容多为草根、普通人向世界分享自己的故事，传播自己在日常生活中的感受。大众参与性、精短快捷、随时随地分享是微视频的最大特点。微视频的传播主体主要是青少年，并且使用人群年龄有变低的趋向。青年网民常登录的微视频应用主要有：抖音、快手、乐视、西瓜、火山、最右APP、美拍、bilibili（哔哩哔哩）等。微视频的出现和迅猛发展，使他们时常以碎片化的时间为借口，将自己时间用于追求娱乐而非学习。以抖音为例，网民时常制作、上传个人日常生活中的微视频，或为娱乐消遣，或为哗众取宠。一个无比严峻的事实是，不少网民"一入抖音，深似海"，无法自拔，不论是坐公交车、乘坐地铁，还是行走在人行道，抑或坐在饭桌上、马桶上，都手捧智能手机，沉迷其中，傻傻发笑。世界著名媒体文化研究者、纽约大学教授尼尔·波兹曼曾在他的《娱乐至死》中曾作出预言:"我们将毁于我们所热爱的东西。"① 因为"一切公众话语日渐以娱乐的方式出现,并成为一种文化精神。我们的政治、宗教、新闻、体育、教育和商业都心甘情愿地成为娱乐的附庸,毫无怨言,甚至无声无息,其结果是我们成了一个娱乐至死的物种。"② 因为电脑、手机和电视是一样的,都能够让大问题变得极其琐碎化和简单化,让人们放弃思考,等着一个直接答案。而越来越多的碎片化信息,越来越快的信息更新往往让人变得失去耐心去深入阅读,并沉迷于浅短信息之中。"2018年初,抖音的日活量已经接近7000万。有统计数据,过去半年中,平均每位用户每天在抖音上消耗的时长超过20分钟。因此,抖音不得不专门研发防沉迷系统。"③ 抖音短视频的成功,充分说明微视频对大众有极大吸引力,人们越来越多地从这些微视频中获取相关信息,或者以此满足自身的精神需求。

◇ 第二节 微传播的基本概述

微传播作为一种传播新生态,在各行各业的发展和交流中,显得无孔不入、无"微"不至,使得客观物理世界、网络数据世界和主观精神世界被前所未有地相互融合、贯通。为此,对微传播的基本内涵、时代特征、主要功能等基本要点进行界定,显得尤为重要。

一 微传播的基本内涵

微传播的普及,使之成为了人们特别是年轻一代的主要交流方式和生

---

① [美]尼尔·波兹曼:《娱乐至死》,章艳译,中信出版集团2015年版,封面。
② [美]尼尔·波兹曼:《娱乐至死》,章艳译,中信出版集团2015年版,第1页。
③ 鲁珊:《警惕新"娱乐至死"》,《长江日报》2018年5月10日。

活习惯。微传播作为一种崭新、时尚的传播现象。对其内涵的界定，学术界观点并不完全一致。有学者提出"微传播就是社交媒体传播"；有学者提出"微传播即是自媒体传播"；还有学者提出"微传播就是短小精悍的传播"；更有学者认为，"微传播＝微媒体＋微创意"，等等。这些说法都有一定的道理，但细究又都存在着许多值得商榷、值得进一步推敲的地方。微传播最初主要是指以微博客为媒介的信息传播方式，当前主要是"指依托互联网平台而产生的以短、小、快为形式特点，以用户为受众，具有开放、平等特征的新媒体传播平台或载体。"① 本书中，微传播主要指借助微信、微博、微视频等微传播工具，从小处着手，通过精准化的小众传播，传播身边的小人物、寻常事，实现"以小搏大""以微见著"的传播效果。本书从研究逻辑上看，是以微媒体、微传播为研究起点，将"社会主义主义核心价值观"与"微传播"二者紧密结合，将微传播这一普遍现象放置于现代政治、现代社会的关系视野里进行研究，探讨如何运用微传播更好地为社会公众服务，从根本上改变过去宏大叙事式的传统传播方式，化整为零、精准选择传播对象、传播内容，进行"微风细雨"式传播、潜移默化地开展宣传教育，提升社会主义核心价值观的亲和力、引导力，使其成为社会成员共识性价值规范和行为准则，把组织要求转化为个体自觉、科学理解，把对"社会主义核心价值观"的政治认同内化为思想认同、情感认同，转化为自觉践行。结合本书研究，社会主义核心价值观的微传播主要表现为三种形态：一是传播技术载体形态的"微化"，主要是指"两微一端"这种基于移动互联网技术的信息传播方式；二是传播内容形态的"微化"，在本书指从小处着手，通过精准化的小众传播，传播身边的小人物、寻常事；三是传播对象形态的"微化"，本书主要指草根、普通老百姓。

---

① 李彦冰：《政治的微传播研究》，中国传媒大学出版社2017年版，第1页。

二 微传播的时代特征

基于云计算、大数据、移动互联网等新兴信息技术的微传播的广泛兴起,深刻改变了大众交流方式和生活模式,进而影响到社会发展。与传统传播相比,微传播已经凸显出很多全新的特征,突出表现在微内容、微介质、微受众等方面。

(一) 微内容,导致信息资源丰富多样

微媒体内容经常是关于小人物、身边事,而不是传统的大人物、大新闻。在微时代,多数读者对文字内容兴趣不大,而那些融合动画、音频、视频和多种符号有零碎文字的卡通、图表、动漫等的信息兴趣很大,有学者宣称进入"读图时代",形式多样、个性十足。内容很简洁而且短小,"阅读内容片段化、信息整体风貌被打破,阅读内容越来越碎片化,碎片式语言、拼盘式内容的阅读成为一种阅读常态,如手机短信、报纸'语录'栏目的兴起,越来越受到人们的认同。"[①] 微媒体内容快速更新,数据海量且迅猛增长,已经形成了丰富多样、应有尽有的资源宝库。

(二) 微介质,导致传播方式及时快捷

在微时代,任何网民都可以不分时间地点通过微博、微信等平台发布信息,也可以不分时间地点进行转发信息、进行评论、发表自己的观点,并且信息发布、阅读、转发、评论几乎可以在极短时间内同步完成,信息内容传播实现了零延时。随着传播速度越来越快,一条信息被关注后,互相转发便产生"裂变式"的传播,一传十、十传百,信息的受众以"滚雪

---

① 胡泊、庄向阳:《新阅读时代:在浅阅读的趋势下寻找报纸的生存策略》,《东南传播》2009 年第 8 期。

球"方式扩张，信息传播的范围越来越广，信息内容的影响力也迅速增强，达到了极快的传播速度与极大的传播广度。其中，青年学生对移动网络兴趣更高，学生群体获取的微传播信息就更迅速、更便捷。

（三）微受众，导致传播影响精准高效

在微时代，信息制造者不受年龄、性别、民族、学历、个人兴趣、工作领域等方面的限制，任何网民都可以随时随地在微平台上发布个人认同的信息，随意表达个人的观点，自由开展互动。只要不涉及违法或违背社会公德等问题，其发布的信息可以自由无阻地进入网络世界。任何网民都可以在微平台中重点关注、并与朋友分享自己感兴趣的信息，畅谈自身的观点、想法，在相互关注、相互交流的过程中，兴趣爱好或价值取向相同的个体容易形成共同价值的群体，从而引发集群效应。如果一个网民正处于价值观的确定时期，其价值取向极易受到网络信息的影响，并通过集群效应，互相影响互相作用，使自己的价值取向进一步巩固和放大。正如德国学者维夏德·沃伊克所指出的，新技术促进了民主，捍卫了言论自由，新技术蕴含着一种潜力，会促使更多人在民主的方式下，卷入社会的洪流中去。例如，由于缺乏网络监督，往往一个毫不起眼的论坛帖子，甚至是虚假的信息，经过不断转发，会产生强大的共情效应，引起全社会的广泛关注。因此，网络监督应该无时不在、无处不在，发挥"共景监狱"[①] 的

[①] 法国哲学家福柯曾用"全景监狱"一词描述人类社会控制的某种方式。福柯认为，传统社会的管理者主要通过信息不对称方式来实现成本更低、效率很高的社会治理。这种方式如同古罗马人所发明的金字塔式监狱：犯人被监禁于不同牢房中，处于最高一层牢房顶端的狱卒可以监视所有犯人，而犯人则看不到他。因此，无论管理者是否缺位，犯人们都会假定其存在，而不得不接受其控制，也自觉地规罚自己。但今天传播技术的革命正在形成一种新的社会治理结构，即"共景监狱"。"共景监狱"是一种围观式社会结构，是众人对某个个体所展开的凝视和控制。在这种治理结构下，管理者的信息优势不复存在，人们能够沟通和共享彼此的信息，设置社会公共议程，并质询甚至嘲笑处于公共视野中的管理者或者媒体。

作用。

总之，微媒体因为"微内容、微介质、微受众"的特点，使得信息资源极大丰富，传播方式及时快捷，传播影响精准高效，极大地增加了传播的影响力。此外，微传播还具有微节奏、微热度、微表达的特征：微节奏即新媒体移动化趋势明显，微传播热潮从传统的 PC 端向手机端方向转移基本完成；微热度指的是微信、移动新闻客户端发展火爆；微表达指的是它能掀起舆论风暴，其传播影响力不可忽视。微博、微信等传播载体使信息发布呈现碎片化、低门槛、易操作、移动性等特性，普通用户的信息参与，信息传播链的发散，导致微传播极易成为全民传播方式，普通的信息受众瞬间能变成信息生产者和传播者，由围观、接受变为评论和参与，很容易掀起舆论风暴[①]。

三 微传播的主要功能

实践证明，微传播"蕴涵着文化传播、人际交往、社会心理、生活方式等多种复杂语义"。[②] 微传播功能主要从四个方面体现。

（一）信息传播

微媒体集 Anyone、Anywhere、Anytime、Anything "4A"元素为一体，新媒介技术的发展增强了信息的生产能力、传播能力，客观上消除了国际传播与国内传播的界限、突破了传播主体间的时空界限，开启了信息传播无所不在、无时不在的时代，让网民只要有时间就可以获取信息。微媒体

---

① 唐绪军、黄楚新、刘瑞生：《微传播：正在兴起的主流传播——微传播的现状、特征及意义》，《新闻与写作》2014 年第 9 期。

② 杨威：《"微时代"中思想政治工作如何突破》，《思想政治工作研究》2010 年第 4 期。

还具有语音、视频通话和交友定位等功能，颠覆了传统意义上的传播格局，开创性地构建了及时化、全新化、便捷化的现代传播空间，提供了多元化信息传播途径，更好地满足了广大民众的信息需求，包括更加方便、快捷地生产、传播、获取自己感兴趣的各种信息。北美媒介环境学的重要代表人物保罗·莱文森曾指出："消费者都是生产者；生产者多半是非专业人士；个人能选择适合自己才能和兴趣的新新媒介去表达和出版；新新媒介一般免费，付钱不是必须的；新新媒介之间的关系既互相竞争，又互相促进；新新媒介的服务功能胜过搜索引擎和电子邮件；它缺少自上而下的控制，它使人人成为出版人、制作人和促销人。"① 很明显，这里的"新新媒介"也包括了各种用于信息传播的微媒体，并且随着微媒体的迅猛发展和强势崛起，其传播功能、服务功能更为强大，能以精准的方式定位到社会个体，能为微媒体背后的用户行为作"精准画像"，实现"点—点""点—面"和"面—面"的信息精准传播。

（二）价值导向

微媒体本质上是一种社交媒体，在传播空间中各种意识形态之间的斗争、较量、竞合与博弈已经成为常态。一方面，为志同道合者提供了聚合渠道。传统媒体时代，社会交往受到时空、阶层和文化之间的阻碍。微媒体打破了这种阻碍，把具有共同政治理想、政治立场、政治主张和共同价值观的网民"聚合"在一起。简而言之，不论你承不承认，微传播空间并非铁板一块，一样存在诸如现实社会中的阶层斗争、社会力量和意义空间的争夺，它实实在在地对每一个个体和整个社会发挥着作用，产生很大的影响，甚至在每一个个体的价值取向、行为选择时起决定性作用，促使每一个个体在不知不觉中形成政治共识，进而形成稳定的价值取向，确立个

---

① ［美］保罗·莱文森：《新新媒介》，何道宽译，复旦大学出版社2014年版，第24页。

人信仰。另一方面，根据传播学中"沉默的螺旋效应"，从人的社会从众心理和趋同行为来分析，个体通常为防止"孤立"，防止自己的观念处于"劣势"，可能会选择"沉默应对"，或者采取隐藏自己观点，选择认同占据明显"优势"的"意见气候流"，毋庸置疑，这种"低调处理"的态度也会在一定程度上使群内的价值导向更为清晰，更加明显，使意见占少数的人选择遵循主流文化和绝大多数人的观点和意见。

（三）舆论引导

微传播是在"国家与社会两个场域中产生的全新传播现象，其影响尤其是对政治的影响将在这两个场域中得以展开。"① 微传播技术的发展加快了国家政治向社会政治的下移速度，为国家政治向社会领域的精准传播提供了可能，使受众在接受传播内容后，通过感知价值—审美价值—认同价值，逐步实现渗透教化功能。这样一来，微传播能够增强国家的社会治理能力，提高政府的舆论引导能力，主要体现为政府部门通过开设官方微博、官方微信，倾听民愿民意，向社会个体精准推送主流价值观，引导舆论走向，塑造民众的政治人格。尤为突出的是，"在重大公共事件、突发事件、灾难事件等方面的舆论引导中体现出强大的影响力。"②

（四）舆情监督

微传播是集"网络传播、大众传播与人际传播于一体的传播"。③ 它提高了传播主体间的沟通技能，增强了社会民众的公共意识，提高了人民群众的公共参与度，赋予了社会力量舆情监督的能力。主要体现为：首先，

---

① 李彦冰：《政治的微传播研究》，中国传媒大学出版社2017年版，第20页。
② 宋莹：《政务微博传播效果与政府形象建构研究》，硕士学位论文，天津师范大学，2015年。
③ 李彦冰：《政治的微传播研究》，中国传媒大学出版社2017年版，第17页。

强化了对政府公共权力效率的舆情监督。在微平台上，网民只要愿意关心政治问题，就可以随时随地在线讨论、发表自己的政见，甚至可以直接进行"政治对话"，还可以参与政治问题的投票，表达自己的政治诉求，不需要"政治代言人"代表自己。除此之外，它使社会民众为捍卫自身的权益，拿起手中的移动终端，向公共权力造成的不公正说"不"，向公共权力的乱作为、不作为、慢作为说"不"，甚至向公共权力腐败现象说"OUT"。当前"网络反腐""微博问政""微信问政"等已成为一种新常态，由此看来，微传播平台在政府部门与社会民众之间扮演了政治缓冲器的重要角色。其次，强化了对新闻传播的自律、约束机制的舆情监督。微传播环境下，中国的新闻传播舆情监督应当强化对谣言、群情极化、色情暴力的舆情监管，以及对个人隐私、对个人名誉权侵犯等信息传播的监督和管控。最后，强化了对社会民众的道德自律和规范约束的舆情监督。自由、平等、互动的虚拟社会政治关系，可以增强归属感、责任感，越来越多的网民关心社会问题，更愿意参与社会管理，行使自己的民主权利。这既极大地激发、提升网民参与社会管理的热情，参与社会事务的网民向破坏社会风气、污染社会道德的社会丑恶现象发出挑战，又可以强化社会民众的道德自律和自我约束。

四 微传播与传统传播的比较

本书所指的"微"传播，包括三层含义：一是"微内容"（主要指传播身边的小人物、寻常事）；二是"微介质"（主要指依托微信、微博、微视频等微传播工具）；三是"微受众"（主要指以草根民众、寻常百姓等为受众）。"微传播"与"传统传播"二者区别在于：传播主体"草根化""去权威化"；传播内容"个性化""多元化"；传播渠道"分众化""精准化"。

微传播时代的到来引起了传媒生态的大变革，我们应当认识到，微传播绝不是对传统传播模式的解构，绝对不能陷于新技术的泥沼，产生对新技术的崇拜，否定传统手段，而应当结合传统技术，发挥新传播的优势，同时也实行传统传播模式的转型，进行逻辑上的耦合与实践上的同构，实现微传播媒介与传统传播媒介的"联姻"，形成多媒介、多维度、多途径的传播效果。

一是微传播主体"草根化"和"去权威化"。传统媒体大多身居舆论传播的中心位置、具有信息垄断地位，一般按照既定流程进行传播，是一种金字塔形结构的传播体系。微时代，取而代之的是传播扁平化的网络结构。每个移动终端持有者都成为一个传播节点，都可能成为一个信息集散地。信息的发布与传播活动不再是以往自上而下的单向流动，而是呈网状辐射式的传播状态。每个人既可能是信息的生产者，又可能是信息的消费者，这种"主客合一"的传播技术带来了新闻传播的极大变化。学者们认为，"随着互联网带来的传播技术和传播时空的革命，草根民众'大众化'地成为了政治传播主体。"① "广大'微民'游离于'自我'与'他者'之间，在'创新'与'除旧'和'建构'与'消解'中生存，一个解构权威、去中心化的时代应运而生。"②

在以微传播平台为主的政治环境中，传播主体呈现出"草根化"和"去权威化"特征，导致政治内容趋于多元化，同时也使得传播内容的真实性受到质疑。在"法不责众"心理驱使下，政治传播很容易出现非理性化、情绪化状态，民粹主义易于成长和泛滥。主要表现为：各种极化情绪、偏激语言、失德失范舆论、虚假诈骗信息常常被高频率地发布、传播和共享；各种审判型、逆反型、暴力型甚至色情型信息也肆虐泛滥，充斥各种微空间；还有各种残缺型、压缩型、不对称信息在微平台上汇集、渗透；各种"PS"（修改过）的虚假图片、虚假视频、虚假文字新闻肆意扩散。这些

---

① 荆学民：《政治传播活动论》，中国社会科学出版社2014年版，第44页。
② 任福兵：《微时代中国文化传承问题及微博之价值》，《求实》2013年第7期。

情形，无疑增加了网民对政治信息科学认知的障碍，产生接受困惑和认同迷茫。同时，主流媒体对一般民众的舆论引控能力也逐渐降低，权威媒体的舆论主导力被削弱，社会向心力、凝聚力大幅下降，社会政治功能走向弱化和溃散。传统权威媒体对网民而言，只不过是诸多信息来源中的极其普通的一"源"，甚至认为是不太可信的一"源"，从而经常不被关注，甚至会遭到嘲弄。在"信息丛林"之中，网民往往会失去方向感，丧失政治敏感性，失去是非判断力，政治认知模糊难辨，最终陷入政治价值选择困境。由于每个人的政治认同与其政治认知程度密切关联，网民政治认知若发生困惑或模糊，必定消解、弱化网民对主流媒体所宣传价值观念的政治认同感。

二是微传播渠道"分众化"和"社群化"。与传统媒体面向全体大众不同，微媒体传播呈现出典型分众化、社群化特征，其受众通常是经过筛选、精确具体的"小众"。传播方式也具有私密化和社群化特点，其内部一般是熟人圈子或团体，由此形成大量"信息茧房"。而"信息茧房"效应，往往会造成政治成员间形成某种强耦合关系，熟人圈子或团体中的政治成员大多会审视和调整其政治心理、价值立场，与其所属微群政治成员尽量保持一致，从而对网络政治群体产生强烈依附感和归属感，甚至形成一致利益诉求，产生群体思维极化现象。美国哈佛大学教授凯斯·桑斯坦在《网络共和国——网络社会中的民主问题》中就曾深刻分析这种现象，他说："现在网络上的聊天室和论坛不是把持不同政见的各类民众吸引到网上就共同关心的问题进行政治协商，而是把思想、政见、价值观和爱好基本相同的个人吸引到一块加深他们原有价值观和偏见，而不是挑战和改造原来的价值观和偏见。"[①] 然而，"茧房"内的微民沟通频繁，互动非常热络；对"茧房"之外政治体系、官方微媒，往往漠不关心、极少关注，与政府主体

---

① [美] 凯斯·桑斯坦：《网络共和国——网络社会中的民主问题》，黄维明译，上海人民出版社2003年版。

进行极少沟通甚至从不沟通,这导致社会利益格局出现明显分化,社会心态趋于浮躁,社会矛盾走向激化,出现群体政治认同极化后社会对立形成的消极后果。今天,大多青年网民都是"低头一族",普遍对以自己为中心的各种朋友圈、同学圈或熟人圈发布的信息高度关注。特别是部分大学生,对传统课堂教育的政治认同充耳不闻、置之不理,不愿参加高校党团活动,能躲则躲,躲不了就应付。久而久之,他们"思维能力钝化、分析能力浅化、表达能力碎化、沟通能力弱化"[①],失去独立判断和思辨,盲从群内意见,"一边倒"或者"沉默的螺旋"成为政治事件中微民群的心理常态。从情感层面看,一部分微民政治责任感淡化,常常疏离政治,嘲弄政府,政治态度十分消极,政治情感极端淡漠。若任其发展,这些微民极有可能成为政治事件"爆料者""质疑者""批评者",成为现实政治的发难者、组织者和对抗者。政治情感是政治认同产生的柔性基础,微民疏远政治,情感冷漠,认同群体而不认同政府,无疑会影响到社会主义核心价值观的社会认同程度。

三是微传播内容"个性化"和"多元化"。传统媒体一般"严肃又严谨",内容往往"高大上"、注重传播主流价值。而微媒体往往个性十足,思想标新立异,图片、文字、音频、视频等传播形式多样且自由,结果导致"标题党""懒人包"横行,一些"语不惊人死不休"的表述虽具吸引力和冲击性,但内容则良莠不齐、鱼龙混杂。我们应注意的是,"在人类历史上,任何一种新媒介的出现,都成为政治权力与经济权力的争夺中心,不仅原有的社会强权会插手其间,而且新的社会势力也可能破土而出。"[②] 虚拟庞杂的网络政治生态中,多种力量相互博弈,多样文化彼此

---

① 任福兵:《微时代浅阅读对网络信息危机生成的影响机制》,《情报理论与实践》2013年第4期。

② 赵莉:《中国网络社群政治参与:政治传播学的视角》,中国广播电视出版社2011年版,第123页。

竞争，多元价值剧烈碰撞，微平台已成为各种意识形态、各种社会思潮争夺青年一代的重要阵地。西方敌对势力凭借其经济、政治、军事和技术优势，通过微平台发起"无硝烟的战争"，输入所谓的"普世价值"，传播似是而非的"西方福音"，向广大微民进行意识形态渗透。国内一些别有用心的人也制造舆论危机，趁机对微民进行政治煽动；一些邪教组织则散布谣言，制造混乱；一些"网络大V""公知""意见领袖"也发表各种非理性言论，宣泄情绪；一些所谓的"精神导师"则假借"心灵鸡汤"，传播各种消极言论。在微平台中，各种社会思潮、价值主张令人耳晕目眩，造成信仰的多元化，使得马克思主义在意识形态领域的一元化指导地位受到严重冲击，少数青年微民对中国共产党的政治认同基础逐步被瓦解分化，政治信仰也发生动摇。政治信仰是政治认同的核心内容和理性基础，微民信仰多元化和及价值判断的混乱，给青年一代的政治认同带来潜在危机。

微传播时代的到来引起了传媒生态的大变革，传统媒介传播的生存和发展空间受到了挤压，继而引发了许多学者的恐慌与担忧，甚至部分学者提出微传播可能在不久的未来会革传统媒介传播的"命"，成为传统媒介传播的掘墓人；对此，"传播学之父"施拉姆早就作出预言，"新媒介技术的发展是一个叠加的过程，而不是相互替代的。"① 因此，这客观上要求我们走出狭隘的认知，培养跨界多元思维意识，并在传播实践中掌握更多的传播技能。

---

① 杨中举、公衍梅、路双：《微传播研究》，西安交通大学出版社2016年版，第8页。

◈ 第三节 社会主义核心价值观的基本概述

微文化的核心是价值观。伴随着微文化日益占据人们的日常生活，越来越多用户和微民自觉成为社会主义核心价值观的守护者、传播者，成为社会主义道德规范的建设者、实施者。因此，对社会主义核心价值的提出过程、基本内容和时代特征进行认真探讨，十分必要。

一 社会主义核心价值观的提出过程

社会主义核心价值观的提出、确定，经历了一个长期的酝酿与积淀、形成与凝炼的过程。

（一）社会主义核心价值观的孕育

社会主义核心价值观的孕育，经历了数十年的政治发展历程。1945年党的七大，就明确提出建设一个"独立、自由、民主、统一和富强"的新中国的目标。1949年中华人民共和国成立后，中国共产党领导全国人民广泛开展了道德建设，即以为人民服务为核心，以爱国主义、集体主义、社会主义为主要内容。1978年改革开放后，中国共产党在坚持抓物质文明建设的同时，也不断加强精神文明建设。1981年6月，在党的十一届六中全会上，中国共产党首次提出"把我国建设成为现代化的、高度民主的、高度文明的社会主义强国"。1982年9月，党的十二大提出把我国建设成为高度文明、高度民主的社会主义现代化国家。1987年10月，党的十三大强调在马克思主义指导下，加强社会主义精神文明建设。1992年10月，党的十四大提出要坚持"两手抓、两手都要硬"的方针，把社会主义精神文明建设提高到新水平。1996年10月,党的十四届六中全会全面部署了社会主义精神文明建设,特别强调加强思想道德和文化建设。2001年10月,中共中央颁发的《公民道德建设实施纲要》,明确提出了公民的基本道德规范即"爱国守法、明礼诚信、团结友善、勤俭自强、敬业奉献",并要求在全社会大力倡导。由此可以看出,中国共产党在革命、建设和改革过程中,始终有着明确的社会主义价值追求,并依据时代的发展和任务的变化,对社会主义价值追求的表述进行切合社会发展实际的调整。这些调整,正是社会主义核心价值观孕育的历史过程,是社会主义核心价值观形成的历史基石。

(二)社会主义核心价值体系的提出

2002年11月,党的十六大明确提出了全面建设小康社会的奋斗目标。2004年9月,在党的十六届四中全会上,党提出了构建社会主义和谐社会的任务。2006年3月,中国共产党提出了社会主义荣辱观,深化了党对社会主义道德建设规律的认识。2006年10月,党的十六届六中全会首次明确提出了"建设社会主义核心价值体系"的基本内容,即"马克思主义指导思想、中国特色社会主义共同理想、以爱国主义为核心的民族精神和以改革创新为核心的时代精神、社会主义荣辱观",并指出了其在中国整体社会价值体系中,居于核心地位和发挥着主导作用,为社会主义核心价值观的提出和凝练奠定了理论基础、提供了前提条件。紧接着,学术界对社会主义核心价值观开始深入探讨。2007年10月,党的十七大提出"建设社会主义核心价值体系"的内容。2011年10月,党的十七届六中全会进行了系统阐述,指出"社会主义核心价值体系是兴国之魂,是社会主义先进文化的精髓,决定着中国特色社会主义发展方向"。这充分表明,中国共产党充分重视社会主义核心价值体系建设,把它上升到事关中国特色社会主义的发展前途和中华民族生死存亡的高度。

(三) 社会主义核心价值观的凝练

中国共产党始终高度重视社会主义核心价值观的培育，但只有形成具有明确时代特色、民族特色和社会主义特色的科学内涵和规范表述，社会主义价值观的践行才能获得有力指导。社会主义核心价值体系反映的是我国社会主义经济、政治和文化制度要求，体现社会发展趋势的核心思想意识和价值观念的总和。它对于巩固马克思主义在意识形态领域的指导地位、巩固全党全国人民团结奋斗的共同思想基础，引领社会全面进步进而实现中华民族伟大复兴具有重要现实意义和深远历史意义。然而，社会主义核心价值体系在人民精神道德追求上缺乏明确的实践指向，可操作性不足。2012年11月，党的十八大确立了社会主义核心价值观，即"倡导富强、民主、文明、和谐，倡导自由、平等、公正、法治，倡导爱国、敬业、诚信、友善"。它是社会主义核心价值体系的内核，与社会主义核心价值体系在本质上是一致的、统一的。但社会主义核心价值观范围较小，它"体现着社会主义核心价值体系的根本性质和基本特征，反映社会主义核心价值体系的丰富内涵和实践要求，是社会主义核心价值体系的高度凝练和集中表达"[①]。这一科学表述有利于教育引导、实践养成和制度保障，易于形成人们对社会主义价值追求的情感认同和行为习惯。2013年12月，中共中央办公厅印发《关于培育和践行社会主义核心价值观的意见》，这表明，我们党进行了中央顶层设计，明确和详尽地阐述了社会主义核心价值观提出的重大意义，培育和践行核心价值观的指导思想、基本原则、实践要求以及核心价值观与核心价值体系的关系等问题，全党以及全社会兴起了学习、宣传和践行社会主义核心价值观的高潮。2014年2月，中共中央政治局第十三次集体学习时，习近平总书记强调："把培育和弘扬社会主义核心价值观

---

① 金民卿：《社会主义核心价值体系中的民族精神和时代精神》，2014年6月30日，宣讲家网，http://www.71.cn/2014/0630/772174.shtml。

作为凝魂聚气、强基固本的基础工程。"① 2017 年 10 月,在党的十九大上,习近平总书记明确指出,要培育和践行社会主义核心价值观。要以培养担当民族复兴大任的时代新人为着眼点,强化教育引导、实践养成、制度保障,发挥社会主义核心价值观对国民教育、精神文明创建、精神文化产品创作生产传播的引领作用,把社会主义核心价值观融入社会发展各方面,转化为人们的情感认同和行为习惯。2018 年 3 月,第十三届全国人民代表大会一次会议在中华人民共和国宪法修正案中,增加了"国家倡导社会主义核心价值观"的内容,并正式写入宪法之中。

二 社会主义核心价值观提出的重大意义

社会主义核心价值观的提出与确立,是党作出的具有划时代意义的战略部署,具有重大的理论意义、现实意义。

(一) 深化了对社会主义本质的认识

什么是社会主义?社会主义的本质又是什么?这是我国理论工作者乃至党和国家领导人反复思考的一个基本理论问题。由于缺乏历史经验,我们一度片面、教条地理解马克思主义,认为社会主义就是"一大二公",社会主义就是搞计划经济。邓小平说:"问题是什么是社会主义,如何建设社会主义。我们的经验教训有许多条,最重要的一条,就是要搞清楚这个问题。"② 在总结我国社会主义建设经验上,在吸取国际社会主义经验教训的基础上,邓小平指出,贫穷不是社会主义,发展太慢也不是社会主义③,等等。1992 年,他在"南方谈话"中系统地概括出社会主义的本质,把我们

---

① 《习近平谈治国理政》第一卷,外文出版社 2018 年版,第 163 页。
② 《邓小平文选》第三卷,人民出版社 1993 年版,第 116 页。
③ 《邓小平思想年编(1975—1997)》,中央文献出版社 2011 年版,第 634 页。

党对社会主义本质的认识提高到一个新阶段。在社会主义本质论断里,"共同富裕"是中国特色社会主义的根本原则,同时也是一种价值追求。不仅有经济领域的价值追求,还有政治、文化、社会等方面的价值追求,从而表明中国特色社会主义要建立在富强、民主、文明、和谐的基础之上,或者说要努力实现富强、民主、文明、和谐的目标。社会主义不仅仅建立在发达的生产力基础上,而且在于建立一个公平、公正、民主、法治、文明的和谐社会,最终实现"人的自由全面发展"。社会主义核心价值观在指明社会主义发展方向的同时,也充分彰显了社会主义追求的价值维度,进一步完善和健全了社会主义制度体系,深化和丰富了对社会主义本质的认识。

(二) 构建了中国特色社会主义价值之魂

党的十一届三中全会以来,我国经过40多年的改革开放,找到了一条适合我国发展的正确道路、理论体系和制度体系,即中国特色社会主义。中国特色社会主义,是中国共产党坚持马克思主义中国化,坚持理论与实践相结合,经过不断摸索,找到的一条适合中国特点的社会主义道路。在中国特色社会主义理论指导下,中国经济蓬勃发展,创造出许多世界奇迹,中国的崛起,冲击以美国为代表的西方主要资本主义国家在世界的霸权地位,引起它们的担忧、恐慌,从而抵制、怀疑并不遗余力地攻击中国特色社会主义,用所谓的"普世价值"来渗透、影响中国人民的思想,甚至直接干涉中国内政,破坏中国社会的稳定,乃至阻碍中国社会主义现代化的发展进程。社会主义核心价值观的提出向全世界表明,中国高举中国特色社会主义的旗帜,一直走社会主义道路,永远不会改变我国的社会主义性质。社会主义核心价值观的提出,一方面表明我们党对中国特色社会主义的认识更进一步;另一方面,从理论、制度、道路等层面上升到价值层面,也就构建了中国特色社会主义的价值之魂,使之成为我国的兴国之魂。

(三) 形成了中华民族强大的精神纽带和精神动力

2012年，社会主义核心价值观正式提出之际，正是我国改革进入攻坚期和深水区的关键时刻。改革开放以来，我国社会在发生深刻变化的同时，人民的思想观念也发生了深刻变化，在满足人民物质生活的同时，广大人民群众在精神上有了新的需求和愿望，从改革初期关注经济利益、吃饭穿衣，到现在转向关注政治权利、文化生活、社会福利等方面。随着改革开放的不断深入，我国经济发展速度迅猛，社会的利益格局发生了变化，带来人民价值观念、生活和工作方式等方面的变化，使人们的思想行为和价值观变得复杂、多元、多变。加上改革开放中不可避免地存在着一些问题，一部分人受非主流意识形态思想影响明显，一部分人存在着制度价值取向上的多元及淡化制度性质的倾向，不坚持辩证地分析问题，不理性地认识这些不足，反而不遗余力地嘲弄是非，编造、夸大改革开放中出现的问题。提出社会主义核心价值观，是从战略布局上应对这一重大问题，为改革开放指明方向，为中国特色社会主义指引价值目标，增强人们求真抑假、扬善祛恶、趋美远丑的道德责任感。由于它的语言通俗、易记、易懂，所以很快得以广泛传播，并作为主流社会意识形态，提倡了一种新型的道德理念，营造了一种崇德向善的良好氛围，凝聚成14亿人民的精神纽带和精神动力，成为实现中华民族伟大复兴的中国梦而奋斗的共同思想基础。

(四) 提升了我国的文化软实力

现代国家的竞争，说到底是综合国力的竞争，在经济、政治、科技、军事、文化、教育等诸多竞争中，经济、科技、军事实力等表现出来，就是"硬实力"，文化和意识形态体现出来，就是"软实力"。在信息社会，在综合国力竞争中，维护国家文化安全，就是维护国家的文化软实力，任务更为艰巨，地位和作用更加凸显，它决定着这个国家的文化性质和方向。2007年，在党的十七大上，我们党明确提出了要将"提高国家文化软实力"作为一项战略任务。2011年10月，在党的十七届六中全会上，我们党明确提出增强国家"文化软实力"，建设社会主义文化强国的战略目标。2013年，中央政治局举行第十二次集体学习，明确了核心价值观是文化软实力的灵魂，也是文化软实力建设的重点。习近平总书记在主持学习时指出，提高国家文化软实力，关系"两个一百年"奋斗目标和中华民族伟大复兴中国梦的实现。凝练和提出社会主义核心价值观的时期，正是我国进入全面建成小康社会的关键时期，也是一个重要的战略机遇期，在这个关键时期，必须抓住机遇、应对挑战，必须用社会主义核心价值体系引领社会思潮，弘扬社会正气；必须坚持马克思主义的指导地位，占领意识形态主阵地；必须塑造共产主义人格和以爱国主义为核心的民族精神，培育文明风尚；必须培育和谐健康的新型人际关系，激发正能量；必须提振精气神，凝聚团结奋进的强大合力，共同创造祖国的美好未来。因此，社会主义核心价值观的凝练和提出，对于不断提升中国"文化软实力"具有重要的现实意义。

（五）有利于维护我国意识形态安全

随着进一步改革开放，一方面，以美国为首的西方敌对势力，利用一切可以利用的机会对我国进行渗透，持续不断对我国实施"西化""分化""弱化"的政治图谋；另一方面，我国经济体制的深刻变革对利益格局进行了深刻调整，使社会结构发生了深刻变动，带来了社会矛盾多发和社会价值观念的多元。在这种情势下，西方敌对势力，亡我之心不死，趁机采取一切手段与方法，在价值观方面加紧实施渗透战略。他们打着"自由""民主""人权"等旗号，凭借着资本主义发达的经济、科技优势，想尽一切手段，企图将其政治理念和价值观念推销、扩张到中国；竭力在中国"布道",在中国寻找他们的代理人,煽动中国社会动乱,扰乱中国人心。进入信息社会,西方敌对势力更加注重利用新媒体带来的传播便利,加紧发动意识形态的战争,尤其是价值观领域的渗透。面对这种形势,我们需要坚持以马克思主义为指导,坚守好价值观领域这块阵地,确保意识形态安全。凝练和提出社会主义核心价值观,能够有效应对西方敌对势力实施的价值观渗透战略,有利于维护我国意识形态安全,成为我国凝魂聚气、强基固本的基础工程。

三 社会主义核心价值观的基本内容

社会主义核心价值观的基本内容只有24字:"富强、民主、文明、和谐,自由、平等、公正、法治,爱国、敬业、诚信、友善。"由三个层面的倡导构成,包括一个国家的价值内核、一个社会的共同理想、全体国民的精神家园。

(一) 从国家层面倡导,是中国梦的总体方向

社会主义核心价值观中的第一层面是富强、民主、文明、和谐,在所有层次的价值理念中起统领作用,是中国特色社会主义的建设目标,也是中国梦的总体方向。第一层面以富民强国为根本,经济上以经济建设为中心,政治上发展社会主义民主政治,思想上促进社会文明,整个社会角度实现社会和谐。

富强即国富民强,是中华民族梦寐以求的美好夙愿,是实现中国梦的物质基础。属于社会建设领域的价值诉求,也属于中国特色社会主义经济建设的目标,也是我国社会和谐稳定的重要保证。中国共产党带领中华民族伟大复兴的中国梦,首先就是国家富强,为了实现国家富强,必须坚持以经济建设为中心,坚持科学发展观,遵循经济发展规律,走中国特色的

经济发展道路。民主是人类社会的美好诉求，是创造人民美好幸福生活的政治保障。在社会主义国家，人民是国家的主人，人民当家作主，国家的一切权力属于人民。党在政治上确立的价值目标是建设社会主义民主政治，让人民充分享有人民民主权利。坚持党的领导、依法治国必须与人民当家作主有机统一起来，才能最大程度上调动人民群众参政议政的积极性，才能团结最多的人民群众，最终推动社会主义民主政治稳固发展，确保人民在中国特色社会主义建设的伟大实践中真正当家作主。文明通常指精神文明，是社会进步的显著标志，也成为中国特色社会主义建设的重要特征。建设中国特色社会主义必须加强先进文化建设，坚持发展面向现代化、面向世界、面向未来的文化，坚持发展具有民族性科学性大众性的文化，为实现中国梦提供强大精神支撑。和谐是中国传统文化的基本理念，和合文化、以和为贵是中国人思想的精髓。和谐在社会主义现代化国家中，体现在学有所教、病有所医、住有所居、劳有所得、老有所养的生动局面上，成为经济社会稳定、持续健康发展的重要保障。新时代，保障和改善民生是促进社会和谐的重要举措。

（二）从社会层面倡导，是中国梦的社会价值追求

社会主义核心价值观第二层面是自由、平等、公正、法治，生动表述了人民对美好社会的向往，反映了中国特色社会主义的基本属性。第二层面的内容，以人的自由全面发展为目标，以平等为基础，以公平正义为前提条件，以健全完善的法治为保障。

自由是指人的意志自由、存在和发展的自由，不是个体的绝对自由，而是人类社会的美好向往，是不分种族、性别、肤色、政治地位的，人人享有平等的自由，也是马克思主义追求的社会价值目标，是社会主义社会的基本价值准则，在我国宪法中有着明确规定。平等是社会主义社会的重要准则，指的是公民在法律面前的一律平等。目前中国社会已经没有了阶

级对立。但存在社会阶层分别，阶层之间的不平等正在影响着社会的稳定和发展，因此，一个社会需要尊重和保障人权，需要人人依法享有平等权利，需要不断实现实质上的平等。公正即公平和正义，是中国特色社会主义的内在要求，是任何一个社会能够稳定持续向前发展的前提条件。它是以人的解放、人的自由平等权利的获得为基本前提。法治当属于"治国理政的基本方式"，党的十八大提出"深入开展法制宣传教育，弘扬社会主义法治精神，树立社会主义法治理念"。宪法和法律高于一切，任何组织和个人都没有超越宪法和法律的特权。

（三）从个人层面倡导，是中国梦的微观价值目标

社会主义核心价值观第三层次是爱国、敬业、诚信、友善，是每一个公民的基本道德规范，也成为评价公民道德行为选择的基本价值标准。从人与国家的关系到人与人的关系，覆盖面广，渗透到社会道德生活的方方面面，成为公民必须恪守的道德行为准则。在第三层面的内容之中，爱国是政治素养维度，将爱国放在道德核心价值之首；爱岗敬业是职业道德维度，诚实守信是个人品德修养维度，与人友善是社会和谐的维度，四个维度组成四位一体，共同构成了每一个社会成员的日常行为规范。

爱国是中华民族最深厚的思想传统和最核心的民族精神，是一个人对自己祖国的一种深厚情感，也是调节每个人与自己的祖国关系的行为准则。近代中国的爱国主义是指抵御外来侵略，金戈铁马战死沙场，这是英雄史诗般的爱国。新时代的爱国主义与爱社会主义相统一，要求人们自觉促进民族团结、维护祖国统一，维护世界和平，献身社会主义现代化建设，把爱国情、强国志与报国行三者结合起来。在和平时期，有爱国的情感和理念支撑，爱国的方式多种多样：在消费选择中，性价比一致的前提下优先选择民族品牌是爱国，诚实守信、助人为乐同样也是爱国，足以彰显在爱国理念的支撑下所形成的凝聚力，足以让每个人更敬业、更诚信，与人更

友善；现实中所出现的某些敬业指数下降、诚信缺失、人与人彼此"戒备"的现象，则是在长期和平环境下市场经济成长阶段的"烦恼"，但在涉及民族和国家根本利益的问题上，国人所表现的爱国热情，以及在大灾大难面前国人所拥有的万众一心则是"兴邦"之本。敬业是职业道德的核心要求，是对公民职业行为准则的价值评价，体现公民的事业心和责任心。要求公民忠于职守，尽职尽责，精益求精，尊重自己的工作，热爱自己的岗位，树立劳动光荣的观念，克己奉公，造福人民，奉献社会。诚信是公民个人立身之本，是为人做事的基本准则，是社会和谐的道德基础，也是社会主义道德建设的重点内容。市场经济从一定意义上讲就是诚信经济，和谐社会从一定意义上讲就是诚信社会，诚信是我国市场经济健康发展的根本保证。"民无信不立""国无信则亡"，没有诚信，就没有人与人之间的互相信任，就不可能进行合作。没有诚信，人与人之间就互相欺诈，就没有社会的安定与团结与社会的和谐稳定。在新时代要求公民诚恳待人、信守承诺、诚实劳动。友善是个人的美德，是指人与之人之间友好而善良的关系，强调公民之间应互尊互爱、互帮互学，生活上相互关心，工作上相互理解、团结友爱、关系融洽、和睦相处、携手前进，形成新型的社会主义人际关系。

四　社会主义核心价值观的时代特征

社会主义核心价值观顺应了时代的发展要求，汲取了人类思想精华，具有广泛而深厚的历史和现实基础，具有鲜明的时代特征。

（一）政治崇高性

社会主义核心价值观蕴含着以人为本、科学发展的要求，包含着富强民主文明和谐的价值目标，能够极大地激发人民群众的积极性、主动性、创造性，把价值力量转化为人民群众共同奋斗的物质力量，是真正能够引领当代中国发展进步的价值体系。它体现了社会主义意识形态的本质，反映了对三大规律即共产党执政规律、社会主义建设规律、人类社会发展规律的深刻认识。它坚持以马克思主义为指导思想，反映着社会主义制度的本质要求，体现着最广大人民的根本利益，突出了社会主义的本质属性和意识形态性，具有政治性、崇高性。社会主义核心价值体系和核心价值观内在一致，都体现了社会主义意识形态的本质要求，体现了社会主义制度在思想和精神层面的质的规定性，凝结着社会主义先进文化的精髓，是中国特色社会主义道路、理论体系和制度的价值表达。众所周知，核心价值观集中体现了一个国家的意识形态，也集中呈现这个国家的价值基础和价值目标。我国社会主义核心价值观的提出，是我们党立足于中国特色社会主义伟大实践的成果，是我们党马克思主义中国化的成果，也是我们党把中国特色社会主义的社会目标、制度理念和价值追求彰显出来的结果，决定了社会主义意识形态的性质和方向，是迄今为止最科学、最进步的价值观，具有鲜明的政治性和崇高性。

(二) 普遍广泛性

核心价值观具有其他任何价值观都不可替代的作用力与影响力，是一个国家和社会价值体系中最具普遍性和广泛性的价值理念。社会主义核心价值观的普遍性、广泛性，不仅体现具体内容具有全面性，24个字的具体内容包含三个层面，从国家、社会到个人非常全面；而且具有认知上的全面性，在深刻认识人类社会发展规律的基础上，在继承人类文明成果的基础上，汲取和借鉴人类优秀文化的精华，涵盖了最广大人民群众的普遍愿望，是反映全国人民"最大公约数"的核心价值观。国家层面、社会层面和公民层面不仅内容具体而广泛，涵盖了一个国家社会发展的各个层面；而且内容直接全面，期盼国家富强，追求社会公平正义，希望提高公民素质,是最广大人民群众愿望与要求的反映。所以,社会主义核心价值观既有对中华传统美德的传承,也有对各个社会文明成果的汲取,代表了人类社会共同的普遍的需要,具有普遍性广泛性。

(三) 时代引领性

社会主义核心价值观不是凭空产生的。它根植于中国特色社会主义的伟大实践,是时代呼唤的产物。它顺应了时代潮流,与时俱进,着眼于建设中国特色社会主义的伟大实践,引领着中国特色社会主义事业不断发展,具有强烈的时代性,对时代的发展发挥引领作用。习近平总书记指出:"我们提出的社会主义核心价值观,把涉及国家、社会、公民的价值要求融为一体,既体现了社会主义本质要求,继承了中华优秀传统文化,也吸收了世界文明有益成果,体现了时代精神。"[1] 社会主义核心价值观把握时代脉搏,顺应时代发展的潮流,体现了时代精神。随着时代发展,它紧跟形势任务的变化,坚持与时俱进,富有时代气息,引领时代发展,其具体内容将不断地丰富,并结合社会发展和时代要求创造性地发展。因此,它具有时代引领性。

(四) 民族继承性

社会主义核心价值观既充分吸取了中国传统文化的精华,又传承了中华民族优秀文化传统,体现了中华民族的历史血脉和传统价值。毛泽东指出:"中国共产主义者对于马克思主义在中国的应用也是这样,必须将马克思主义的普遍真理和中国革命的具体实践完全地恰当地统一起来,就是说,和民族的特点相结合,经过一定的民族形式,才有用处,决不能主观地公式地应用它。公式的马克思主义者,只是对于马克思主义和中国革命开玩

---

[1] 《十八大以来重要文献选编》(中),中央文献出版社2018年版,第3—4页。

笑,在中国革命队伍中是没有他们的位置的。中国文化应有自己的形式,这就是民族形式。"① 根植于本民族的文化传统,是一个社会核心价值观确立的必要条件,也是其产生的深厚基础。24字社会主义核心价值观植根于中华民族历史文化的深厚土壤,汲取中华优秀传统文化的丰富营养,彰显了中华民族精神的重要内核。因此,它既符合民族心理与民族特征,又体现了民族品格和民族精神,具有民族继承性。

(五) 开放包容性

社会主义核心价值观集社会主义价值理念之大成,不仅吸收了我国传统文化中优秀思想文化成果,也借鉴世界各国包括西方资本主义国家中一切进步的、有益的思想文化成果,因此,具有开放包容的品质。习近平总书记指出:"对人类社会创造的各种文明,无论是古代的中华文明、希腊文明、罗马文明、埃及文明、两河文明、印度文明等,还是现在的亚洲文明、非洲文明、欧洲文明、美洲文明、大洋洲文明等,我们都应该采取学习借鉴的态度,都应该积极吸纳其中的有益成分。"② 在信息时代,世界各国文化价值观迅速传播到中国,先进的、腐朽的价值观鱼龙混杂,必然会对我国社会产生全方位影响,这就需要进行选择、识别、把关,将先进价值观作为有益的参考资源。我们党在确立社会主义核心价值观的过程中兼收并蓄、求同存异、尊重差异,学习吸收各国文化中合理进步的成分,包容多样,进行改造创新。习近平总书记指出:"文明因交流而多彩,文明因互鉴而丰富。文明交流互鉴,是推动人类文明进步和世界和平发展的重要动力。"③ 所以,社会主义核心价值观的确立,本着开放包容的姿态,学习吸

---

① 《毛泽东选集》第二卷,人民出版社1991年版,第707页。
② 习近平:《在纪念孔子诞辰2565周年国际学术研讨会暨国际儒学联合会第五届会员大会开幕会上的讲话》,《人民日报》2014年9月25日。
③ 《习近平在联合国教科文组织总部发表演讲》,《人民日报》2014年3月28日。

收了世界先进文明，因而能永葆生机活力，能够凝聚向心力，增强爱国主义和"四个自信"。

（六）现实指导性

社会主义核心价值观的具体内容仅有短短的24个字，简洁明快、琅琅上口，让广大人民群众听得懂、记得住，做得到，方便宣传传播，集中体现了中国人民的价值追求，具有现实指导性。"三个倡导"的社会主义核心价值观是对鲜活实践经验的高度提炼，赢得了广大人民群众的高度认可，便于广大人民群众身体力行。这个核心价值观，不是精英价值观，不是体现某一个政党、某一个集团或某一个人的价值表达与价值诉求，而是大众价值观，体现绝大多数人民群众的根本利益，是全体中国人民的价值导引和价值追求。这种价值追求已成为建设中国特色社会主义的现实指南，建设社会主义精神文明、实施社会主义文化强国战略都需要立足于人民内在的价值追求。习近平总书记指出："人民对美好生活的向往，就是我们的奋斗目标。"[①] 社会主义核心价值观的现实指导性体现了中国人民的价值追求和对美好生活的向往，引领着中国特色社会主义朝着正确方向大步迈进。

◇ 第四节　微传播与社会主义核心价值观认同的基本概述

社会主义核心价值观的微传播，本质上属于政治传播范畴，因此，社会主义核心价值观的微传播应当从政治的高度来研究和把握，主动探求微传播技术兴起所引发的政治认同问题、社会价值认同问题等，弄清楚微传

---

① 《十八大以来重要文献选编》（上），中央文献出版社2014年版，第70页。

播的技术性与政治思想的意识形态性之间的张力，弄清楚微传播与社会主义核心价值观认同的内在关联，从而探索出在微传播语境下，社会主义核心价值观认同呈现的时代特征。

一　微媒体时代背景下政治传播的变革

通常讲，政治传播是指"政治共同的政治信息的扩散、接受、认同、内化等有机系统的运行过程，是政治共同体内与政治共同体间的政治信息的流动过程"①。"在通常意义上，我们可以把政治传播过程理解为政治社会化的过程。"② 进入21世纪以后，政治传播逐渐从大众传媒时代迈入微媒体传播时代。

在大众传媒时代，现代社会政治传播的重要途径，就是电视广播、报纸杂志等大众传播工具。这种大众传播工具，一方面是信息沟通的桥梁；另一方面，它传播政治知识与政治文化，形成人们共同的政治意识，在创新政治文化、引导社会政治方向等方面发挥着重要作用，是改造政治文化的一种工具。它主要通过两种方式实现政治职能：一种方式是通过新闻报导、舆论渲染等方法，吸引人们关心政治事件，关注政治评论，增强公众的政治认知；另一种方式是在宣传报导中，直接宣传某种政治观念，倡导其政治价值，渲染其政治情感。某一种新的政治文化如需尽快上升为社会的主流政治文化，那就需要通过大众传播媒体进行广泛传播。因此，在大众传媒时代，掌握了大众传播工具的人，就是拥有政治文化领导权的人。

随着时代的发展，微媒体逐步进入人们的视野。作为一种全新媒介，它不再是被动接受的传媒形态，而是人人在对话中实现决策参与，因而广受欢迎，并逐步发展出一种新的政治传播形态——"微传播"。所谓"微传

---

① 荆学民：《政治传播活动论》，中国社会科学出版社2014年版，第26页。
② 荆学民：《政治传播活动论》，中国社会科学出版社2014年版，第22页。

播",主要是指借助微信、微博、微视频等微媒体工具,从小处着眼,通过精准化的小众传播,传播身边的小人物、寻常事,实现"以小博大""以微见著"的传播效果。其主要特征是:传播介质多样化、传播内容微型化、传播速度快捷化、传播模式高效化。

当前,"微传播"颠覆了政府、企业、传统媒体"三足鼎立"话语权的格局,重构了"所有人对所有人"的传播格局,已经成为最快捷高效的传播方式。事实上,微博、微信、微视频等各种微媒体以其个性化、多元化、开放化等特质为社会关系提供了聚合的渠道,把一些政治主张、政治理想与利益诉求等方面思想相同的网民"链接""聚合"在一起,进行互动沟通、情感表达,从而塑造了全新的网络"社会关系";同时,他们在进行线上互动之余,还可以组织线下活动,将由网络建立起来的"弱关系"进一步转化为现实中的"强关系"。"网民习惯从微博、微信和微评等自媒体中获取信息,个体间互动传播主要通过网络交流平台进行在线交流,可以提升议题的影响力。他们无组织集结,通过交流信息、分享观点,汇聚成一股强大推动力,甚至形成改变国家政策和社会秩序的力量。"[①] 以美国竞选总统为例,与显得古板和"不懂微媒体"的希拉里相比,"特朗普不仅是 Facebook、Instagram、Twitter、YouTube、Vine、Periscope 等新兴微媒体的重度用户,而且在年轻一代用户那里具有广泛的社会影响力。"[②] 作为一个重要用户,特朗普平均每个月都要在 Twitter 上发 371.6 条推文,每天平均下来就是 12 条,等同于 Twitter 上活跃用户数的三倍。同时,特朗普还在直播网站 Periscope 开通"Q&A 特朗普"的节目,是他第一个用微视频回答选民的提问,发表对那些富有争议话题的看法,再

---

① 任福兵:《微时代浅阅读对网络信息危机生成的影响机制》,《情报理论与实践》2013 年第 4 期。

② 《社交总统特朗普诞生记》,2016 年 11 月 15 日,搜狐新闻,http://www.sohu.com/a/119519277_123959。

经过社交网站传播，第二天就成了主流媒体的焦点关注。据统计，选举之初，特朗普在Twitter上的粉丝就达1320万，Facebook上的粉丝达到了1260万，按照一年总数计算，他可以获得3.8亿美元免费曝光量；而他的对手希拉里相差较大，这三个数字分别是1040万、852万和1亿美元免费曝光量。正因为此，异类政客特朗普在美国总统大选中意外获胜，直接入主白宫。从政治竞选到民意监督，从网络反腐到舆论监督，从"无组织的组织力量"（因民间草根形成）到权力机关的监督等，都显示出"微传播"快捷、高效的巨大影响力。

在看到全新机遇的同时，我们必须正视"微传播"可能带来的风险与挑战。一是负面强化的风险。特别是极富主体性和个性的网民，可能产生政治认同的冷漠化、形式化，过度怀疑，质疑一切、批判一切、调侃一切，进而变成虚无主义，从而使微传播方式成为负面情绪最集中展示的网络平台；或者说，热情高涨的批判话语掩盖了一些需要澄清的基本观念和基本的思想问题。二是主流消解的风险。在人人都是传播主体的微时代，主流意识形态的思想性、严肃性可能遭遇消解和解构。三是网络暴力的风险。由于微博等微媒体在传播设计上或者自身的一些传播缺陷，加上网民由于自身原因限制，往往不喜欢花很长时间进行倾听、认真思考，缺乏严肃认真的态度，导致微传播虽然热衷于探讨非常严肃的话题，甚至是敏感事件，但最终结果只能两个：一是各不相让，各执一词，甚至发展到线下的肢体冲突，最终没有任何结果；二是一边倒，要么都赞同，要么都反对，不管观点是否正确，不论自己是否认同、接受相关观点，网民都会本能地选择随大流。究其原因，有时会因为支持的人足够多，网民会选择绝对化支持；有时因为对方属于弱势群体，出于同情弱者的心理，也会表现出支持弱势群体的态度和立场。

总之，微媒体时代背景下的政治传播既要注意其积极性的一面，但也要注意其损害性的一面。我们要主动发现问题、解决问题，绝不能轻视广大网民的政治情绪、表达方式。特别是青年网民往往是微传播的主体，他们的政治认同偏好及认同方式，我们更应该尊重并主动适应、适当引导。

二 社会主义核心价值观微传播的基本原则

进入新时代，面对着国际上价值观较量的新态势，面对着国内价值多元、多样、多变的新特点，社会主义核心价值观微传播应当遵循四项原则，形成辐射效应，增强其在引领社会思潮、凝聚社会共识方面的影响和渗透。

（一）坚持守正创新与依法治理相结合

坚持创新，注重"微创新""微创意"，逐步构建文化自信、民族自信。面对外来的诸如漫威英雄、日本动漫、韩国电影等文化输出，我们必须坚持文化自信，通过借助"微创新""微创意"，赋予中华优秀传统文化新的时代内涵，使其绽放光芒。

我国互联网的发展速度迅猛，令一些西方国家望尘莫及，但我国在网络监督方面没有建立健全配套的法律法规，加之网络传播具有隐蔽性、开放性、虚拟性等特点，一些不良网站往往将一些不良价值观裹挟在网络中传播，这对社会主义核心价值观的网络传播造成了巨大的负面影响。首先，要完善国家微传播法律法规。我国已经印发了《关于进一步把社会主义核心价值观融入法治建设的指导意见》，提出了新的网络管理法律法规，为社会主义核心价值观引领网络传播提供法律手段和法律依据。还制定了微博客信息服务管理规定、网络文明公约、微信十条等微传播行业管理办法，但这些法律法规不够具体、不够细化，还需要进一步完善。其次，加强网民自我约束，增强网民道德自律。在信息社会，网民的媒介素养教育与综合素质的提高，显得尤其重要。为了构建良好信息生态系统，必须加强对网民网络权利与义务的宣传教育，引导广大网民自觉遵守互联网法律法规，履行公民道德义务,真正管理好传播行为,共同营造富有正能量的传播环境,培塑网民理性、进取、负责的正面形象,倡导网民养成健康、文明的上网习惯。总之,通过网民的道德自律和实践自觉,使社会主义核心价值观成为全社会共同追求的"至善"目标。

(二)坚持突出重点与全员覆盖相结合

社会主义核心价值观微传播面对的是全体网民,尤其是青年一代网民。青年网民在全社会网民中占70%,以当下青少年为例,能够引发其共鸣的往往是"恶搞文化""佛系文化""锦鲤文化""二次元文化"等,这些文化形态具有鲜明的"抵抗性、风格化、边缘性"[1] 等特征,无不折射着社会变革、社会心态的发展趋势,同时也为社会主义核心价值观传播指明了努力方向,应当重点加强青年一代的社会主义核心价值观教育、社会责任感教育、幸福感教育。青年群体的价值取向决定着未来整个社会的价值走向,而青年又处于价值观形成和确立时期,突出这一时期的价值观养成至关重要。这好比穿衣服扣纽扣,"如果第一粒扣子扣错了,剩余的扣子都会扣错。"[2] 因此,核心价值观传播既要扩大覆盖面和影响力,也要突出传播的重点对象和针对性。

(三)坚持理性引导与科学过滤相结合

毫无疑问,微传播的盛行在给人类社会带来福音,保障人们的表达权、监督权、媒介参与权的同时,也带来了不少虚假信息、负面信息。例如,炒作"努力也买不起房"的思想论调,传播错位的心理暗示;炒作社会焦虑,宣扬负面能量;炒作奢靡消费的不良价值观。此外,还有造谣诽谤信息、破坏社会稳定的思想言论、涉黄涉毒涉黑信息。相关信息表明,微场

---

[1] 陶东风、胡疆锋:《亚文化读本》,北京大学出版社2011年版,第3页。
[2] 《习近平谈治国理政》第一卷,外文出版社2018年版,第172页。

域已成为不良信息传播的重灾区。对此，我们绝不能因噎废食，应当从各个方面加以理性引导，并在此基础上，"扎好制度的过滤网"，制定从"国家到个人、从宏观到微观的多重约束规范"，形成全国上下一盘棋式的网格化微传播制度。[①] 进行全面科学过滤，消除微传播的负面效应，使微民自觉形成文明的微传播行为。

（四）坚持显性互动与隐性教育相结合

伴随"人工智能+"时代的到来，微传播工具的即时通讯的覆盖面越来越广泛，这意味着"微互动"实践进一步增强，受众不再只是被动的接受者、"看客"，他们变得蠢蠢欲动，充满激情，渴望施展创作能力、表达能力，获取全方位、个性化的需求和体验。为了满足用户的多重需求，在坚持显性互动、增强用户规模和活跃度的同时，更要开展"润物细无声式"的隐形教育，通过传播饱含人文关怀、直抵内心的高质量内容以及贴近用户思维习惯的话语表达方式，来引领大众的价值观。此外，由于多重原因的影响，微时代社会领域中的部分传播主体，容易迷失在"数据丛林"中而找不着"北"，有的传播主体遭遇"主流价值"与"多元价值"的矛盾冲突，更有传播主体深陷"信息过载""流行文化过剩"的多重烦恼。为此，在微传播过程中，除了加强与受众间的显性互动，也要注重传播的亲和力建设，将社会主义核心价值观蕴含于各种精彩作品中，通过精准化传播和隐性教育，达到潜移默化效果。

二　微传播与社会主义核心价值观认同的内在关联性

毋庸讳言，传播与国家政治二者关系源远流长，当今时代，微媒体成

[①] 杨中举、公衍梅、路双：《微传播研究》，西安交通大学出版社2016年版，第42页。

为治国理政的新平台,微传播技术更是将二者内在连接,进一步拓展深化。在古代君主制国家,一方面皇帝或国王想要观察到每一个人的行为,从技术上是很难办到的;另一方面,皇帝或国王想让臣民了解他自己的思想,想把他自己的思想灌输给臣民,也是很难办到的,因为缺乏有效的政治传播途径。但是,媒体与通信手段的革新使得这一切成为可能。政治社会化就是政治文化的接受过程。而微传播大规模普及下的社会主义核心价值观认同,自然也就是网民在技术辅助下实现政治文化接受的整个过程。毫无疑问,在整个社会化过程中,微媒体和通讯手段是必不可少的重要方式或途径。这表明,微传播与网民的社会主义核心价值观认同有着内在关联性。

从逻辑关系上看,微传播与社会主义核心价值观认同是辩证统一的关系。

一方面,迅猛发展的微传播,带来新的元素和活力,为社会主义核心价值观认同提供了新契机和新途径。微传播作为一种新的政治传播途径,理所当然承载了政治社会化的重要功能,成为助推广大微民社会主义核心价值观认同的先进力量。它适合现代网民的口味,容易被网民接受,无形中改变着网民的传播心理,积极影响微民社会主义核心价值观认同的表达形式,提高自身的政治认同度。诚然,在当下微媒体和传统媒体的"政治争夺"中,由于政治认同输入的方式、内容、强度的变化,微民的政治认同始终处于螺旋式的状态,在政治认同过程中,伴随着"否定"因素的量的产生与积累,原有的政治价值标准被逐步打破,继而不断改变、修正自我政治认同的标准和系统,以适应社会发展的需求,再而由衷地接受、认可社会主流的政治价值、政治实体、政治制度,并使之变成个人生活、教育、工作中的重要构成和坚实价值支撑。

另一方面,社会主义核心价值观认同的方式与程度,对微传播的可持续性发展提供了价值担当和示范引领。"微媒体的价值实现不可能完全独立于现实社会,成为自主自律的力量,人和人类社会依然是微媒体的决定因素。"① 微传播技术作为21世纪伟大的技术发明，极大地解放了信息社会的生产力，深刻影响着人们的生活方式、文化传播、价值观念，它在带给我们美好生活的同时，也呈现出变异、无序化、碎片化、非理性的倾向，使人们的生活空间受到侵占和挤压。从长期来看，微传播要实现可持续性发展，必须加强传播规制，以价值理性、道义力量引领工具理性、规范传播行为。从这个意义上讲，社会主义核心价值观认同的方式与程度，能够为微传播提供价值担当，使信息洪流沿着正确方向传播。

三 微传播背景下社会主义核心价值观认同的时代特征

微传播技术的勃兴不仅催生出崭新政治现象，塑造了全新政治关系，而且赋予社会主义核心价值观认同新的时代内涵、特征。

第一，动态性与稳定性的高度统一。一方面，人类社会是一个动态的发展过程，几乎每个国家的政治结构或社会结构都只能是相对稳定或不稳定的，这是由社会矛盾运动具有绝对性的内在规定所决定的，客观上对网民的政治认同会产生影响。社会主义核心价值观认同具有鲜明的时代性，是个动态过程，它随时代发展而发展变化。在大数据时代，各种真实或虚假的信息由于不受时空限制，传播及时而且迅速，在数据洪流的影响下，公众情绪极易被某些信息诱导，甚至是故意引诱，极易产生价值误判，致使一些微不足道的小事件激化、演变成公众大事件。因此，微时代社会主义核心价值观认同更富有动态性、波动性，易于从一个极端发展到另一个极端，从高度认同变成低度认同或者不认同。若处置不当，可能陷入政治认同危机，甚至导致人亡政息。另一方面，政治认同是一种心理上的接受、信服，是网民经过理性的思考与判断之后表现出来的思想行为、政治态度。

---

① 李炎芳、郭明飞、杨磊：《微时代的意识形态认同危机及其治理》，《江西社会科学》2014年第6期。

从社会主义核心价值观认同的形成过程看，社会主义核心价值观认同是一个人的主体活动，它是一个逐渐变化发展的过程。一旦政治心理、政治情感认可，即政治认同生成后，必然会产生政治行为的支持，具有相对的稳定性和持久性。尤其是，当社会主义核心价值观认同的质量和水平能够维护政治秩序、实现政治安全、促进社会政治体系稳定运转时，这种体制与局面甚至能延续较长时期，对社会公众来说，也能带来相对稳定、安全的生活。由此可见，在微传播背景下，社会主义核心价值观认同既是动态性与稳定性的高度统一，也是主观政治认同动态调整与客观政治秩序稳定状态的高度统一。

第二，自主性与强制性的高度统一。新型社交网络与数字传媒的普及运用，使社会主义核心价值观认同日益复杂化。一方面，网民基于自身主观意志而产生的认同，是网民主动意义上的认同，是一种积极作为的认同。客观而言，这种认同是个体内心自发形成的，表现为心理上的归属和认可。从现实情形看，网民可以自主选择政治认同模式，形成自己的政治态度，达成政治共识。然而，从另一方面看，国家是实行阶级统治的暴力工具。由于在统治者与被统治者之间，存在彼此根本利益的对立，两者之间往往开展各种各样的政治斗争，进行长期政治较量、博弈，统治者由于掌握了政治权力，通常会借助政权力量，强制灌输有利于统治阶级的意识形态，使之成为主流意识形态，甚至借助国家政策与法律法规，教育引导国民的政治行为，让国民认可并服从自己的统治。政治认同与服从是在权力的强制下产生的，有时候并非出于本人自愿。服从的对象是统治者的权力，服从是在权力强制作用下发生的，而"强力是一种物理的力量，我看不出强力的作用可以产生什么道德。向强力屈服，只是一种必要的行为，而不是一种意志的行为；它最多也不过是一种明智的行为而已。"[①] 毫无疑问，网

---

① ［法］卢梭：《社会契约论》，何兆武译，商务印书馆2003年版，第9页。

民对国家法律和政策的制定也具有能动的反作用，推动法律和政策朝着有利于自己的方面变动。因此，在微传播背景下，社会主义核心价值观认同是自主性与强制性的高度统一，从认同主体的角度看，本质上是政治认同的主体性与阶级性的高度统一。

第三，前瞻性与实践性的高度统一。《孙子兵法》说："多算胜，少算不胜。"这句话深刻阐明，一个国家或一个社会的发展，不能全靠眼睛看得见的一些信息，还必须依靠把握社会脉搏甚至预测未来。"大数据的核心就是预测，即把数学算法运用到海量的数据上来，预测事情发生的可能性。"[①] 大数据时代最大的亮点就是对人和社会的计算，虽然政治认同问题纷繁复杂，但一些问题也能借助计算得到解决，使政治认同问题实现 1 + 1 > 2 的效果。从这一层面上讲，政治认同的前瞻性，主要指借助现代科技手段，运用大数据系统，综合分析大量分散的、复杂的政治数据，遵循"由点而线、由线而面、由面而体"的逻辑顺序，依据个人的政治行为轨迹进行相关性分析，研判个体未来的政治发展方向，更全面地归纳政治发展中具有规律的东西，从而使社会主义核心价值观认同问题由"过程拓展，事后处置"向"事前预测，提前处置"转变。除此之外，社会主义核心价值观认同还具有鲜明的实践维度。实践性主要表现为政治认同的可操作性，能够精确掌控，精细管理。"谁掌握了数据，谁就掌握了主动权。"[②] 数据文化尊重事实，强调精确，推崇理性和逻辑。当前数据世界对客观世界的反映更加客观、全面，对其妥善利用，可有效影响现实社会、网络空间的政治认同问题，起到事半功倍的效果。通过数据的精细处理、全面分析，得出结论，对社会主义核心价值观认同的问题解决可达到由"粗放控制"向"精确控

---

① 涂子沛：《数据之巅》，中信出版社 2014 年版，第 11 页。
② 新华社评论员：《用好大数据 布局新时代——学习习近平总书记在中央政治局第二次集体学习时重要讲话》，2017 年 12 月 10 日，新华网，http://www.xinhuanet.com/politics/2017 - 12/10/C_ 1122087612. htm。

制"转变。总之,微时代的大数据技术和资源将推动社会主义核心价值观认同问题发生深刻变化,即政治认知、思维方式和治理理念更富超前性、先进性;社会主义核心价值观认同在政治实践层面更具针对性、可操作性。一言以蔽之,在微传播背景下,社会主义核心价值观认同前瞻性与实践性的高度统一,实际是政治认同在治理战略与治理战术上实现了"双剑合璧"。

第二章

社会主义核心价值观微传播现状与传播案例的实证分析

社会主义核心价值观是中华民族赖以维系的精神纽带、国家命运共同体的思想道德基础，其传播与培育，事关社会的和谐稳定、国家的长治久安。然而，不知从何时起，当我们登录微博、打开微信、点击微视频，总会看到各种违背伦常、破坏社会风气的信息，它们吸引眼球、传播焦虑、释放负能量；与此同时，也能耳闻目睹许多激浊扬清、守正创新的信息，它们令人热血沸腾、催人前进，弘扬主旋律，传播正能量。概而言之，在当前正能量与负能量共存的微空间中，在多元价值观、多样利益观激烈碰撞、不断交锋的微时代图景中，我们必须打好舆论战、心理战，以正确的价值观凝聚人心，汇集成强大的中国力量，运用微世界的眼光，聚焦社会主义核心价值观传播成效显著的优秀案例，从中获取有益的传播经验；同时，对社会主义核心价值观传播过程中欠佳、低效的案例进行梳理，进一步剖析社会主义核心价值观微传播不尽如人意的深层次原因，尝试为社会主义核心价值观微传播提供细致入微、行之有效的对策，也为本书的研究提供必要的实证基础。

◇ 第一节 社会主义核心价值观微传播成功案例的实证分析

近几年，微媒体的方兴未艾和创新发展给整个社会政治、文化领域的信息传播带来了巨大变革，也对社会主义核心价值观的传播和弘扬提出了全新要求。顺应微传播的时代潮流，使社会主义核心价值观传播真正取得实效，是当前全社会加强核心价值观教育的关键问题。勘定并聚焦微传播的相关成功案例，并从中探寻其理论价值启示，获取实践价值借鉴，对于强化社会主义核心价值观微传播效果有着不可忽略的指导意义。

一 现状调查与案例分析

微媒体对社会主义核心价值观的传播，本质上属于政治传播。它是社会主义核心价值观走向现代化宣传、高效化传播不可或缺的一种方式。从当前的微传播情况看，传播社会主义核心价值观的主体主要有党员个人、各类学校和政府机构三类微媒体主办者。我们选取了5个成功案例作为研究对象，分别是"鞍钢郭明义"微博、福建师范大学"五微五阵地"微博体系、社会主义核心价值观主题微电影、"共青团中央"微信公众号和"学习强国"APP，系统分析成功样本在社会主义核心价值观微传播中的经验做法、主要亮点和传播效果，为未来进一步强化社会主义核心价值观微传播提供有益借鉴。

（一）"鞍钢郭明义"微博

"当代雷锋"郭明义自2011年3月25日开启了其微博之旅，他以其特有的活泼、亲民的语言风格，将中华民族的传统美德与现代化的慈善模式结合起来，充分运用数字化的网络社交平台，传播正能量，救助困难的网友，产生了广泛积极的社会效应，成为了一名拥有23173491个粉丝[①]的"体制内大V""红色大V"。截至2020年3月26日，郭明义已使用微博

---

① 截至2020年3月26日，郭明义微博粉丝数为23173491。

图 2-1　"鞍钢郭明义"微博传播社会主义核心价值观

图片来源："鞍钢郭明义"微博。

3282 天，他坚持更帖，从未间断，平均每天发微博 7.56 条，每天微博的阅读数量是 "10 万 +"。经过 10 年的发展，"鞍钢郭明义"微博已成为传播社会主义核心价值观非常活跃的倡导者、组织者，直接或者间接地影响到数亿网民。

1. "鞍钢郭明义"微博传播社会主义核心价值观的经验做法

第一，注重随时拍照、制作微视频，记录日常工作场景，传播爱岗敬业的正能量。郭明义利用各种工作时机和场合传播社会主义核心价值观，镜头对准普通劳动者，图片和视频中记录更多的是认真切凿一块石头的工人师傅、专心开挖掘机的司机师傅、面带笑容专注工作的矿工兄弟……一切看起来严肃而平常，但向微民传达的却是他对本职工作的坚守和积极乐观的心态。郭明义通过每天"晒"工作场景和记录平凡劳动者的执着与坚守，全方位诠释了社会主义核心价值观 24 字中"爱岗敬业"的时代真谛。

第二，注重对社会公益活动的积极参与，服务社会，传递爱心。新媒体舆论场的环境复杂多变，受众的数量庞大，各种信息真假难辨，越来越多社会公益活动的公信力遭到质疑。郭明义的微博转载了大量的公益活动，这些公益活动有这样的特点：帮助对象包括留守儿童、孤寡老人、残障青年，所提供的帮助都是眼前事、手中事，能立竿见影，切切实实，亲眼看得见、亲身体验到，并不涉及商业利益。他转载的目的是要把这份力量传播出去，让更多人了解到他们现在正在做的伟大事业，呼唤更多的人加入这项事业，寄予这份事业以伟大力量，支撑他们在这条光荣的道路上越走越远。

第三，注重及时高效传播社会热点事件，吸引受众注意力。在热点事件、突发事件中，不发声、慢发声或发声时机不当都容易导致被歪曲解读或被抢夺话语权。梳理郭明义的微博，我们能发现其内容涉及许多国内外突发重大事件、热点问题。郭明义在工作之余，及时关注国内外舆论动态，快速发声表明自身的政治立场和政治态度，积极引导社会舆论，帮助网民答疑解惑，成为民间传递正确价值观的重要渠道。这也是郭明义微博能大量"吸粉"的原因之一。

2. "鞍钢郭明义"微博传播社会主义核心价值观的主要亮点

第一，"雷锋""爱心"凸显了其传播的中心主题和基本定位。"雷锋""爱心"是其微博最醒目、最主要的两个关键词，"既直观地表明了其微博的主题和定位，也契合了郭明义作为'当代雷锋'的身份"[1]，再加上永远一身的"鞍钢工装"，这些视觉亮点无疑都提高了他进行社会主义核心价值观微传播的亲和力和凝聚力。

第二，原创栏目有效提升了用户的"黏性"和访问流量。郭明义在微博中善于创作热情洋溢的诗歌，直播同事在矿山热火朝天的劳动场面，展现爱心公益活动的场景等，这些原创性的文字、视频、图片，从内容上客

---

[1] 中共辽宁省委宣传部编：《指尖上的正能量——"郭明义微博"现象解析》，人民出版社2014年版，第40页。

观、完整地呈现了中国工人的"劳动之美",有力地提升了用户的"黏性"和忠诚度。数据监测显示,"鞍钢郭明义"微博自2011年3月开通以来,截至2020年3月底共发送微博24845条,其中原创微博1083条,被转发数高达8万余次,被评论数近10万次,累计被近10万人转发和评论,平均每条微博被转发和评论4次。

第三,受众的覆盖范围广,广泛影响着普通大众的生活。通过相关数据显示,"鞍钢郭明义"微博粉丝的年龄层级一般在25—50岁,网络活跃度较高、参与社会活动积极。其粉丝分布于辽宁、北京、广东等十余省市,受众范围之广,也显示出"鞍钢郭明义"微博的话语权较大。

随机抽取20条转发和评论介于100至1000之间的微博进行分析可以发现,"鞍钢郭明义"微博传播路径大部分呈现链式传播,即以"鞍钢郭明义"微博为始发源,经过二次转发,信息逐渐传播开来,其中以个人普通用户为中心的二次转发占一半以上,以名人、微博达人、个人认证微博中心的二次转发超过30%。据知微微博分析数据显示,参与抽样的这些微博消息曝光量超过92%的微博,"传递了不俗的正能量,参与用户多表现出正面情绪,没有发现水军痕迹。"[①] 实际上,"郭明义微博"吸粉的主要原因,就在于它打开了一扇通往美德和幸福的大门,使越来越多的微民感受到了道德的崇高力量。

3. "鞍钢郭明义"传播社会主义核心价值观的社会效应

从发博总数和转发评论总量来看,郭明义的微博已经产生了相当的社会效应。

第一,完美体现了社会主义核心价值观的理想追求。衡量一个名人微博成功与否的标准,应当是看其有无感召力,能否打动人心,是否真正影响一片、带动一群。实际上,郭明义精神是社会主义核心价值观的完美体

---

① 中共辽宁省委宣传部编:《指尖上的正能量——"郭明义微博"现象解析》,人民出版社2014年版,第44页。

现,"郭明义微博"作为其精神的重要载体,这种新的传播手段得到了广大网民的认同,充分证明了新的传播理念上的进步:运用受众最热衷的社交平台,通过最直接的点对点式互动,使用最贴近受众生活的平民化语言,最大程度地发挥模范的示范作用。

第二,直接激发了凝聚爱心的社会合力,郭明义爱心团队已遍布全国各地。据东北新闻网统计,通过"鞍钢郭明义"微博取得的社会效应包括:郭明义爱心团队已遍布全国各地,截至2019年8月,组建"爱心团队数1300多个,志愿者总数超230多万人,结对帮扶全国4900余个贫困户,累计为精准扶贫捐款2900多万元,爱心团队累计无偿献血150多万毫升,5000多名职工捐献了造血干细胞血液样本,1600多名职工成为遗体器官捐献志愿者。① 由此可见,"鞍钢郭明义"微博,直接激发了凝聚爱心的社会合力。2014年5月,习近平总书记给"郭明义爱心团队"回信,对他们服务社会、助人为乐、爱岗敬业给予充分肯定,并勉励他们努力践行社会主义核心价值观,以实际行动书写新时代的雷锋故事。② 与此同时,郭明义微博的异常火爆也告诉我们,中国人人心向善、人心向上的主流道德观并没有变。郭明义也曾讲过,"我想,广大网友在微博上热捧我,不是因为我个人有什么能耐,我仅仅是亿万名助人为乐者之一,这是我们的社会追求美好道德的强大力量的具体体现"。

第三,带头形成了追求美好道德的网络新风尚。据新浪网报道,"郭明义微博"已经极大地影响到网民,它像磁石一般,将天南地北无数的网民吸引聚集在一起,将道德人物的影响力和带动力发挥到了极致,成为了名副其实的"舆论领袖",这从网友的互动和跟评中可以一目了然。"郭明义微博"在网络中真实地走进了广大群众,在喧嚣的微博世界中传播真善美,正如一股清新之风,使人产生情感共鸣,争取更大多数的受众,引领追求

---

① 《郭明义爱心团队:续写新时代的雷锋故事》,《人民日报》2019年8月4日。
② 《郭明义爱心团队:续写新时代的雷锋故事》,《人民日报》2019年8月4日。

美好道德的网络新风尚。在"高高在上"的影视明星、商业领袖、社会精英占据主导的微博舆论场中,道德人物郭明义显得很"另类"。他能达到如此高的人气,进一步表明,只要我们党从提高国家治理体系和治理能力的高度出发,加强网络舆论引导能力,壮大社会主义核心价值观的舆论场,就一定能唱响网上思想文化建设的主旋律。

(二) 福建师范大学"五微五阵地"微博体系

高校是传播社会主义核心价值观,引导大学生认同和践行社会主流意识形态的主阵地,承担立德树人的神圣使命。社会主义核心价值观进教材、进课堂、进头脑,是促进社会主义核心价值观入脑走心的有效途径。福建师范大学"五微五阵地"微博体系建设创新了社会主义核心价值观传播模式,使官微成为了学生思想引领、答疑解惑、成长服务的新平台。

1. 福建师范大学"五微五阵地"微博体系传播社会主义核心价值观的经验做法

福建师范大学团委创设的"五微五阵地"微博教育体系是提高青年大学生社会主义核心价值观认同度和忠诚度的有益探索,有助于推进高校社会主义核心价值观实现大众化传播。"五微"即"微协会、微活动、微服务、微论坛、微文化"[1] 五个方面。"五阵地"具体指"思想引领的新阵地、成长服务的新阵地、组织动员的新阵地、答疑解惑的新阵地和工作创新的新阵地"[2]。该平台传播社会主义核心价值观的主要做法如下。

第一,构建立体多维、具有规模效应的社会主义核心价值观微传播教育体系。该校按照精准化、扁平化的管理思路,构建了从学校—学院—年

---

[1] 许建平:《微时代高校思想政治教育创新探索——以福建师范大学"五微五阵地"微博体系建设为例》,《湖北科技学院学报》2012年第12期。

[2] 许建平:《微时代高校思想政治教育创新探索——以福建师范大学"五微五阵地"微博体系建设为例》,《湖北科技学院学报》2012年第12期。

级—班级—社团五个层级,以"微"力无边的微博体系,实现社会主义核心价值观"双线作战、协同并进"的传播效应,从而进一步形成政治引领、思想引领、价值引领的聚合效应。据相关研究显示,自2011年下半年,该校团委正式开通微博以来,"目前已建设完成600多个团学组织微博,覆盖全校6大校级学生组织,30个学院团委、学生会,120个年级团总支、学生会,1111个团支部,260个学生社团,构建各级团学组织相互捆绑、信息共享、各具特色、优势互补的微博体系。"① 让社会主义核心价值观与大学生的精神世界直接融合,真正成为大学生的人生信仰。

第二,强化主题引领,严格把关发布内容,掌控传播教育的话语权。新的传播模式给了网友发出声音的麦克风,因此,"不论是时事报道还是时事评论,网友都可以'越俎代庖',这样的力量汇集起来,很大程度上影响大学生明辨是非的难度"②,最终需要高校相关部门担当"守门员"角色,对网络发布的形形色色的信息进行严格把关和细致过滤,积极探索新时代高校社会主义核心价值观教育的话语权,牢牢把握对新时代大学生意识形态工作的主导权,强化社会主义核心价值观在高校的主题引领,把社会主义核心价值观教育放在高校思想政治工作第一位,并贯彻到高校微传播教育实践活动中。构建学校各职能部门与学生之间即时多元互动的沟通、联系,有针对性地借助优质的教育教学资源,解答学生关注的突发事件和社会热点问题,切实解决学生的实际困难,努力化解学生的心理需求,推动社会主义核心价值观进学生头脑。

第三,注重团队建设,以工匠精神滋养社会主义核心价值观的传播。在福建师范大学,有一个"福师大小葵"工作室,经常性地组织与开展社

---

① 许建平:《微时代高校思想政治教育创新探索——以福建师范大学"五微五阵地"微博体系建设为例》,《湖北科技学院学报》2012年第12期。
② 武汉大学互联网科学研究中心编著:《微变革·大传播》,电子工业出版社2014年版,第65页。

会主义核心价值观传播和教育，注重分工明确，组建了一支精干团队；注重运行队伍建设，以精益求精、追求卓越的工匠精神加强核心价值观传播的质量建设和专业化团队建设。工作室现共设七个部门，分别是微博部、微视部、技术部、产品开发部、通联部、文创部、微信部。一个部门的力量或许单薄有限，但七大部门联动并进，则能形成价值观引领的规模效应。具体来看，（一）微博部：主要负责运营"福建师范大学团委"微博，策划组织丰富的线上微活动，开展学校大型活动微博直播，发布学校职能部门权威信息，全方法展现福建师范大学的风采，倾听大学生们的心声，推动共青团在微环境下，凝聚青年、服务青年和争取青年。（二）微视部：从技术层面讲，主要承担影视技术的相关工作，负责"福师大小葵"工作室的视频制作、宣传照片的拍摄美化、图片摄像的剪辑特效处理。（三）技术部：主要从事相关修图、制作PPT、为各类项目提供技术支持，负责将文字手稿变为具有创意的成型工作。（四）产品开发部：主要致力于各种线上产品的创意提出、视觉传播内容的讨论绘制、线下产品的论证制作。（五）通联部：主要发挥内通外联的作用，对内承担日常事务的各种运营，包括建章立制、档案管理等，对外担负工作室与外界的联系。（六）文创部：主要负责文案撰写、新型采编架构、深度产品创作。（七）微信部：以微信公众号"福师大小葵"为核心，形成了一套"图文制作+运营维护+营销推广"的组合拳，建立了包括选题策划、专业化编辑、后台更新、粉丝互动、品牌推广等一体化传播体系（见图2-2）。

2. 福建师范大学"五微五阵地"微博体系传播社会主义核心价值观的主要亮点

第一，突出学生的主体性作用，使学生成为社会主义核心价值观微传播教育体系中的"剧中人"。新时代大学生是高校社会主义核心价值观传播和培育的主要对象，通过微传播教育，大学生能否达到社会主义核心价值观教育的预期目标，这是检验高校微平台微阵地建设成败的关键。福建师

以工匠精神滋养社会主义核心价值观

"福师大小葵"工作室团队建设

产品开发部
- 各种线上产品的创意提出。
- 视觉传播内容的讨论绘制。
- 线下产品的论证制作。

微视部
- 影视技术。
- 负责工作室的视频制作、照片的拍摄美化、图片摄影的剪辑物效处理。

微信部
- 以"福师大小葵"为核心。
- 形成一套"图文制作+运营维护+营销推广"的组合拳。
- 建立包括选题策划、专业化编辑、后台更新、粉丝互动、品牌推广等体化传播体系。

通联部
- 内通外联。
- 对内承担日常事务的各种运营；对外担负工作室与外界的联系。

微博部
- 运营福建师范大学团微博，策划线上微活动。
- 开展大型活动直播，发布权威信息，全方法展现福建师范大学的风采，凝聚青年、服务青年和争取青年。

文创部
- 方案撰写、新型采编架构、深度产品创作。

技术部
- 相关修图、制作PPT、为各类项目提供技术支持。
- 文字手稿——具有创意的成型工作。

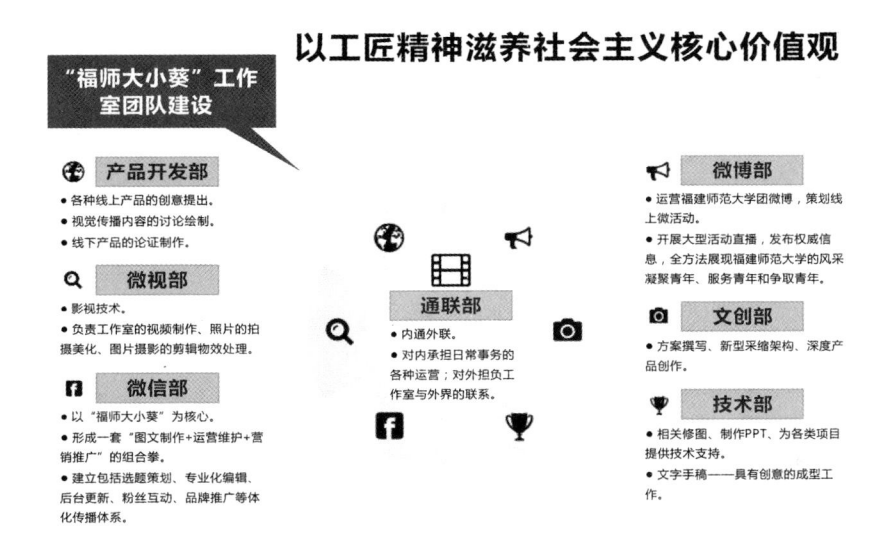

图2-2 "福师大小葵"工作室"以工匠精神滋养社会主义核心价值观"

图片来源：作者自制。

范大学非常注重发挥大学生的自主创新精神，引导学生同心同向，积极参与高校微媒体和网络运营建设，一同构建共建共创共享的培育机制。高校可以从青年学生的视角，用大学生喜欢的语言方式，来解读社会主义核心价值观；向大学生定时推送一系列名篇佳作、红色网作；聘请相关领域的学生骨干担任顾问，进行微博营销、微博管理，制作蕴含社会主义核心价值观主题的表情包，研发具有丰富思想内涵、融合时尚符号的微视文化产品；直播微课堂，推送社会主义核心价值观图文等。总之，通过"学生来辐射引导学生，构建学生自我教育、自我管理、自我服务、自我监督的网络教育机制"[①]，形成积极共情、同频共振的育人新格局，有效引导同龄人、身边人对社会主义核心价值观的理解、消化和实践，从而获取有效的价值引领，更好地激发学生的爱国爱党爱校情怀。

---

① 陈丽荣、赵志浩：《六微六阵地：高校社会主义核心价值观"微"教育传播体系研究》，《成都理工大学学报》（社会科学版）2019年第5期。

第二，创立了极具美誉度的高校校园传播品牌，开发了卡通动漫"小葵"系列文化产品。"福师大小葵"工作室在网络文化产品创作、生产的全过程中，努力体现社会主义核心价值观的精神实质和具体要求，先后开发了500余件网络文化产品，营造了具有时代感、趣味性、活泼感的微文化，有效凝聚了一大批学生铁粉，打造了网络文化育人新格局，形成了极具社会效益和经济效益的核心价值观教育品牌，契合了学生成长成才的需求。

第三，实施"X+价值观"教育模式的运用和创新，逐步融入学生成长成才的全过程。习近平总书记明确指出，做好高校思想政治工作，要因事而化、因时而进、因势而新①。进入新时代，要加强思想政治教育传统优势与"高精尖"传播技术、传播载体的高度融合，积极推进微传播语境下社会主义主流意识形态的教育传播，定位人性化，构建起高校社会主义核心价值观的微传播链，推进社会主义核心价值观内化于心、外化于行，形成价值信仰、行为自觉。

3. 福建师范大学"五微五阵地"微博体系传播社会主义核心价值观的社会效应

党的十九大报告指出："要以培养担当民族复兴大任的时代新人为着眼点，强化教育引导、实践养成、制度保障，发挥社会主义核心价值观对国民教育、精神文明创建、精神文化产品生产传播的引领作用，把社会主义核心价值观融入社会发展各方面，转化为人们的情感认同和行为习惯。"②因此，高校社会主义核心价值观的社会效应就是面向青年大学生，最大程度地推进大众化传播，使社会主义核心价值观占据头脑和思想，逐步培养大学生的价值认同，这是新时代培育和践行社会主义核心价值观的重要举

---

① 《习近平在全国高校思想政治工作会议上强调　把思想政治工作贯穿教育教学全过程　开创我国高等教育事业发展新局面》，《人民日报》2016年12月9日。

② 习近平：《决胜全面建成小康社会　夺取新时代中国特色社会主义伟大胜利——在中国共产党第十九次全国代表大会上的报告》，人民出版社2017年版，第42页。

措。福建师范大学团委率先提出了"五微五阵地"的先进团学组织微博管理理念，构建了校内矩阵式微博管理服务体系，现有粉丝22.3万人①，探索出了微时代的育人新路子，创立了网络时代全国高校加强思想引领的标杆模式，现已成为利用网络培育和践行社会主义核心价值观的全国先进典型，成为全国增强网络正能量供给的经验范本。

（三）社会主义核心价值观主题微电影

微电影，即电影的精简版，通常容量小，一般不超过20分钟。"2010年，中国首部微电影《一触即发》进入国人视野，宣告了中国微电影的诞生。"② 微电影借助智能网络的交互发展和智能手机的广泛普及，呈现井喷式增长。今天，中国微电影片市场已经蔚为壮观。相比其他新媒体，微电影具有完整的故事情节，是推动社会主义核心价值观融入生活的重要实践载体。因此借助饱含思想性、艺术性的微电影作品传播、弘扬社会主义核心价值观，可为社会各界持续注入正能量。自2016年开始，由中宣部宣教局、中央新闻纪录电影制片厂（集团）、中央网信办网络新闻传播局等单位连续每年向全国征集、评选、展播社会主义核心价值观主题微电影，在社会上反响很大，逐渐成为社会主义核心价值观建设的响亮品牌。

1. 主题微电影传播社会主义核心价值观的经验做法

一方面，通过海选和评比社会主义核心价值观主题微电影精品，建立核心价值观影像数据库。国家相关主管部门从"质"和"量"两方面下功夫，主抓社会主义核心价值观主题微电影的创作。从"质"的层面看，运用创新的方式突出政治导向，传播主流价值观，弘扬社会主旋律，按照受众的心理和需求，融入时代元素，加强优质内容的创作，提高传播的力度。

---

① 截至2020年3月22日，福建师范大学团委微博粉丝数为22.3万人。
② 鲍繁：《中国微电影市场的现状及发展趋势》，《宿州学院学报》2014年第4期。

从"量"的层面看,作品内容题材多样,主要包括"剧情微电影(微视频)、纪实微电影、动漫微电影、专题片和纪录片等多种题材"①,倡导提高具有"深度内容"微电影、原创精品、"现象级"作品的数量。截至2019年12月,中宣部宣教局、中央网信办等单位已联合举办三届"社会主义核心价值观主题微电影"的征集、评选活动,微电影主题涉及"爱国""诚信""敬业""奉献"等。为描绘新时代,讴歌新作为,根据实践新要求,第三届主题微电影还专门设置"生态文明建设""脱贫攻坚战""健康生活"等社会主义核心价值观重点专题电影。此外,每年定期组织相关专家从报送的数千部作品中,按照三种片长即5分钟、15分钟、30分钟,分别评选三个类别的"一、二、三"等奖。获奖优质作品逐渐汇聚,形成核心价值观影像数据库,作品内容包括诠释工匠精神的航天事业工作者;逐梦军旅的北大女生;迎难而上、带领村民奔小康的基层干部;不辞辛劳、无私为民,帮助60多岁老人解决上户口和办理低保的人民警察;也有面对洋教授的技术封锁、尊严侮辱,凭借个人技术才干,成功修复机器故障,奋力寻回国人尊严的铁路职工……尽管人物职业不同、故事情节迥异,但都生动地诠释了社会主义核心价值观的主题,使社会主义核心价值观微电影形成"燎原之势"。

另一方面,借助主题微电影的传播优势,顺利成章地在"知识性+正能量"的故事中解析和传递社会主义核心价值观。微电影最显著的艺术表现特征是"见微知著",即通过精练的电影叙事,浓厚的情感氛围营造,使受众获得意味深远的审美享受,去体味创作者的价值导向。充分借助微电影的传播优势,在传播内容和样式上,促使社会主义核心价值观教育更加绚丽多彩,让越来越多的人通过"播放模式",更加直观、多维度地欣赏正能量作品,并感受其背后蕴藏的丰富文化内涵、精神内涵和价值内涵,这

---

① 《第三届社会主义核心价值观主题微电影征集展示活动启动》,2018年4月1日,新华网,http://www.xinhuanet.com/politics/2018-04/01/c_1122622064.htm。

种传播模式对社会主义核心价值观走进人民群众具有独特作用，使其在传播中摆脱传统的说教模式、让广大受众在欣赏微电影故事情节时，触发无限想象，与故事中的"人"形成"无声互动"，从而不知不觉地将社会主义核心价值观的内涵注入头脑，感受社会主义核心价值观的内在力量，形成自我激励。总而言之，微电影赋予受众浓郁的生活气息，顺利成章地在"知识性+正能量"的故事中解析和传递社会主义核心价值观。

2. 主题微电影传播社会主义核心价值观的主要亮点

微电影具有短时长、小投资和简制作等显著特征，使每个人都可以大胆尝试。自2010年问世以来，微电影逐渐成为社会主义核心价值观传播的新型载体，担负起了"举精神之旗、立精神之柱、建精神家园"①的重要作用。主题微电影传播社会主义核心价值观的主要亮点，共有三方面。

第一，叙事逻辑"温情化"。从心理学看，社会主义核心价值观主题电影通常反映群众生活，取材现实生活中"打动人心"的温情元素，叙事理路往往是"有血有肉"的小人物+"映射现实"的微事件+"触及内心"的微感动。微电影将极富特质和内涵的小人物、社会草根引入作品，并推至前沿一线，通过挖掘他们在日常生活中时常被忽视、被遗忘、被误解的"美好的人与事"，"以小见大"倡导正确的价值理念，培养受众正确的价值认同，传达"微感动"和微温情，逐步实现动之以情晓之以理的传播效果。

第二，视听逻辑"创意化"。从艺术角度看，社会主义核心价值观主题电影作为视听符号的动态表现方式，通过使用大量美景、美人、美乐等"艺术元素"，使其传播形式更为生动、直观、形象，进一步满足受众的视听感官需要和审美需求，因而微电影往往一开场，很快就能够抓住受众的眼球和吸引注意力，消除审美疲劳。

第三，互动逻辑"多元化"。从传播学角度看，受众在观看微电影过程

---

① 孙晨、孙宁：《"新媒介文艺生活"语境下微电影的创作观念》，《东北师范大学学报》（哲学社会科学版）2019年第5期。

中可以利用弹幕即时表达想法①，传播者在影像评论区留言进行反馈、回复他人评论等互动行为，既可以满足受众发表言论、给予评价发声的需求，又可以强化大众的传播意识和集体围观的仪式感，实现作品的病毒式传播，还可以增强传授双方的彼此认同和情感融合。

3. 主题微电影传播社会主义核心价值观的社会效应

微媒体概念的创新性、交互性及延伸性，无疑助推微电影发展与创新，引发社会主义核心价值观微传播在观念意识上的调整和传播视野的拓展，为社会主义核心价值观传播插上"隐形翅膀"，主题微电影《花开的声音》《平凡的力量》《红旗渠》《心律》《共饮长江水》《汗水哲学》的展示与播放，使更多的人能够如同身临其境般地感受"正能量"的主题表达及其背后蕴藏的中国价值、中国精神。

第一，进一步拓宽了社会主义核心价值观传播的受众面。微电影既有传统媒介可查阅、可收藏的技术特征，又兼具新型媒介的艺术特征。从艺术角度看，它使思想表达个性化，内在表达含蓄化，使公众在愉悦的观影体验后，进而引发个人思考和启迪。近几年，通过引导创作一系列主题突出、凝聚社会共识、体现时代特征的微电影作品，讲述干部群众爱国报国、敬业履职、追梦圆梦的故事，进一步拓宽了社会主义核心价值观传播的受众面，点击进入每部微电影，宣扬的都是主流文化、社会主义核心价值观，好评如潮，点赞量与评论数量都很高。

第二，进一步扩大了社会主义核心价值观的传播队伍。一般来说，人们欣赏、观看微电影时，会自带包括"视听语言、结构技巧、悬念、综合艺术感染力"②在内的一整套评价指标。说到底，优秀的微电影会时常倒逼创作者在电影语言、故事呈现、情节表达等方面下足功夫。为此，社会主

---

① 刘珍、谢海军：《微电影广告现象级传播的生成逻辑与意义探讨——以〈啥是佩奇〉为例》，《出版广角》2019 年第 18 期。

② 李亦中：《微电影三题》，《电影新作》2019 年第 4 期。

义核心价值主题微电影创作时，必须注意传播主题、叙事张力和艺术品质的有机结合和高度统一。要从诞生初期带有故事情节、赤裸裸地兜售产品和服务的广告宣传片，转向精心策划、将神圣的电影变成草根参与的"文化表达"，变为具有电影艺术的公益教育视频。而"社会文化主要体现在民众的认知程度，当某种文化受到民众的高度认可时，它就会成为社会的主流文化，得到更加广泛的传播。"[①] 总体来看，微电影作为社会主义核心价值观的新型传播渠道受到许多宣传部门的热捧，也受到越来越多高校教师的青睐；与此同时，吸引更多人，尤其是年轻人主动加入传播者队伍，严肃而认真地对社会主义核心价值观进行传播报道，进而积极参与社会主义核心价值观作品的深耕细作和创新设计，将潜藏的文化底蕴、价值观逻辑和社会主义核心价值观的信息内容引入微电影作品，以实现传播数量和传播效益的最大化。

第三，进一步提高了社会主义核心价值观的传播艺术和审美价值。从电影艺术层面的要求看，"电影的命运在于被观看，创作微电影主观上也是想吸引他人关注。因而，微电影最讲究艺术品质和审美价值。"[②] 从传播技术的特点看，集声、光、电、故事编辑、系统制作等多种技术于一体的微电影，其先进的技术和新颖的创意，与其他媒介相比，能在第一时间牢牢抓住受众的注意力，使传播主题、教育目标更具隐蔽性、温和性，不再是强行灌输和推送。从这个角度讲，主题微电影实现了社会主义核心价值观传播价值的最大化，最大限度地满足了人们对丰富多样艺术表达的需求，帮助受众提高审美价值，善于捕捉影视作品中蕴含的意识形态变革、社会思潮传达、价值观念传播。

---

① 赵婷：《微电影在非遗传播中的运用与功能》，《青年记者》2019年第23期。
② 李亦中：《微电影三题》，《电影新作》2019年第4期。

(四)"共青团中央"微信公众号

在微信公众号中,共青团中央表现不俗,成绩亮眼,是社会主义核心价值观传播的成功典型之一。

1. "共青团中央"微信公众号传播社会主义核心价值观的经验做法

第一,打通传播通道,实现传播平台深度融合、充分互动合作、线上线下一体运行的格局。在传播形式、内容实现创新后,传播平台更是成为关键。"共青团中央"微信公众号,是由"中国共产主义青年团中央委员会宣传部"认证的公众运营号,属于时事类型微信公众号。为迎合社会需要,共青团中央审时度势,确立了打造"网上共青团"的工作目标,从 2013 年 12 月 30 日建立共青团中央微博账号开始,中央出台政策举措,促进传播融合,经过 2016 年、2018 年两次突飞猛进,现在的共青团中央已与微博、微信、QQ 空间、抖音、B 站(bilibili)等多个超级平台,实现了平台深度融合、资源传播共享、线上线下一体运行的格局。传播社会主义核心价值观的优秀内容、爆款文章经常被多平台同时传播扩散,主流声音传播范围更广,开发了新的经济增长点,产生了更持久的穿透力,在青年网民群体中影响力更加深远。

第二,通过掌握终端数据,准确把握青少年用户的心理和需求,在传播内容和服务上更能体察入微。"共青团中央"微信公众号于 2015 年 1 月 6 日完成认证,正式上线。它与青年生活密切接轨,旨在传播共青团工作、活动信息和青年人关注的热点信息。内容主要涉及"学习""服务""好青年"三大板块,在三大板块框架下又细分"大学习""团务百科""主题团日活动""建功新时代""团章挑战赛""标准团旗团徽团歌"学习类栏目,"团徽团旗""排行榜""精品内容""树洞""志愿服务""青年之家""青少年12355""共青团文件检索""青微矩阵"服务类栏目和"好青年点赞""谣言粉碎""疫情问答"时事类栏目(见图 2-3)。从供给侧角度看,通

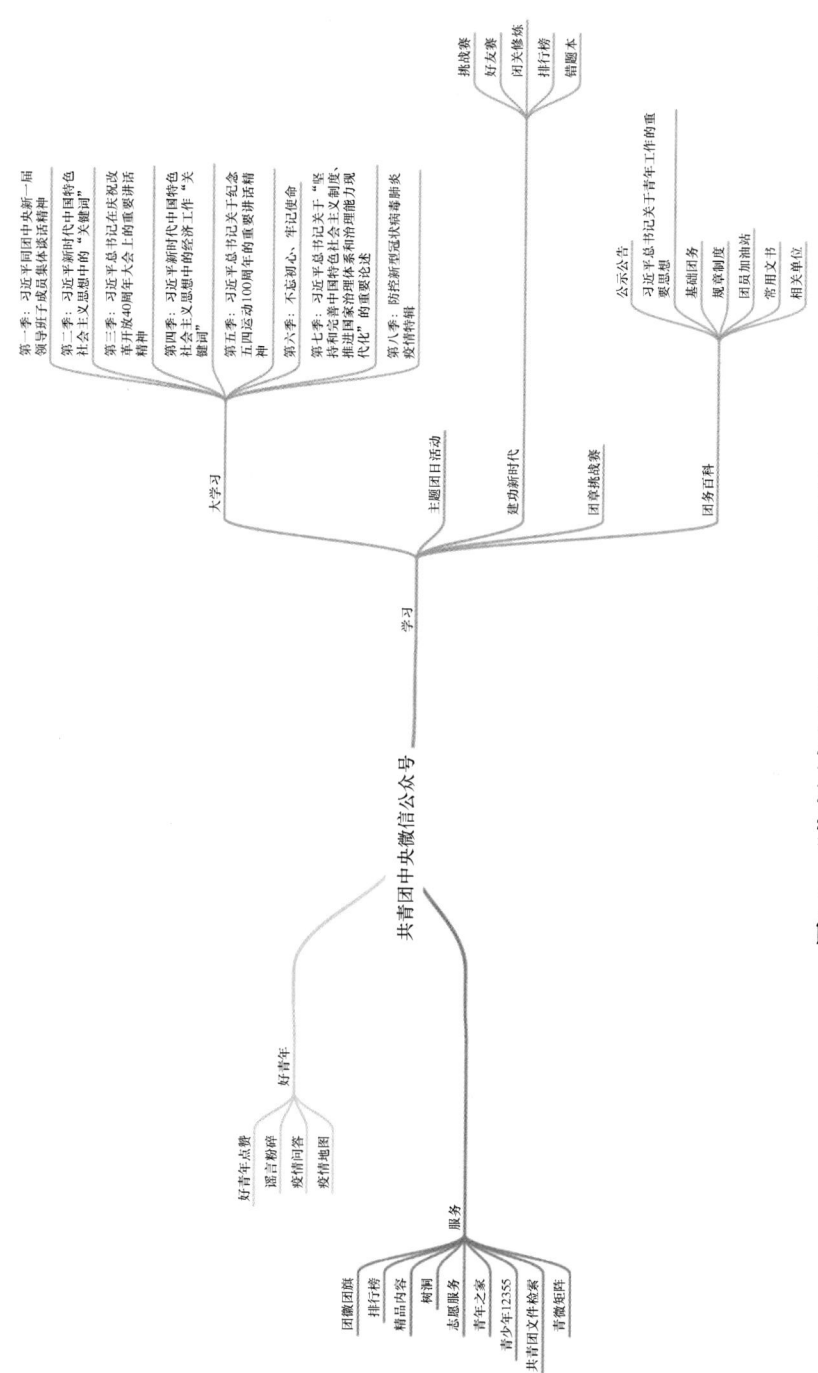

第二章　社会主义核心价值观微传播现状与传播案例的实证分析　95

图2-3　"共青团中央"微信公众号内容结构图

图片来源：作者自制。

过借助大数据和人工智能等技术的智能系统,"抓取数据—分析数据—内容生产—内容编辑"①,获得贴近青少年用户心理需求的内容优势和服务优势。公众号内的发文不"炒冷饭",紧跟时事,契合青少年成长发展的心理需求,具有鲜明的分类、突出的主题。将社会主义核心价值观内容蕴含于经济、政治、文化、军事、科技、体育等方面,以实现新时代青年的高质量发展为初心使命,多维度地讲述青年事、日常事、生活事、突发事。比如通过系列推文《清华北大研究生去当中学老师,有人质疑大材小用》《我国禽肉与猪肉的走向》《消费调查:这个"双十一"大学生都买了什么?怎么支付?》《个子矮怎么啦,精神不矮就行》《轻松的路最难走》《做人就要输得起》等,向广大青年生动立体地呈现了普通民众的人生百态,展示当代中国的发展奇迹。更为重要的是,在各种"中外"横向对比和"古今"纵向对比中,巧妙地回应青少年心中的各种质疑和困惑,真正做到微咨询、微教育、微服务,引发青少年群体的情感共鸣、心理认同,给予他们一定的理论指导、心灵慰藉和情感宣泄,引领新时代青年自觉做中国特色社会主义制度的坚定捍卫者、社会主义核心价值观的践行者。

第三,以社交化"软"新闻为主,"硬"新闻为辅,吸引青年的注意力,形成"平台依赖症"。依托于多元的传播技术,"共青团中央"微信公众号集纳了"青听""共青团新闻联播""文体馆""爱心社""团团小课堂""团团带你学""青年观""小青梅"等"柔性"栏目内容和生活服务篇,借助优质的文字、漫画、音频、朗诵、短视频等各种形式手段帮助广大青少年了解时事政治、答疑解惑、回应质疑,充满柔情,对大学生产生共情力。因此,"共青团中央"微信公众号成功地构建了大学生的精神世界,传播了正向的价值体系,较好地实现了技术理性与价值理性的共融,逐渐成为一个高效的价值观传播系统。平台可以向用户提供更加便捷和定

---

① 梅宁华、支庭荣主编:《中国媒体融合发展报告(2019)》,社会科学文献出版社 2019 年版,第 30 页。

制化的内容，笔者随机登录此微信公众号，发现一系列承载"软性"内容的推文精彩纷呈，耐人寻味。比如，《你偷的每一个懒，岁月都会"加倍奉还"》《绝不允许！一酒吧竟使用红领巾恶意炒作营销》《为什么一谈恋爱就胖》《3—0 横扫日本女排！朱婷这句话，让中国女排燃爆热搜》……从上述2019年阅读量、互动量、视频观看量排名靠前的文章，可看出社交属性鲜明的"软新闻"占比较高，正能量、暖心的社会新闻看得人血脉贲张，激情澎湃，互动量十分明显，访问量较大，深受青少年欢迎。另外，其"皮皮团""团团"的自称，幽默亲民的语言风格，正能量的引向，与网民的频繁互动，更使许多大学生养成睡前"每日一刷"的生活习惯，深受广大青年大学生喜爱，真正发挥了用社会主义核心价值观植根青年心灵的作用，切实提高了广大青年在团的工作和活动中的参与感、获得感和成就感，培养了一大批青年粉丝。总之，像这样的官方微媒体是值得学习借鉴的优秀案例。

2. "共青团中央"微信公众号传播社会主义核心价值观的主要亮点

一方面，引领各"省级"团组织微信公众号连成一体，进行密集式传播，形成传播矩阵。"对于社交平台而言，粉丝的注意力是基础，平台的影响力和公信力是关键，产生感召力则是影响力和公信力的目标与追求。"[①] 从系统论的角度研究，"共青团中央"微信公众号的品牌号召力明显，积极发挥了"中央级"共青团的政治功能、动员功能，取得了社会主义核心价值观内容传播的明星效应，引导33个"省级"以及团属媒体、地市级、基层共青团微信公众号连成一体、形成密集式、互粉式、互动式传播。在管理方式上，定期对各省级团组织"网上主题团课"的学习、活动参与情况进行排名公示，从而形成整体效应，使"共青团中央"微信公众号与各级团组织微信公众号有机联系起来，实现统一协调，高效地运转，相辅相成、

[①] 章晓英、刘滢、卢永春主编：《中国媒体微传播国际影响力年度报告（2018）》，社会科学文献出版社2019年版，第93页。

相得益彰，合力形成社会主义核心价值观的传播矩阵。

另一方面，通过设置"挑战赛""好友赛""错题本""排行榜""我的勋章"等强大功能，强化青少年的沉浸式体验。从受众群体分析看，年龄主要在16—28岁之间，其中18—22岁大学生群体占比达到85.8%，呈现明显"年轻化""精英化"的特征。为了进一步强化青少年的团章知识、政治理论知识，巩固落实建功新时代、提高过硬本领的要求，"共青团中央"微信公众号切实将政治性、体验性和先进性延伸至在线团章知识、在线新中国史、在线中共党史和在线建军史中，打造了非常火爆的在线"团课知识"竞赛和"建功新时代"政治理论知识竞赛，使社会主义核心价值观传播效果实现了重要突破。以在线"团课知识"竞赛为例，点击"开始挑战"进入页面，选择"挑战赛"或者"群友赛"进入在线答题，网络系统旋即自动从"团课知识"的海量资源中抽取相关试题，学习者通过紧张的限时"在线答题"、不断"刷题"和查阅"错题本"，可强化对团章知识的理解，掌握很多教材上没有的知识内容，从而增强建功立业的青春使命感，摒弃"精致利己主义"、功利主义等错误价值观，树立正确的"三观"，从而在崇尚品悟中书写人生华章。

3. "共青团中央"微信公众号传播社会主义核心价值观的社会效应

一方面，具有显著的用户影响力，在国内同级别公众号中具有明显的传播优势。从2019—2020年发文的具体时间看，北京时间上午8：00—9：00，下午12：00—16：00，晚上19：00—23：00，下午和晚上两个时间段的发文密度最高，累计占全天总量的72.7%。总体来看，每日发文9—13条，发文数量相对稳定，注重以质取胜和激发正能量。值得注意的是，发文以青少年喜爱的"文本+图片+视频（音频）"形式居多，其次是纯图片形式、漫画风格，推文质量较高，每条热文阅读量均在"10万+"，在看数量"1千—3千+"，广大网民愿看、爱看、能接受。它从侧面传递了"共情力""真善美"，而"共情力""真善美"

却是网络的稀缺品,获得了青少年受众的高度认可,值得点赞。目前"共青团中央"微信公众号以其资讯权威、知识海量、全域覆盖、功能多元、选阅自主性吸引粉丝数达 600 多万,2019 年微信公众号影响力排行榜占据第六位(见图 2-4)。这无疑是社会主义核心价值观微传播的优秀案例,带给青少年艰苦奋斗、向上向善的动力,提供有益的人生引领和指导。

	公众号	发布	阅读	头条	平均	在看	WCI
1	人民日报	276/605	6050W+	2760W+	10W+	482W+	1717.94
2	新华社	282/600	5861W+	2809W+	97691	109W+	1657.94
3	央视新闻	300/532	5051W+	2943W+	94955	88W+	1643.75
4	人民网	203/507	3959W+	1958W+	78103	27W+	1547.57
5	环球时报	150/604	4251W+	1476W+	70387	29W+	1517.17
6	共青团中央	147/319	2624W+	1385W+	82271	27W+	1505.40
7	参考消息	150/605	3926W+	1409W+	64895	23W+	1495.47
8	丁香医生	66/266	2551W+	660W+	95929	28W+	1474.12
9	十点读书	30/240	2400W+	300W+	10W+	124W+	1471.98
10	冷兔	68/179	1790W+	680W+	10W+	46W+	1466.87

图 2-4 2019 年"共青团中央"微信公众号影响力排名

图片来源:"清博指数"2019 年 4 月中商产业研究院整理。

另一方面,积极聚焦以爱国主义为核心的民族精神和以改革创新为核心的时代精神，履行社会主义核心价值观传播职责，高质量发挥了党联系青年的桥梁和纽带作用。"'硬实力'需要软实力来平衡，'软实力'需要'巧实力'来润色。"① 整体而言，"共青团中央"微信公众号坚持扎根青年，以"党旗所指就是团旗所向"的姿态，积极有力地传播社会主义核心价值观的效果值得充分肯定，是典型的正面案例。它也是一个比较先进的典型，虽然很官方，很权威，却没有"高高在上"实施强势传播，反而注重以"巧实力"+"软新闻"为主的传播策略，围绕中国传统文化中的"孝悌忠信礼义廉耻"八德，在编辑内容时常聚焦以爱国主义为核心的民族精神和以改革开放为核心的时代精神，逐一解读"五四精神""铁人精神""爱国精神""上海精神""幸福生活观"等，有力地聚合了青少年网民的注意力，提高了对青少年的政治引领力、价值观塑造力，在青少年的政治教育、政治传播方面切实履职尽责，充分发挥了党联系青年的桥梁和纽带作用，取得了良好的社会效果，另外，它还时不时解说一些时事热点，在关键时刻，站出来主持公道，伸张正义，怒斥不良微博、微信的违法犯罪行为，力图引导青年人树立正确的价值观。总而言之，它平常时好似"可爱玩伴"，遇事时是"威严长者"，给青少年以亲近感。

（五）"学习强国"APP

"学习强国"APP 于 2019 年 1 月 1 日在全国正式上线，它是由中央宣传部宣传舆情研究中心推出的学习平台，划分为 PC 端、手机客户端两大终端。自运维以来，"学习强国"积极践行"学起来"才能"强起来"的理念，通过鲜明的主题、富有感染力的生动形式，聚焦时事热点，突出学习重点，全面呈现了习近平新时代中国特色社会主义思想，尤其是关于改革发展稳定、内政外交国防、治党治国治军等方面的重要理念，形成了一定

---

① 程曼丽：《论我国软实力提升中的大众传播策略》，《对外大传播》2006 年第 10 期。

的传播规模和影响力，打造出了一个学习宣传新思想新理论新战略的理论宝库，广泛推进了网民的价值理念、理想信念、道德观念教育，在潜移默化中增强了对社会主义核心价值观的认同感、感召力和吸引力，提高了广大干部群众的思想觉悟、文明素质、科学素养，为建设马克思主义学习型政党、推动建设学习大国作出了贡献。

1."学习强国"APP传播社会主义核心价值观的经验做法

第一，坚持"双线作战"，营造追梦时空。"学习强国"APP在技术层面和内涵层面齐头并进，以强大的功能、丰富的信息集成、多彩多姿的表现，系统地推进了网民对新思想新理论新战略的学习、对生活哲理的求索、对中国传统文化的体悟，对大千世界的了解，对人类自身的追问，显著地改变了人们的思维方式、审美意识和价值观念，极大地增强了社会主义核心价值观的思想力、表达力、传播力，塑造和阐释了新的时代精神，创建了一个纵向到底、横向到边的学习网络，更激发了网民"崇尚学习、加强学习""努力学习、奋斗追梦""主动创新、掌握未来"的自觉性主动性，引领网民通过加强学习、加强实践，抵达人生的"诗和远方"。

第二，打造精神高地，强化道德引领。"学习之于信仰和才干，犹如运动之于健康体魄"，这实际潜移默化地弘扬和传播了一种价值追求、一种思想觉悟、一种健康生活方式，真正高效地发挥了社会主义核心价值观的"指挥棒"作用。从微观层面研究，"学习强国"APP专辟了"最美中国人""校园风采""思政与德育""共和国荣光""最美奋斗者""新时代楷模""身边的感动""道德模范""改革先锋""双百人物""科学家""科学精神谈""人物""中国精神研究"等三级栏目；大力拓展新时代公民道德建设的范畴和外延，涵盖理想信念、初心使命、中国精神、革命精神、民族精神、抗疫精神、时代精神、科学精神等诸多内容，成为正能量的重要来源。总之，"学习强国"APP成为了一个理论学习的宝库、强魂铸魄的精神家园，它坚持把主流价值、传统美德、爱心公益源源不断地传递给公众，激浊扬清，扶正抑偏，必然影响置身其中的受众群体。

第三，高扬主旋律，凝聚正能量。理想信念本身就是一种价值体系，凭借凸显正能量人物事迹的专栏，"学习强国"平台积极选树宣传科研、教育、文艺界先进模范，如"老英雄张福清""中国核潜艇之父黄旭华""杂交水稻之父袁隆平""用自己身体保护战友的杜富国"等先进典型，教育引导人们弘扬真善美、贬斥假恶丑，进一步高扬主旋律，凝聚正能量，唱响正气歌，全方位拓展社会主义核心价值观建设，推动社会主义核心价值观内化为人们的价值追求和行动自觉。

2. "学习强国"APP传播社会主义核心价值观的主要亮点

"学习强国"APP传播社会主义核心价值观的主要亮点，具体表现在三个方面。

第一，打造了一个权威的思想文化库，为微民深刻理解和掌握社会主义核心价值体系提供了"点击可见"的既权威又系统的资源。打开"PC端"，可直接看到"新思想"栏目，也可以找到"习近平谈治国理政""红色故事""新中国史"等17个板块180多个一级栏目；手机客户端有"学习""学习视频"两大板块，总计38个频道，都可以免费观看，聚合了海量的古籍、慕课、党史、文艺、科学、戏曲、影视、法治、军事等资料。

调研发现，"学习强国"APP选取"强国号"等10多家中央主要新闻单位，为其提供原创优质的内容，内容紧扣国内外重大选题和热点新闻报道，能带给受众第一手的感受。平台开设头条新闻、电台"听文化"、《习近平谈治国理政》经典诵读、优质纪录片诵读、高质量综艺节目、红色经典影视剧、唐诗宋词赏析、热门学习视频等专栏，与此同时，还在相关新闻的题图、文内导引和配图上下功夫，使受众能够尽情享受视听盛宴。另外，可通过平台订阅《人民日报》《光明日报》、新华社、《学习时报》等媒体和优质慕课。概言之，"学习强国"APP作为新时代强化理论武装和思想教育的网络新平台，而始终奉行权威性、思想性、客观性的宗旨，使我国微空间进一步清朗、主旋律更加响亮、正能量更加强劲，使受众在感悟新发展新面貌新成就中畅通新感受。

第二，设置学习积分，打造高效的智能学习服务体系。正如习近平总书记所言："手段创新，就是要积极探索有利于破解工作难题的新举措新办法，特别是要适应社会信息化持续推进的新情况。"[①] 只有充分运用新点子，开发新应用，将平台用好用活，才能真正提高传播效率。"学习强国"APP 借助新技术催生新应用、新工具，向受众和用户积极提供更加及时丰富、更具实用性的信息服务。为实现可持续发展，开发了深受用户欢迎的"学习积分"功能。根据积分规则，每日首次登录、阅读文章、APP 收藏、APP 分享、APP 发表观点等都可积"1分"，另外，根据文章、视听的学习时长，每日上限积"6分"。待学习积分达到相应数额，可在强国商城内兑换相应分值的福利。总之，"学习强国"APP 通过多套"组合拳"，产生学习的激励效应，打造了一个高效的智能学习服务体系，创新了学习方式和组织形式，易使学习者在浸入式阅读体验中产生情感共鸣，提高理性思维能力，受到思想的洗礼和升华。

第三，注重提高受众的竞争意识，在"比学赶超"中检验学习的成效。"学习强国"APP 综合设置了"在线答题""挑战答题""文字题""音频题""视频题""每周一答""智能答题""专题考试"等内容，提高了党员干部、各层次学者的参学热情和竞争意识，形成了浓厚的"比学赶超"学习氛围，坚持每天使用这款 APP，在各种"在线答题"竞赛栏内"小试牛刀"，可使人"越学越爱学，越学越上瘾"，增强读者的依赖感和认同感，使其在测试学习成效的同时，实现知识的更新升级，与此同时，欣然接受试题中潜藏的观点、立场和方法，潜移默化地从中受到社会主义核心价值观的教育。总之，"学习强国"APP 已成为传递民意、增进沟通的重要平

[①] 中共中央文献研究室：《习近平关于全面深化改革论述摘编》，中央文献出版社 2014 年版，第 84 页。

台。它对社会主义核心价值观的微传播贡献了力量,成为了最引人瞩目的"APP"。

3. "学习强国"APP传播社会主义核心价值观的社会效应

一方面,建立了丰富立体的传播体系,使社会主义核心价值观的公信力和影响力得到了切实的提升。习近平总书记指出:"核心价值观,其实是一种德,既是个人的德,也是一种大德,就是国家的德、社会的德。"[1] 研究发现,"学习强国"APP以博采众长、阐幽发微的传播特质,以系列化、精品化和实用化的定位,积极解读"大德",收获了极好的传播效果和业界的高度认可,特别是在传播力、公信力层面具有不俗的表现。比如,被用来随机查看要闻,查阅新思想栏中的信息,许多信息的点赞量达到数万、数十万。在传播中,它始终坚持以"内容为王",充分挖掘全球资源,善用新概念、新表达、新范畴,充分阐释新时代中国正在发生的深刻变革,快速准确地在重大事件、突发事件和政治议题中发出中国声音,扮演关键舆论场及信息第一出口的角色。总之,其作为中国权威媒体的客观性和公信力不容小觑,蕴藏着巨大的正能量,这在一定程度上影响着国人,特别是党员、公职人员的理论认知和价值判断。

另一方面,致力于建立用户连接,进一步完善和打通平台价值链。"学习强国多少分啦?""今天学习强国的挑战题,你做了吗?"类似上述的提问,已成为当前日常生活中,同事熟人之间常聊的话题、热络的问候语。由于全球范围内的南北经济差异和互联网数字鸿沟,网络实际成为了没有硝烟的战场,面对西方意识形态的集中挑战,只能积极应战,一刻也不离开社会主义核心价值观的引领。"学习强国"APP以更主动、更开放的态势,积极与用户、读者、观众建立良好联系,高度重视开展短视频、直播、测试等类型传播,以技术倒逼方式,在创新传播内容、拓展新应用中传播

---

[1] 《习近平谈治国理政》第一卷,外文出版社2018年版,第168页。

价值，不断满足用户的价值需求，受到社交媒体用户广泛欢迎，互动量远超传统时政媒体报道。自 2019 年 1 月营运以来，"学习强国" APP 粉丝量、推文量、转发量、收藏量等指标逐月增长。截至 2019 年 4 月，仅创办 4 个月的"学习强国" APP 注册用户总数就突破了 1 亿，每日活跃比例达 40%—60%。① 2019 年 12 月 6 日，"学习强国"入选"2019 年中国媒体十大流行语"，可见其影响力之大。

二 理论价值启示

纵观上述成功案例，从"鞍钢郭明义"微博到"学习强国" APP 的社会主义核心价值观微传播实践，不难发现作为一种全新的传播方式，微传播的观念、技术、形式、范围、效果等都发生了巨大的变革。实践表明，加强社会主义核心价值观的传播和培育，亟须从经验探讨层面走向新时代微传播的理论探索，发展与新时代微传播实践相适应的理论研究。本书尝试从传播的广度、速度、深度、信度、温度五个方面进行深入挖掘和系统推进，以求为社会主义核心价值观微传播提供借鉴与参考。

（一）从传播的广度看，应抓住"关键少数 + 普通多数"，设法提高受众的占有率、关注度，扩大社会主义核心价值观的传播覆盖面

从覆盖受众数量的角度研究，传播广度可以被定义为"吸引多少注意力，如视频总播放量或观看量、访问量、观众总量等"②。从传播范围看，

---

① 《"学习强国"内容团队扩招 150 人，用户数已破亿!》，2019 年 4 月 4 日，AI 蓝媒汇公众号，https://mp.weixin.qq.com/s?__biz=MzIxMDU5MTcyMA==&mid=2247568357&idx=1&sn=91b7e75a91a4811d49482f759e1ae1a1&source=41#wechat_redirect。

② 章晓英、刘滢、卢永春主编：《中国媒体微传播国际影响力年度报告（2018）》，社会科学文献出版社 2019 年版，第 207 页。

"麦克卢汉在其著名理论'地球村'中曾预言,随着大众传媒的广泛运用,世界上每一个人都可以几乎同一瞬间以同一图像展示出来。"① 如今微传播技术已在新传播生态中实现上述预言,其中奥秘之一正是牢牢抓住"意见领袖"等微传播的灵魂人物,发挥其关键少数作用,与此同时最大范围传播给普通大众,提供有温度的思想服务,便可以实现全球化、无边界的传播。在引导正确舆论方面,意见领袖"鞍钢郭明义""福师大小葵""团团"等具有极强的传播号召力,发挥了传播的品牌效应。公开数据显示,"鞍钢郭明义"微博在国内拥有较高的知名度和用户占有率,并且在不同的地域均有较好的表现,这意味着"鞍钢郭明义"微博已经获得了较高的传播延展能力,在激烈异常的传媒竞争中拥有一席之地。"共青团中央"微信公众号已成为备受瞩目的学习互动平台,通过"挑战赛、好友赛、闭关修炼、排行榜、错题本"等栏目,拉开了争夺青少年群体注意力的大战,与此同时,借助丰富且恰当的深度互动去更好表达社会主义核心价值观的思想内容,帮助青少年与专家之间,以及微民相互之间在问答与做题互动中,增强对社会主义核心价值观的理解。"学习强国"APP按照内容类型划分,主要包括经济、教育、体育、科技、大自然、理论、文化、读书、党史、电影、健康、法纪、军事、旅游等,活跃用户数已经过亿,获得很多微民的青睐,成为了充电学习时政知识和扩大个人知识储备的重要渠道,目前该平台的访问量、粉丝量、点赞量、评论量正稳步增加。社会主义核心价值观主题微电影偏重"视频"类型传播,具有强烈的视觉冲击,因而更能获得关注。从内容形式分析,"视频内容在点赞量、转发量以及评论量方面均呈显著优于图片、文字等内容,特别是针对热门内容,各类型内容传播效果差异明显。"② 比如,一些交警部门借助"抖音"微视频,宣传交通法

---

① 郑洁等著:《网络媒体传播社会主义核心价值观研究》,中国社会科学出版社2012年版,第166页。
② 章晓英、刘滢、卢永春主编:《中国媒体微传播国际影响力年度报告(2018)》,社会科学文献出版社2019年版,第215页。

规等"硬性"内容,取得了较好的传播效果。也有一些网民通过"抖音"微视频来揭露商家的不良行为,维护消费者合法权益。例如,2019年4月9日"西安奔驰女车主哭诉维权"事件发生后,多家媒体迅速反应,"知乎"和"哔哩哔哩"平台最早在4月11日发布了相关内容;在视频上传"抖音"后,迅速成为爆款,被多个官方和个人账号转载及后续跟进报道,在微博、网站、平媒、APP快速扩散,譬如:相关视频在央视新闻抖音号被点击361.3万次,在新京报抖音号被点击165.1万次,抖音平台出现"西安奔驰维权"话题数百个、视频上千个;4月11日至25日,各网站、微博等出现报道及评论舆情信息118.3万余条,4月14日最高峰单日报道及评论舆情信息31.7万余条,引起社会的极大关注,奔驰车女车主获得了强大的网络舆论同情和支持。社会主义核心价值观主题微电影坚持贴近社会生活,贴近广大群众,关注民生焦点、汇聚社会热点话题,除注重信息传播的深度外,还特别考虑广度和可信度等指标,为广大微民深刻地认识中国共产党人的初心和使命、传播社会主义核心价值观提供了丰富的知识养料。福建师范大学"五微五阵地"微博体系中的每一个组织的微博,都做好了相应的引导和设置,能够抓住大学生的注意力,而后根据各个组织职能,去寻找并精准定位受众,再根据受众的需求进行具体分析,通过分析研究,逆向倒推,准确定位所处的组织微博,确保每个组织的微博能够覆盖一部分青年学生,并且能够吸引团结一部分青年学生,进而覆盖和影响全校学生,最终通过整个微博体系,最大限度地增加社会主义核心价值观内容抵达率和传播影响力。

(二)从传播的速度看,应当以时不我待、逆水行舟的紧迫感加快推进社会主义核心价值观的微传播

客观而言,"在重大事件、突发事件中,发声时机不当都易被西方媒体抢占话语权，甚至被歪曲解读，造成负面的国家形象。"① 因此，在传播工作中，应把握舆论工作的先机，快速准确地发声。相较于传统媒体，微媒体具有无可比拟的传播优势，尤其是在信息生产和传播流程中添加了直播、H5、AR、VR 等技术元素，在一定程度上提高了传播的速度和效率。此外，微媒体是不受介质和时空限制的传播形态，其最大的特点就是内容发布的速度快捷，往往在事件爆发后的第一时间就被发布或者作直接即时的现场直播。不可否认的是，这些新技术为受众带来了全景式、沉浸式的视觉体验，提供了思想张力和价值思考。比如，2019 年 10 月 28 日，党的十九届四中全会通过了《中共中央关于坚持和完善中国特色社会主义制度 推进国家治理体系和治理能力现代化若干重大问题的决定》，"鞍钢郭明义"微博、福建师范大学"五微五阵地"微博体系、"共青团中央"微信公众号、"学习强国"APP 等纷纷开展微传播活动，借助微视频、图片、微论坛、微评论等传播方式在最短时间内，以多种维度进行立体呈现，并实现了"7×24"小时不间断更新，确保微平台信息及时准确无误。"学习强国"APP 利用平台功能，增强与粉丝间的互动效率，对粉丝的私信回复快捷、高效、及时。总之，为了追随受众的数字化迁徙，政府、营利和非营利机构借助新媒体平台开展的形形色色的碎片化传播，现已成为一种主流传播方式，为微民深入学习理解社会主义核心价值观，提供了触手可及的学习资源。

（三）从传播的深度看，应由"信息搬运工"转变为原创性内容的生产，提高传播的渗透力

加拿大著名传播学家麦克卢汉曾指出，媒介即内容。媒介形态在很大程度上决定了内容的生产，没有全新的思维，就不可能驾驭微媒体，更不

---

① 章晓英、刘滢、卢永春主编：《中国媒体微传播国际影响力年度报告（2018）》，社会科学文献出版社 2019 年版，第 49 页。

可能获得成功。不得不说的是,社会主义核心价值观微传播不宜过于显性,应当打造具有思想性、创新性的优质内容,而非粗制滥造,甚至夸大事实来博取眼球。从宣传的深入性来看,应着力提高传播的穿透力、渗透力。近几年,微信公众号的繁荣发展,带给我们某种启示:哪里的内容能引起关注,流量就会在哪里现身。在原创性内容创作方面,"鞍钢郭明义"微博以报道工友日常劳动和郭明义爱心团队的事迹为特色,不断提升了社会主义核心价值观影响力和穿透力;"共青团中央"微信公众号选择把关注的目光投向青年群体,认为青年的价值取向事关中国未来社会的价值取向,深耕网络微媒体平台,通过开设"团团带你学、共青团新闻联播、团讯、团团小课堂、青年观、青听、小青梅、青微工作室、团团家族"等精品内容,构建微传播矩阵,增强了二次乃至多次传播的能力,提供了具有全球视野、人文深度的内容,为新时代青年提供了清晰的判断标准,帮助他们深入而细致地理解社会主义核心价值观。"学习强国"APP利用特定时期的热门公众议题引申相关推文,为党员干部深入理解社会主义核心价值观提供既权威又系统的理论支撑;社会主义核心价值观主题微电影主要运用"讲故事"的方式,把价值观念融入到国人的创新故事、科技故事和人文关怀故事中,这些有助于扩大社会主义核心价值观的传播和持续发酵,形成共享共建"众星闪耀"的微传播格局。福建师范大学"五微五阵地"微教育传播平台瞄准大学生的兴趣点和喜好,"实时联动、资源共享、契合国内外重要时事热点、重要活动节点,全方位、多角度、深层次地推送信息资讯和权威解读。"① 研究认为,从传播的深度层面讲,今天的微传播已经不再是新技术诞生伊始,仅通过优势技术"打天下"即可"赢天下"的局面,而是实现"内容为王"与技术制胜的组合。

---

① 许建萍:《微时代高校思想政治教育创新探索——以福建师范大学"五微五阵地"微博体系建设为例》,《湖北科技学院学报》2012年第12期。

(四) 从传播的信度看，应注重社会主义核心价值观传播教育话语权和公信力的实现

传播的信度反映的是，公众对传播内容的信赖程度，受众围绕相关内容的分享、互动情况。通常它能够较为客观、准确地反映出微媒体的公信力。相较于传统的传播模式，微传播公信力主要含括公正、完整、准确、无偏见、尊重个人隐私等评价因素。在海量传播、人人传播的当下，微传播更显开放性、个性化与精准化，信息的公信力和权威性的重要性不言而喻，成为了衡量传播效果的新的核心指标。值得一提的是，"公信力高的媒体比公信力低的媒体具有更庞大的受众群体和更高的话语权"[①]。从传播的能力看，微传播蕴藏着巨大能量，在深刻影响着受众的认知和价值判断层面，可起到独特作用。为此，在社会主义核心价值观微传播活动中，要坚定明确的政治立场，坚守国际国内传播规律，捍卫中国国家利益，维护国家形象，齐心协力打造内容权威、特色鲜明、广受信赖的思想文化聚合平台。"鞍钢郭明义"微博主动参与到社交媒体的公共话语中，有力回应社交媒体上的负面信息、模糊内容、虚构信息，不断提高自身的影响力，助推公信力的提升。"共青团中央"微信公众号不贪大求全，善于沿着大学生关注的问题谈，就事论事，注重摆事实、讲道理，化整为零，因而其备受大学生群体的心理依赖，在激烈竞争的微媒体中能够斩获成功。"学习强国"APP 注重把国家愿景、政府愿景和媒体愿景三者聚合起来，形成共同的愿景，在舆论场中的影响力和公信力与日剧增。一般认为，在社交媒体领域中，受众的分享行为很大程度上代表受众对内容的信赖，互动越强烈，媒体公信力就越高。从转引量上看，"学习强国"APP 作为后起之秀，其转引量非常高，与粉丝的互动异常热烈，已经形成一定的传播景观，有效扩大

[①] 章晓英、刘滢、卢永春主编：《中国媒体微传播国际影响力年度报告（2018）》，社会科学文献出版社 2019 年版，第 181 页。

了国内外受众对中国社会生活、政治动态、经济发展的深入了解,有利于社会主义核心价值观传播教育话语权和公信力的实现。福建师范大学"五微五阵地"微博体系紧跟新时代步伐进行转型发展,采取主题词驱动型传播,可以帮助大学生在短时间内查找足够的资源辨别信息的真实性。社会主义核心价值观主题微电影采取"故事内容"驱动型传播,并在故事桥段中深植具有马克思主义内涵的价值内容、创新性观点以更好地适应社交媒体细分用户的使用习惯,提高传播的话语权和公信力。

从微传播的理论研究看,"传播力"与"公信力"二者密不可分,二者呈现正相关性。社会主义核心价值观的传播力是公信力的前提,公信力是传播力的关键指标。具体而言,传播力包括传播的广度、速度、深度三个维度的指标,在本书中,可概括为社会主义核心价值观微传播路径中的时、度、效,一旦没有传播力,或者"有理说不出,说出传不开,传开不走心",社会主义核心价值观微传播便丧失了其存在的意义;还应该注意到一点,如果社会主义核心价值观微传播的公信力尽失,必然造成这方面的微传播遭受冷遇,其结果就导致受众流失殆尽,只有"传播力"和"公信力"两手抓,两方面都做好,基于社交媒体技术的社会主义核心价值观微传播才能迎来更为强劲的发展势头,也才能对受众的认知、态度、判断、决策和行为打上"核心价值观烙印",并最终对受众的思想及行动发挥稳定而持久的影响和引导作用。

(五)从传播的温度看,在微传播领域应注重细小叙事,坚持以"悠悠万事,民生为先"为导向,推出满足受众心理期待的社会主义核心价值观内容

加强社会主义核心价值观的传播和培育,要注重亲民接地气的传播定位,注重从传播民众的难心事、烦心事、高兴事、乐呵事等方面系统推进,让社会民众接触和感受到国家前进和努力的方向,让社会主义核心价值观一步步深入人心。通过细小叙事的手法,"鞍钢郭明义"微博在传播中,非常注重亲和力建设,深刻探查地方风土人情,将镜头聚焦于矿工群体,深度挖掘中国矿工的精神和风骨,因而拥有较高的知名度和市场占有率。在"共青团中央"微信公众号"网上团课"栏中,青年学生现身中共一大会址、铁人王进喜纪念馆、北京通州区运河森林公园等地,以个体的体悟阐述新时代中国正在发生的深刻变革。实践表明,受众偏爱"软性"内容、有温度有热度的新闻。"学习强国"APP在推文内容、宣传视角等方面别出心裁,涉及健康知识、文化旅游、休闲度假、时政新闻、自然科普等,强力吸引党员干部的学习热情,形成了"比积分""我要学"的学习新风尚。福建师范大学"五微五阵地"微博体系结合当下的时政热点、舆论动向、青年的民生问题,通过微课堂、微活动、微公益等大学生喜闻乐见的方式,适时引导大学生对我国政治、文化、生活的认知和认同,不断满足学生的生活需求、心理需求、文化需求,从而全方位、多维度地引导培育大学生的价值观念。社会主义核心价值观主题微电影自上线以来,有针对性地设置议题,坚持以受众为导向,饱含人性关怀,重点通过短视频的制作、微电影的发布,提供更为直观的可视化服务,带来身临其境的体验,进而使社会主义核心价值观通过眼睛直抵心灵,产生情感共鸣。

总体而言,有温度、有血肉、有看点的内容才能吸引受众的关注度,增强用户的黏性。微传播应当亲民接地气,不能"高、远、冷",多谈百姓事、日常事,呈现中国民众的人生百态,才具有强大的生命力,才能引起共鸣,拉近与民众的关系。主流媒体应当摒弃偏见,顺势而为,主动寻找主流舆论与民间舆论的重叠地带,打通两个舆论场,按照中央贴近实际、贴近生活、贴近受众的要求,改变"傲慢式""自说自话式"传播之风,改变"侮辱网民智商"的思维模式,改变"违背生活经验"的表达方式。从人性的角度出发讲故事,实现华丽转身,拨众生信仰之迷障,感化受众之心灵,引向人生之正途,真正在舆论场中实现"龙头压阵"的目标。

三 实践价值启示

从社会主义核心价值观微传播的成功案例来看,目前我国微传播的实践飞速发展,传播影响力和公信力正在不断攀升,在实践中引人关注与借鉴,主流媒体务必运用新思维改变传播方式,推动我国微传播的实践创新。本书通过相应的数据分析和对专家、受众的访谈,以期见微知著,对社会主义核心价值观微传播的实践提供有益启示。

(一)强化从真实性的维度发布言论,作出真情解读,以真诚的姿态建立用户连接,传播社会主义核心价值观

真实是一种公信力、责任力,真实的力量最具质感,最能打动人。实际上,对网民而言,在充斥着矫情、虚假、谣言和攻击的网络世界中,真善美、"原汁原味""有血有肉",显得更为珍贵。此外,相较于娱乐、养生类传播话题,严肃的时事新闻和政治传播无疑最容易引起争议,最具风险。由于网络的某些特质,有时即便是网络上寻常的话题探讨,也时常会遭到近乎苛刻的品评,转而针锋相对,甚至演变为如政治斗争般的站队,继而又引起各种抹黑论、阴谋论甚嚣尘上,导致网民们标签化的谩骂和人身攻击。为此,以真诚的姿态从事交流对话,则可以化解坚硬的沟通壁垒、消弭剑拔弩张的氛围。在"有说有笑、有问有答、有血有肉的平等互动中,传播者的真话、真事、真情,无形中对咫尺天涯的网民构成一种真与善的感召"[①]。由此可见,在核心价值观微传播中,要怀揣家国情怀,从真实性的维度谨慎审视发布的内容,选择正确的身份定位和身份转换,例如以"党员""青年的知心人"等身份进行表述和传播。"鞍钢郭明义"微博用

---

① 中共辽宁省委宣传部:《指尖上的正能量——"郭明义微博"现象解析》,人民出版社2014年版,第8页。

"党员""矿工"等固定身份传播,与受众分享"帮助别人、快乐自己"的价值观,这极大地减少了政治传播在网络空间中的争议和抵触,使郭明义微博超越了简单的弘扬好人好事的红色微博,成为了一面融合政治与主流价值观的崭新微博旗帜。"真实",东北新闻网编辑部副总监游凯在评价郭明义时说:"虽然网络世界是虚拟的,但郭明义落在笔端的每一段文字、宣泄在微博里的每一份情感,都是真实、纯朴的。因而,让人感觉到这不是一尊高高在上的神,而是一个可亲可敬、有血有肉的人。"[①] 为了适应新的传播需要,"学习强国"APP结合实践探索,秉承"相信数据,但不唯数据""重视流量,但不唯流量"的理念,坚持传播的本质,立足主流阵地,注重聆听受众真实的声音,敢于展示真实事件的来龙去脉,"为民呼喊",呈现了主流媒体"新锐"的特质。"共青团中央"微信公众号坚持用真实打造传播形象,传播主流价值观,同时加大审核力度,对那些低俗、恶意中伤、扭曲因果类的信息坚决抵制,坚决维护社会正能量。福建师范大学"五微五阵地"微博体系坚持守土之责,强化校园监管,不断过滤各种低俗化信息,积累可靠的、实用的信息资源。更值得注意的是,社会主义核心价值观主题微电影的许多素材来源于真实生活,运用丰富的传播形式和高效的传播机制还原现实,主动肩负新时代政治传播的责任与历史使命。

(二)加强社会主义核心价值观微传播的品牌建设,多推出"现象级"视频、"史诗级"作品

品牌不单单是文化产品,还是一种用来区分"我"和"他"的文化符号,更是一种实现隐性传播的有效途径。"美国市场营销协会(AMA)认

[①] 中共辽宁省委宣传部:《指尖上的正能量——"郭明义微博"现象解析》,人民出版社 2014 年版,第 22 页。

为：品牌的识别是品牌传播的基础，最主要的识别元素便是品牌标志（Logo）。"① 国家主流媒体传播战略也非常注重自己的品牌管理，切实提升品牌的知名度，壮大主流舆论。2011年3月，"鞍钢郭明义"微博推出自己的品牌标志头戴红色钢盔，身穿工作服的微笑头像。在这个爱心微博平台上，没有距离远近，不分学识高下，只要参与进来的人，都可以通过交流、互动，进行情感宣泄与思想记录，将微博演变成了一个生活圈、一场爱心之旅。2317.3万粉丝在这里为同一问题凝聚，为同一个现象焦急，为同一种态度发声。在这里，社会主义核心价值观已经渗入广大微民的心中，"富强、民主、文明、和谐，自由、平等、公正、法治，爱国、敬业、诚信、友善"，这12个关键词、24个字不只是宣传口号，更是凡人善举的生动实践。"当代活雷锋""郭明义精神"已经升华为一种道德追求、文明新风、爱心接力。"共青团中央"微信公众号自建立以来，屡屡受到青年群体的瞩目，被亲切地称为"团团"。作为青年公众普遍使用的社交软件，"共青团中央"微信公众号对社会主义核心价值观的传播具有举重若轻的作用。时常借助网红"团团"提供不同层次、不同方面、不同风格的新媒体资源，把涉及国家、社会、个人三个层面的价值要求融为一体，通过新闻、评论、视频等方式主动讲述中国共产党治国理政的故事、中国人民圆梦斗争的故事、中国坚持和平发展合作共赢的故事，让世界更好了解中国。福建师范大学"五微五阵地"微博体系通过创作500余件"小葵"系列网络文化产品、开发"小葵"系列微表情包，探索出了一条社会主义核心价值观的育人新路径，也创新了一个引领新时代大学生思想行为的标杆模式，现已成为网络培育和弘扬社会主义核心价值观的全国先进典型，从而取得了不俗的社会效益和经济效益。

---

① 张翠玲编著：《品牌传播》，清华大学出版社2016年版，第120页。

（三）加强社会主义核心价值观微传播内容端供给侧结构性改革，加大内容选题策划，加强原创性内容的生产

社会的发展变动，一定程度上造成人们的信息需求更为丰富多元。从这个角度讲，"微传播的核心功能就是适应社会发展变化，最大限度地满足人们多样性的需求，以帮助人们实现美好生活的愿景，进而促进社会的文明进步"①。这一核心功能要求生产的内容务必从"质""量"两个方面下功夫，加强供给侧结构性改革，实现内容被持续传播、持续发酵。从"质"的角度而言，社会主义核心价值观微传播应加大内容选题的策划，包括从什么角度切入、以什么视角阐述、讲什么内容故事等，尤为重要。实际上，借助自然风光、健康养生等人们共同关注的选题的"软性传播"，逐步向时政类"硬性"传播转换推进，更容易激发受众的兴趣，将会使国家政策在群众中的接受度更高。另外，借用节假日、重要纪念日的"噱头"制作发布情景推文，更容易引起媒体的关注；最后，"借助算法、透过大数据深度挖掘和采集用户需求，模拟粉丝画像，提供个性化的、精准化的内容服务"②。从专业媒体人的视角审核内容创意，预判故事内容的传播效果，百分之百地用心定制，从而打造具有深度的原创性内容，贡献有说服力的观点，增添社会主义核心价值观的传播吸引力，力争做到"微言大义"。从"量"的角度来说，传播的文本、图片、视频、稿件等数量十分重要。应当围绕社会主义核心价值观宣传的每一阶段性主题，通过技术驱动，加速融合传播，充分发挥联动作用，使资源实现多平台使用，实现最大化使用，抓住社交平台"内容+"的传播属性，从而成功实现规模化传播社会主义

---

① 梅宁华、支庭荣主编：《中国媒体融合发展报告（2019）》，社会科学文献出版社2019年版，第2页。

② 章晓英、刘滢、卢永春主编：《中国媒体微传播国际影响力年度报告（2018）》，社会科学文献出版社2018年版，第16页。

核心价值观，巩固壮大主流媒体传播社会主义核心价值观的效果和引导力。

（四）应当建立核心价值观微传播的全球案例库，推动国内外核心价值观微传播的典型案例"走出去"

最近几年，中国媒体积极转变思维，主动适应"智能化""视觉化"的国际微传播环境，立足于中国新时代，认真学习和贯彻习近平总书记关于国际传播的重要论述，不断加大"走出去""引进来"的力度，根据目标群体的使用习惯实施差异化运营，促使社会主义核心价值观传播手段和传播内容创新。"走出去"，旨在为海外受众提供看中国的"窗口"，用一个个中国核心价值观的鲜活案例讲述中国故事，扭转国外社会对中国的刻板印象，从而提高国际"软实力"。我们需要从近几年进行的大量的国际微传播实践活动中，认真总结经验。例如，《人民日报》打造权威信息海外传播窗口，多语言、多平台、多维度地传递中国声音，表明中国立场。据统计，《人民日报》已"在 Facebook、Twitter、YouTube、Instagram 四大平台开通官方英文账号。其中，Facebook 账号重点推送社会正能量等新闻讯息；在 Twitter 主攻国内重大事件、突发情况，采用'陈情+讲理'方式，向国外用户还原事实真相，主动发声，引导国际舆论"[1]。在 YouTube 借助短视频制作，推送更为直观的可视化新闻信息，引起海外受众的广泛关注；借助微视频，面向全球宣传中国方案、中国理念、中国道路，有效提升了海外受众对中国政府形象的认知。今日头条运用新技术驱动创新，"借船出海"，不断推出产品海外版"TopBuzz、TopBuzz Video 和抖音短视频海外版 Tik Tok"[2] 等新媒体产品，成功地吸引了全球年轻网民的注意力，一定程度上扭转了

---

[1] 章晓英、刘滢、卢永春主编：《中国媒体微传播国际影响力年度报告（2018）》，社会科学文献出版社 2018 年版，第 10 页。

[2] 章晓英、刘滢、卢永春主编：《中国媒体微传播国际影响力年度报告（2018）》，社会科学文献出版社 2018 年版，第 12 页。

"西强我弱"的国际传播格局。

第二节 社会主义核心价值观微传播"欠佳""低效"案例的实证分析

当前,微博、微信、微视频等传播工具,已成为传播社会主义核心价值观的中坚力量。随着微传播的日益兴起,一方面,为社会主义核心价值观的大众化提供了全新的传播路径;另一方面,为促进社会主义核心价值观稳定高效的传播、牢牢掌握微阵地、提高网络话语权提供了崭新的抓手。但与此同时,现实中也存在社会主义核心价值观微传播的诸多反面教材,传播能力薄弱,无法达到预期的传播效果。这些需要我们客观分析、理性审视、汲取教训、举一反三,避免重蹈覆辙、犯类似甚至是同样的错误。

一 主要表现

(一)部分官媒"僵尸博""僵尸 APP""僵尸微信"的存在,削弱了社会主义核心价值观的传播力和话语权

微时代汹涌而来,微媒介在传播社会主义核心价值观的功能日益凸显。党的十八大以来,依托新媒体在全社会范围内最大程度地传播、弘扬社会主义核心价值观具有重要的战略意义。习近平总书记强调,要"做好顶层设计,打造新型传播平台,建成新型主流媒体,扩大主流价值影响力版图"①。因此,传播社会主义核心价值观是每一个部门应尽的社会责任,尤

---

① 习近平:《加快推动媒体融合发展 构建全媒体传播格局》,《求是》2019 年第 6 期。

其是地方政府、社会组织应当责无旁贷地发挥先锋模范作用,积极拓展社会主义核心价值观的话语场域,实现全覆盖和大众化,切实将社会主义核心价值观转化为社会共识和个人行为习惯。

尽可能依托多种平台、借助多元渠道是推进核心价值观被进一步接受和认同的必要前提,也是实现社会主义核心价值观最大化传播的重要保障。社会主义核心价值观传播的关键就在于是否有一套结构完整、功能完善、运行高效的传播平台。从媒体话语权的层面看,如果信息媒介的传播功能失灵、瘫痪、紊乱或各传播环节彼此抵牾,必然最终影响社会主义核心价值观的传播力,大幅削弱其在互联网空间的话语权。然而,现实中我们必须清醒地看到,一些地区和部门党员干部的"微阵地"观念淡薄,微平台建设滞后,部分官方微博、微信公众号、APP,内容同质化严重,传播形式单一,服务不实用,平台更新不及时,社会舆情回应滞后,信息交互功能近乎停摆,导致平常鲜有社会公众点击和关注,社会主义核心价值观与微媒体的潜在互动关系被割裂,久而久之沦为既"盲"又"聋"、自娱自乐的"僵尸博""僵尸APP""僵尸微信"。毋庸讳言,实践中尚有不少官方微博、微信公众号、APP正日趋走向"僵尸化"的发展道路。发布的推文关注度极低,有些浏览量甚至只有个位数,不仅浪费大量财力物力人力,还让主流媒体陷入公信力危机,在政务机构微博中,微博信息发布数100条以下的占60%,500条以上的只占8%,近半数网民认为政府网站和官方微博"形式主义过重",造成社会信任度缺失,进而引发群众不满[①]。有些微信公众号的人情味不浓,对群众的诉求、提问非但置之不理,甚至为个人私事进行营销、拉票,极大地降低了官方媒体的权威和公信力,丑化了政府工作人员的形象。例如,2017年12月11日,湖南某官方微博被其工作人员周某用来追星,引发网友关注和热议。周某动用单位微博,在热搜上为其

---

① 《政务微博"做"什么更重要》,《光明日报》2011年12月6日。

喜欢的明星疯狂打"call",并附上单位官微主页截图等信息。无疑,这容易引导青年群体产生错误的价值观认知,激发公众的负面情绪和异常行为。这些事实表明,官方微博、微信公众号、APP 等现代传播平台的建设,直接影响到社会主义核心价值观功能在国家治理中的发挥,任何时候绝不能只"做出姿态"。只有兢兢业业做好弘扬主旋律的本职工作,才能真正发挥社会主义核心价值观在微空间中的阐释力和魅力,正确引导社会舆论,为广大微民提供有益的价值指引。

2019 年 4 月,共青团中央办公厅印发《基层团组织规范化建设工作的实施方案》,要求共青团各省、自治区等集中整治软弱、涣散团组织,提高基层团组织建设质量。依据此规定,各团省委纷纷推进"清朗""净网"专项整治,将网络新媒体问题治理列为共青团的重点工作任务进行安排部署。一些团省委甚至集中进行认定并强制关停所有超过 3 个月不更新内容或脱离团组织控制的"僵尸账号"。众所周知,当前以团支部为单位举办活动,往往会使用"××团支部"的微博或微信公众号,这些未经官方认证的个人账号在全国数量较多。为逃避严格的网络审查,有人甚至借组织之名运营两微一端账号,鱼龙混杂,混淆视听,削弱了官微、官博和官方微客户端的权威性和影响力,破坏了社会风气。

社会主义核心价值观微传播,离不开有序有力的传播平台建设。毛泽东曾在《党委会的工作方法》一文中明确指出:"什么东西只有抓得很紧,毫不放松,才能抓住……不抓不行,抓而不紧也不行。"① 传播主体必须树立务实作风,秉持高度的责任感,确保过硬的政治素养与媒介素养,具备相应的政治自觉、政治敏感性,提高主流媒体网络话语的传播能力和权威性,必须将社会主义核心价值观的精神要义,真正贯彻落实到具体的微传播实践中,确保新时代国家治理的核心价值体系得以深入人心。

---

① 《党委会的工作方法》,《毛泽东选集》第四卷,人民出版社 1991 年版,第 1442 页。

（二）传播行为失范，破坏了社会主义核心价值观的认同环境

微传播集合了速度快、海量信息、开放性、交互性等众多优势，构筑了全新的舆论生态、文化生态，但也存着诸多弊端，微媒介传播的去中心化、反权威化、娱乐化、拼图化等主要特征，加上一定程度上网络把关人的"缺位"，容易引发传播行为的严重失范，产生负面的叠加效应，造成一系列问题。诸如，滋生传而不通的"失谐现象"、引发信息误读、传播社会焦虑、形成舆论风波、误导价值判断等，都容易使受众无所适从，从而成为当前污染微空间、削弱社会主义核心观的认同、引发社会公民价值混乱、增加国家治理成本的破坏性力量。

从本质上看，社会主义核心价值观微传播本身就是一种政治传播，其范畴隶属于政治学与传播学的交叉范畴。微媒体与社会主义核心价值观的传播具有整体性，二者具有深层的内在关联，彼此形成正相关性。具体而言，在传播社会主义核心价值观的过程中，微媒体初步建构起了社会主义核心价值观的认同环境，"微环境"又会进一步增强并扩大受众对社会主义核心价值观的认同；反之，传播行为失范必然会招致微空间内思想失序，引发价值观混乱，如任其发展，累积到破坏性程度，必将破坏社会主义核心价值观的认同环境，导致认同社会主义核心价值观的受众减少，造成政治认同危机，严重影响社会主义核心价值观的传播和培育工作。总体而言，正确引导传播行为，为社会主义核心价值观的传播营造有利的环境，对于受众认同社会主义核心价值观，具有重要的理论价值与实践意义。

从现实看，"因缺乏配套的法律规制和行业监管，使得以主流价值观传播为切入口、实则从事诱导性分享的网络直播以及传递'三俗'思想的粉丝亚文化风靡。"① 2018年9月某学校官方微博发布了一条涉嫌恶搞邱少云、黄继光、董存瑞三位烈士的违法信息，违背了《中华人民共和国英雄烈士保护法》，拿人民英雄开涮，趣味低俗不堪，该微博受到全国网民的集体声讨和谴责，最终受到了相关部门的严肃处理。事实上，本该领域严肃端正的相关领域，比如思想、文艺、学术，甚至于有些关系到国家、民族和历史大是大非大义问题的领域，也被一些别有用心的人用泛娱乐化的方式所侵蚀。这些人打着表达思想、探究问题、传播价值、输出文化的旗号，披上娱乐的外衣，编排一些娱乐搞笑的作品进行传播，吸引受众的眼球，看似生动，实际上危害甚烈，影响很坏，久而久之，必然误导受众，降低受众的知识水平，最终目的是掏空国家的精神内核，造成社会的心理创伤。在新媒体场域存在的这种"反权威"与"反传统"的心态，如果不加以防范与制止，必然会延伸到道德领域与社会主义意识形态层面，甚至一些人把嘲讽民族英雄、调侃文化名人，看成个人标新立异的重要表征。

还要注意到，新媒体舆论场本身具有的交互性、超时空与多元化等特点，逐渐催化了受众强烈的主体意识与个性意识，使社会主义核心价值观传播环境更为复杂化。某微信公众号宣传享乐主义、利己主义、不正确的女权主义，在网上发布杜撰文章，在网上炒作负面情绪，放大社会风险和社会焦虑，造成巨大社会心理创伤，严重背离了社会主流价值观，最终结果是被封杀。有些微博自媒体，利用虚假标题博人眼球，赚取流量。有些微博博主教唆粉丝，如同邪教团体一般，也最终遭到封杀和批评。如曾是电竞职业选手的某人气主播在500万人的直播"粉丝见面"会上，首先用脏话辱骂他人，后又教唆粉丝辱骂他人，一时引起极大的公愤，后经《人民日报》、中国共青团、观察者网、《法治周末》等媒体点名批评后遭平台

---

① 魏楠：《活用微媒体传播社会主义核心价值观》，《青年记者》2018年第21期

封杀。一些标榜"自由主义"的网络异质文化与披着"普世价值"外衣的西方资本主义意识形态趁机渗透到微传播平台中来,造成青少年群体的价值观混乱与道德信仰危机,虚假信息、诈骗问题、诚信问题也接踵而来。比如,在群里散播一些消极言语、色情视频、图片,甚至利用微媒体来骗取他人钱财,侵犯他人权利,在法律的边缘疯狂试探。据相关部门的数据显示,"自 2018 年开始,微信超过了 QQ,在网络诈骗犯罪中,成为使用最为频繁的犯罪工具。"① 相关部门应当因时因势地做好守土有责、守土负责、守土尽责的本职工作。"管理部门责令今日头条永久关闭'内涵段子'等低俗视听产品,严肃约谈快手等 APP 负责人等举措,正是在微传播细分领域正本清源,引导传播链条中各相关主体的价值取向。"②

总之,在当下各种微平台"价值冗余"而非"价值匮乏"的环境中,传播行为失范容易造成是非被模糊,曲直被颠倒,崇高被解构。社会义核心价值观的主导地位容易被标榜"自我享受""个性张扬"的其他价值观遮蔽。在今后的理论研究中,可以适当地拓宽社会主义核心价值观新媒体传播的研究范围,从社会认同环境的建构上进行核心价值观传播研究,努力营造潜心研究、追求卓越、风清气正的传播环境。

(三)传播话语内容创新的滞后,导致社会主义核心价值观传播的亲和力和感召力受到了严重影响

社会主义核心价值观微媒体传播,旨在增强社会成员对社会主义核心价值观的理论认知、情感认同、自觉践行。相关研究表明,传播话语内容与传播效果具有最为直接的关系,最终对受众认同度产生直接影响的是话语内容。习近平总书记强调:"理论创新只能从问题开始。从某种意义

---

① 《最高法:微信超过 QQ 成为网络诈骗犯罪使用最频繁的犯罪工具》,2019 年 11 月 19 日,澎湃新闻,https://www.thepaper.cn/newsDetail_forward_4995900。

② 魏楠:《活用微媒体传播社会主义核心价值观》,《青年记者》2018 年第 21 期。

上说，理论创新的过程就是发现问题、筛选问题、研究问题、解决问题的过程。"① 据《2016年APP与微信公众号市场研究报告》，"只有60%的微信公众号坚持更新内容，而大多原创内容只占到10%。65.2%网民因公众号推送内容少而退订。"② 从传播内容看，一些微媒体平台在传播社会主义核心价值观的过程中，流于表面，作风浮躁，担任了官方传统媒体的"信息搬运工"，传播内容缺少创新贡献，基本从官方媒体直接照搬或者复制剪辑，内容的趋同化，反倒弱化了传统媒体权威性的公信力，大大降低了受众对微媒体的阅读愿望、认知热情，挫伤了核心价值观传播的感召力。尽管微传播内容可以多元化、共享化，既需要或热血铿锵、或理性平和的题材，也需要严肃庄重、沉着坚韧的素材，但绝不容许"懒人传播模式"、过多重复性内容的生产，更不允许充斥不良价值观、与社会主义意识形态不兼容的信息内容。另外，有些传播平台缺乏针对性、可操作性的内容，热衷于单向度地追求政治性灌输、说教式传播，体现为从概念到概念，从逻辑到逻辑，导致曲高和寡、高端疏离，降低了受众对社会主义核心价值观宣教内容的兴趣，甚至产生逆反心理，也影响了受众对社会主义核心价值观的知晓率和理解度。毕竟，我国互联网用户中存在着规模庞大的"草根"群体，大部分知识文化不足，媒介素养匮乏，欠缺相关知识结构，更不要说深奥抽象的政治学内容传播。而诸如此类的传播内容易丧失亲和力，使受众对社会主义核心价值观产生距离感甚至冷漠感，更无从谈对信息内容产生情感依赖。

从传播话语看，评价社会主义核心价值观的话语表达正确与否，应当主要从话语情感度、体验度、敏锐度三个维度考量。客观而言，在话语的情感度上，社会主义核心价值观微传播主要以官方政治性话语为主导，部分传播流于形式，带有强制认同色彩，而人性关怀、思想性引导欠缺，语

---

① 《习近平谈治国理政》第二卷,外文出版社2017年版,第342页。
② 罗慧霞:《试论微信公众号的僵尸化》,《视听》2019年第1期。

言感染力不足,部分话语表达带有直观的负面性或粗俗性,造成受众厌恶情绪,情感度较低,难以打动人心,较少触及民众的灵魂,对社会主义核心价值观的传播产生了一定的阻滞。在话语的体验度上,精英话语体系在数量上远超大众话语体系,对描摹普遍大众奋斗的激情、劳动的尊严、拼搏的壮美等一系列平民化朴实语言的深度挖掘不够,表达力欠缺,难以激发网民群众中各层次的共情力和画面感体验,因而,无形中增加了公众对"平等""包容"网络发声的各种顾虑。在话语的敏感度上,民众关注的个性化、民生类"软话题"在一定程度上欠缺,难以吸引受众的注意力,而一部分网民在从众心理的驱动下,容易受骗上当,对被包装过的庸俗文化以及西化思想盲目认同。

以上问题需要引起高度重视,亟待相应改进。应当优化传播内容,拓展社会主义先进文化的发展优势和拓宽其发展空间,为社会主义核心价值观的相关内容注入时代血液,推动传播话语体系向"接地气"的人民群众话语体系转变,使其冒着腾腾热气,挂着闪闪汗珠,不断增强公众对社会主义核心价值观的情感认同度、文化认同度和政治认同度。

(四)多数传播平台各自为战,"强个体、弱体系"的传播格局导致力量分散,无法形成社会主义核心价值观的微传播合力

在技术创新浪潮中,微媒体已经成为新时代瞩目的"弄潮儿"。"新时代的特点是,个体自我独立,同时又万物互联,因此我们比以往更加需要协同和共生。"[①] 在"颠覆与被颠覆"的风险传播语境下,万物互联的发展态势倒逼各传播主体实现"认知创新",由"竞争逻辑"向"共生逻辑"转变,通过集合智慧,互动共生,形成命运共同体,进行价值共创,实现 $1+1>2$ 的传播效果。此外,从生态系统的逻辑看,实现社会主义核心价值

---

① 陈春花、朱丽:《协同:数字化时代组织效率的本质》,机械工业出版社2019年版,第5页。

观传播的现代化本身是一个整体性目标，也需要社会的整体协作，传播平台之间应当彼此互为主体，沿着"价值进化"的路线，实现更高的价值创造。

审视现状，值得关注的是，在个体价值崛起的洪流中，似乎每个传播平台更加注重"自我传播"，注重自我价值的实现，不但无视微传播平台之间的协同创新，而且不屑于与传统主流媒体开展有效合作，甚至于无视国际国内传播平台之间的友好合作。由于各传播平台之间的信息隔离，有效的资源、知识得不到充分利用，从而使自身逐步陷入"信息孤岛""资源孤岛""囚徒困境"之中，最终干扰、影响社会主义核心价值观的有效传播，不利于我国社会主流价值观地位的巩固。尽管多数传播平台已经意识到数字化带来的价值重构，但不少传统媒体的媒体融合"只是停留在渠道、技术等浅层次的融合上，并未实现品牌、思维、意识、理念等各方面的深层次、全方位融合"①。从价值逻辑看，根本没有抓住由"分"到"合"的价值创造转换的本质规律，这自然不能实现整体价值的最优化，在社会主义核心价值观的传播中也无法充分发挥传统媒体与新媒体的传播合力。另外，一些传播平台的客观条件不足，尚不具备"强链接"的新能力，无法将需求的相关资源进行深度整合，因而不能"构建柔性价值网以及形成共生逻辑"②，建立特色明显的融媒体矩阵。

综合来看，在以流量为导向的传播利益驱动下，今天的媒体传播生态呼唤共享化、协同化的作战方式，应当避免"强个体、弱体系"的传播格局，要缩短信息隔离，善于减少社会摩擦，真正提高契合度，使社会主义核心价值观成为国家高速运转的"润滑剂"。不断开展整合传播平台力量，

---

① 陈春花、朱丽：《协同：数字化时代组织效率的本质》，机械工业出版社2019年版，第25页。

② 陈春花：《激活组织：从个体价值到集合智慧》，机械工业出版社2017年版，第109页。

从中观和微观层面开展深度合作的相关研究，这些研究为提高社会主义核心价值观微媒体的传播效力提供了更具针对性的建议，也是弘扬社会主义核心价值观具有重要现实意义的研究方向。

二 原因分析

基于对上述社会主义核心价值观微传播"欠佳""低效"的具体表征的梳理研究，我们认为，其主要原因包括如下四点。

（一）社会主义核心价值观微传播的动力运行机制不足，与微民的深度互动不够，阻滞了微传播可持续化发展的推进

在新媒体时代，信息流畅通十分重要，实际上它就是文化活力、价值观生命力和生产力的体现。培育和践行社会主义核心价值观，首先要"从'知'入手，提高社会主义核心价值观的知晓率和认同度；要以'行'为径，使社会主义核心价值观转化为自觉实践。"①"知"是"行"的基础，而信息流畅通是一定程度知晓率和认同度的首要前提。从传播实践来看，某些部门的工作作风僵化，传播动力明显不足，缺乏技术与经验，不善运营和管理微媒体，其结果就是常常造成社会主义核心价值观微传播遭受冷遇，信息流不畅通，致使知晓率、认同度存在地区差异、部门差异，这在客观上成为了制约我国主流文化和价值观推广与传播效率低下的重要原由。

第一，重建设轻管理的问题在基层政府一定程度上存在，对微平台实施即时更新、科学运营、长期维护的动力明显不足。不少传播平台多为应付任务而设立，对平台管理维护的积极性严重缺失。由于内容长期不更新、不维护、不管理，以至于这些传播平台陷入恶性循环，成为无人问津的

---

① 龙静云：《践行社会主义核心价值观要以知行合一为进路——学习习近平关于社会主义核心价值观的重要论述》，《社会主义核心价值观研究》2016 年第 1 期。

"僵尸博""僵尸APP""僵尸微信",没能充分发挥其作为传播媒介的工具价值,在群众中造成不良影响的同时,也不便于官方消息的及时发布。

第二,部分传播平台重理论宣传轻互动反馈。有些部门的网站、微平台虽然做得很好,页面设计雅致美观,但由于平台运营建设成本较高,基层政府往往因资金紧张而缺乏动力,因缺乏专人负责维护管理,导致平台陷于形式存在。根据调查,或多或少基层传播平台没有专人负责管理,只是由部门的办公室人员兼管,这些平台存在诸多困难,表现在维护时间、业务水平和技术能力等方面,导致微平台形同虚设。正是由于缺乏人力物力财力的坚强后盾,忽略了与受众的深度互动,致使平台对公众缺乏吸引力,关注度较低,知晓率不高,影响范围不大,民众意见大,直接影响到社会主义核心价值观的微传播工作。

第三,部分传播平台重理性设计轻生动解读。一些平台的信息发布避重就轻,对老百姓关切的各种政务活动或是不报道,或是简要带过,而内容资源的枯燥无味必然降低受众的兴趣点,影响传播平台的质量。长此以往,信息资源相对较少,信息公开受阻,政府网站建设就失去了所需要的信息源。

总之,社会主义核心价值观微平台出现"僵尸化"现象,面临的矛盾各异,存在的原因各异,有的是资金投入问题,有的是经营管理问题,有的是国家政策问题等。但最为根本的一条是,社会主义核心价值观微传播的动力运行机制不足,缺乏自我驱动、自我完善,客观上必将阻滞核心价值观微传播事业的可持续化发展。

(二)社会主义核心价值观"微法规""微政策"等管理机制欠完善,碎片化应对问题比较突出

虽然微传播具有技术的核心优势,加速了传播速度和传播的影响范围,但技术的胜利,绝不能以法律被践踏、道德的败坏为代价换取。不同于以

往传统的传播方式,微传播依托网络流行起来,不可避免地带有网络的虚拟性甚或欺诈性,加上信息过滤缺失,必然对社会主义核心价值观的传播造成一定程度的冲击。

第一,对"标题党"的管理不善。微信、微博、APP中的一些文章标题使用不当,哗众取宠,利用人们的好奇心来获取点击量和热度,从中牟利,它们传播的许多信息大都是虚假信息、不健康的垃圾信息,有的内容缺乏真实性,误导群众的认知,造成一定的财产损失,严重影响了社会主义核心价值观的传播环境。中央电视台曾曝光:某微信公众账号发布"文不对题"消息,以"微波炉厂家打死都不说的惊人秘密"作为推文标题,实际以虚假的养生知识或生活百科骗取公众关注,继而以此进行营销。一些"微传销""微诈骗"只需要轻轻一点相关链接,便可得逞,让受众受骗上当,以致财产损失。一些黄色信息披着"绿色"外衣,堂而皇之在微传播领域横行,混淆视听,致使某些低级趣味的内容,由于没及时进行屏蔽或删除而在短时间内广泛传播,在受众中影响极坏,污染微传播"生态环境"。因此必须完善管理机制,制定相关微政策进行打击和遏制。

第二,对"键盘侠"的监管力度不够。"键盘侠"(Keyboard man),专指那些生活中的"路人甲",在现实中默默无闻、低调高冷,却在热门微博评论区"放飞自我"的人群,他们占据道德制高点发表"个人正义感"和"个人评论",以批判他人的形式出现,来博取一定关注和虚荣,时常语不惊人死不休,以个人价值角度评判社会,"无脑"喷射大众,为很多虚假消息的传播提供了便利,造成恶劣造谣事件。"键盘侠"一词已是对网络不良风气的辛辣讽刺。值得注意的是,一些微媒体与仇恨社会的行为之间存在某种联系,社交媒体有可能成为网络仇恨言论与现实暴力犯罪之间的传播机制,对人的犯罪行为会产生某些推动作用。面对社交媒体不断发展的现状,相关部门必须增强紧迫感和危机意识,进一步完善"微法规""微政策"等管理机制,真正承担对社会大众的责任。

第三，对鼓吹西方价值观的"美分""精日"分子的打击不力。网络舆论一直被"美分""精日"等"第五纵队"占领，由于国内技术手段没有到位，无从对网络进行大规模整治，使得网络一定程度上成为法外之地，爱国的网友与所谓"公知"大打出手，"钓鱼文"一时风头无两，不过这只是民间的自发力量。在面对种种复杂的信息环境时，受众由于某种原因，不能及时有效地分清信息的真伪，导致在接受信息时出现偏差。

（三）高端化内容生产和传播话语建设的能力有待提高，微传播的发力点与关键点需提升和突破

值得探讨的是，社会主义核心价值观微传播何以在内容层面保有优势？主要在于，内容信息所嵌入的意识形态和社会价值的能力。社会主义核心价值观微传播何以在话语层面保有优势？答案就在于坚持群众路线，坚持以正面表达和具有温度的话语为主。通过深度访谈和问卷调查，笔者发现，在传播过程中，社会主义核心价值观微传播平台或多或少存在以下问题。

第一，部分社会主义核心价值观的微传播基本停留在技术层面的起步阶段，过于强调传播形式，忽视了"内容为王"的理念。传播媒介常常多维度地融合文字、图片、视频、动画、音乐、弹幕等形式来展现。虽然给人们的感官带来更为直接而强烈的刺激，但结果是，受众的感性冲动往往跑到理性反思之前，失去汲取深度内容、深度思想的机遇和体验，更不用提触及受众灵魂的深处，潜移默化接受正确的价值观。与此同时，当下社会主义核心价值观微传播的主体更加多元化，既包括政府、营利和非营利机构，也包括个人。在眼球经济、流量思维的主导下，传播者更倾向于针砭时弊，以生产和传播批判性评论和观点来赢得关注，而实际上大量是低端内容，有些内容层面甚至存在"硬伤"，属于负能量。这些"内容危机"导致高端化内容的创新不足，有效供给不足。而正是由于部分微媒体传播缺少高端化的内容优势，没有扎扎实实做内容，导致传播不受市场欢迎，公众常常发现自己为某些似是而非的文章虚掷了个人感情，浪费了不少流量。

第二，部分微平台传播的逻辑仍停留在平台建设层面，忽略了内容品质是微传播发力点和关键点的这一事实。客观而言，有些传播平台做的不是内容，而是同质性内容，而"同质性内容的不断推送会造成信息的'过滤泡沫'和意见的'回音廊'效应。"[①] 概而言之，面对技术理性对价值理性的取代和对人文主义的冲击，必须重新审视传播内容的精细规制和系统设计。如果忘记初心，偏离正确方向，没有真正把主流价值观和先进文化当作传播报道的重心，那么速度越快，动能越大，后果可能就越严重。

第三，从微媒体的传播话语看，微空间作为新兴的话语空间，微民的自主性与话语权得到了极大的释放，不仅重塑了话语权力结构，也促使话语体系向多元化转变。而作为一种科学理论，社会主义核心价值观的表达具有高度的凝练性、逻辑性、系统性，只有24个字，其话语体系也显得相对抽象，因而不容易被普通民众所接受。比较而言，微媒体泛娱乐化的话语表达又往往会破坏政治话语体系的严谨性与规范性，例如"雨女无瓜（与你无关）""柠檬精（喜欢酸别人、嫉妒别人）""官宣（广而告之）""蓝瘦，香菇（难受，想哭）"，诸如此类网络热词、流行语在社会主义核心价值观微传播中的过度使用，容易淡化主流媒体的权威性和公信力。因此，必须加强传播话语体系建设，把握好变与不变的关系，注重理论性与亲民性相统一，力争做到雅俗共赏。

简而言之，在社会主义核心价值观传播中，仅有平台思维不够，简单借助平台技术、综合汇聚并呈现各种新的传播形式远远不够，还必须具有内容思维和用户思维。一方面，要有内容思维，坚持内容是核心竞争力的观念，坚持以原创为主，坚持高端化内容的生产，惟有如此，才能成为

---

① 刘胜男：《算法时代"好内容"的定义》，《新闻与写作》2017年第6期。

"爆款"作品，自带流量；另一方面，要有用户思维，要站在用户的角度思考问题，围绕其心理需求和传播需求，以正面表达和具有温度的话语为主，激发微民对社会主义核心价值观的认知热情，牢牢占据舆论场的话语高地，让微民自觉接受并践行核心价值观，切实提升社会主义核心价值观的传播力、引导力、影响力。

（四）社会主义核心价值观传播平台"强链接"的能力不足，传播体系建设滞后于需求，缺乏资源整合、统一协同管理的顶层设计与制度安排

随着5G、人工智能、云计算和区块链等技术的深入发展及彼此融合，社会主义核心价值观微传播在实践中正逐步走向整合化、体系化，即"整合报纸、广播、电视、网站、微博、微信等媒体资源，建立起内容丰富，载体多样的现代传播体系"。[①] 众所周知，对社会主义核心价值观的认同其实就是对主流价值的认同。构建这一"大概念"的传播体系，进一步淡化媒体的边界，探求并加强多种媒体在技术、管理、文化等多层面的共生、融合将会带来深远的影响，它能够帮助传播媒介寻找新的经济增长点，更为重要的是，可以构建一个高效的价值传输、价值共创系统，以实现单个传播平台无法实现的传送功能和协同价值创造。因此，加强顶层设计，统一协同管理，充分发挥传播平台的"链接"属性，建构现代传播体系，建成以平台、内容、渠道、经营、管理诸要素为内核的共生模式，并在共生逻辑基础上构成命运共同体，正在成为传播领域内新的发展观。事实证明，由于某些原因，当前社会主义核心价值观微传播平台的"强链接"能力不足，传播体系建设滞后于需求，缺乏统一协同管理的顶层设计与制度安排等问题，正在成为制约社会主义核心价值观传播效率、传播效果的重要因素。

---

① 《吉安市首个县级融媒体中心在遂川成立》，2016年11月18日，凤凰网，https://jx.ifeng.com/a/20161118/5159015_0.shtml。

第一，专业人才的整体素质有限，缺乏社会主义核心价值观微传播"强链接"的技术能力。传播平台体系化的建设需要一定数量的优秀数字技术人才，而目前我国从事相关传播工作的人员，呈现"文化素质偏低、记者编辑为主的人力资源结构"[①]，受专业水准和媒介素养所限，其具体操作技能不高，此外，其思维方式也存在一定偏差，只希望通过借助网站、微博、微信公众号等平台来扩大社会主义核心价值观的传播力和影响力，而非采用"互联网+"的思维来破除传统媒体与微媒体以及大量微媒体之间的壁垒，最大限度地把社会主义核心价值观传播给用户，最大限度地影响受众。

第二，缺乏相应的市场机制和政治推动等驱动因素。一些政府设置的传播社会主义核心价值观内容平台的设置是由于政策形势，而非基于市场行为所做出的主动抉择，再加上缺乏相应的顶层设计、成熟制度的安排，造成部分传播平台在转型升级过程中政治魄力不足、畏手畏脚、主动担当不够，坐等政府给予优厚政策帮扶，而不是解放思想，借助大刀阔斧的变革实现传播要素的真正融合。

第三，运营资本短缺，缺乏充裕稳定的资金保障。传播平台的融合与传播体系建设需要大量的资金来推动和维持运营，在社会主义核心价值观传播平台中，相比中央级、部分经济强省的官方媒体有较充裕的资金运营保障外，目前国内大多数省级、县级以及部分个人传播平台都陷入"资金荒"的窘境，没有充裕的资金作为保障，导致社会主义核心价值观微传播平台依旧停留在各自为政的传播模式，尚未建立一定程度的传播链接，因此，无法发挥"共生相依"的合力优势，形成"叠合效应"。

总之，社会主义核心价值观微传播是一项系统工程，不论单个平台的规模和传播能力如何，都应当敏锐地意识到未来传播的"体系之争"将成

[①] 梅宁华、支庭荣主编：《中国媒体融合发展报告（2019）》，社会科学文献出版社2019年版，第76页。

为越来越多传播平台面对的机遇与挑战。单枪匹马作战终究无法适应媒介新环境，只有整合传播媒介，加强通力合作，进行全方位的建设，由"小而全"转为"专而精"，才能在新媒体激烈竞争的时代继续保持和发挥自己独特的价值魅力。

三 改进建议

通过上述分析可知，社会主义核心价值观微传播过程中暴露出来的各种短板和弱项，"不仅仅敲打着整个社会的神经，也一次次损伤着党和政府的公信力，把党和政府一次次置于舆论的暴风眼中。"[①] 因此，在社会主义核心价值观传播中，我们需要依据微媒体时代要求，实现传播方式的科学转型，主动以"求新求变"的精神应对，注重激发群体智慧，实现价值增值。

（一）构建专业团队统一协作，实施科学化、精细化、分众化运营

事实上，社会主义核心价值观微传播是一项系统工程，具有显著时代性和协同性，牵涉诸多部门、诸多环节。根据管理学的"木桶原理"，如果把整个社会主义核心价值观微传播活动比作"木桶"，那么内容、技术、人才、资本、服务等任何一种因素都有可能成为桶中的"短板"，造成传播力和转发率迅速流失，更何况飞速发展的互联网已经颠覆了传统的传播理念，致使微传播在内容形式、技术创新、平台运营方面面临的问题更为复杂化。从这一意义上讲，谁的专业团队更为协同有力，谁的价值观念就能更能被切实有力的传播。因此，核心价值观的微传播必须构建专业团队，加强协同创新，应用新技术，讲究新创意，实现"7×24"小时全天候、无间断科

---

① 李彦冰：《政治的微传播研究》，中国传媒大学出版社2017年版，第4页。

学化运营。

第一，由硬核管理向弹性"绩效思维"转变，完善社会主义核心价值观微传播的促进与扶持等配套制度，实现科学化运营。一是对"僵尸博""僵尸APP""僵尸微信"的处置，切忌"僵化办法"，要作出精准识别，并设定详细的处置原则。对传播不力但仍具有改造价值的传播平台，要提供规范性指引，帮助其提升传播质量和抗风险能力，并在技术、资本和文化层面进行改革升级。二是依据各种传播平台的产品推广能力、对用户与价值的开发能力，给予相应的政策激励和奖励措施。无论何种传播形式，都离不开权威和深度的报道，这就需要政府部门由硬核管理者，向媒体服务者进行角色转变，加强政策引导，建立动态性监控，强化媒体内容质量建设。三是深入拓展行业发展空间，形成产品特色，开拓新的服务项目。鉴于未来微媒体的传播视角更为开阔，微传播的视角和内容也更为多样化，可以在实践中不断积累传播经验，贴近受众的信息消费习惯，不断创新运营模式，加大人才培训力度，在社会公共服务、区域媒体合作等方面提供个性化服务。

第二，发挥组织的创新能力，优化专业团队，使传播分工精细化。由于市场存在诸多压力，社会主义核心价值观微传播工作已不再是一个平台就能搞定的了，它需要内容人员、技术人员、运营人员、服务人员等突破价值界限，进行科学分工，在价值生产与价值传播中扮演好各自"角色"，并在此基础之上，实现价值逻辑的有机贯穿和系统聚合。"传统媒体的传播力是百万级，互联网是亿级。"[①] 只要有专业团队的运作，主打内容创新和各层面工作的协调配合，并努力做到极致，社会主义核心价值观的亿级传播力便一定可以实现。

第三，积极运用大数据工具，实施多元分化战略，实现分众化传播目

---

① 梅宁华、支庭荣主编：《中国媒体融合发展报告（2019）》，社会科学文献出版社2019年版，第47页。

标。毋庸质疑，社会主义核心价值观传播工作本质上属于"授体"与"受体"二者之间的价值互动实践。从"受体"的角度看，他们习惯于从微观个人层面考量各种意识形态、社会思潮的价值效能。因此，这必然深刻影响核心价值观传播的基本原则和方法论，既不能简单行事，也不能机械办事；既要"求稳"，也要"求准"。应积极借助大数据工具，采集和整理用户的点赞、留言、评论，分析目标群体的反馈信息、行为习惯、心理需求、兴趣偏好，实施差异化运营，使用不同话语表达，增强传播工作的主导性、精准性。例如，针对活跃感性型用户，可围绕日常生活中的"热点议题"推送信息内容，激发其交流互动的欲望，并在思想碰撞中引导其树立正确的价值取向。针对沉稳理性型用户，可重点推送中国传统文化、科学技术等讯息，吸引眼球，增进其对社会主义核心价值观的情感共鸣和心理认同。针对价值观偏执型用户，绝不能一棍子打死，应尝试"寻求一种转译方案，弥合'认同缝隙'，消除隔膜，增进认同"①，通过找准其错误点、利益点，逐步消除其思想困惑，观照其利益诉求，并在不断调试引导中实现"由负变正""由弱变强"的认同效果。

总之，人才资源是开展核心价值观传播工作的第一资源，能在微传播领域内产生强大的共情效应。只有构建专业团队统一协作，激发传播队伍的活力，占领信息传播的制高点，才能在传播效率上占据优势、取得实效。

（二）加强社交媒体理论研究，推动社会主义核心价值观微传播的实践创新

现阶段传播环境鱼龙混杂，没有科学的社交媒体理论，就没有成功的传播实践。长期以来，"与我国的国际地位相比，我们在国际上的话语权和文化影响力依然薄弱，这一定程度上反映出我们在文化和价值观推广与传

---

① 李迎霞、卢黎歌：《议题设置引导网络意识形态：价值、遵循、理路》，《理论探索》2019年第6期。

播方面存在着不足。"① 如何在理论逻辑层面推动中华文化的建设，增强社会主义核心价值观的传播力就变得极为重要。

第一，立足于世界百年未有之大变局的国内外严峻的复杂形势，强化传播内容质量建设。深入学习和研究习近平总书记关于政治传播、政治认同和政治安全等重要论述，全面梳理相关理论、核心观点给予新时代社会主义核心价值观微传播的新启示新要求。树立"内容制胜"的意识，强化平台的内容质量建设，根据被传播者的需求和痛点，结合实际，系统完整研究社会主义核心价值观微传播的内容、内涵、互动、站位、战略举措等，搭建富有时代特色、现代元素的社会主义核心价值观认知框架，从而应对全新的客观世界、网络世界中因持续的不确定性带给人们的价值震荡。

第二，立足中国优秀传统文化，全面挖掘中国的历史文化资源的价值贡献。深入研究我国价值观演变的历史，从价值观的供给侧角度，"打破传统价值链的线性思维和价值活动顺序分离的机械模式，实现新旧价值逻辑之间的转换"②，丰富价值观的历史底蕴和人文基础，进一步拓宽我国优秀传统文化的价值空间，创造出思想精深、充满道德光芒的新的价值观。

第三，借鉴国外传播学理论、政治学理论，全面把握微传播的客观机理。世界正前所未有地关注今日中国的发展，要善于总结国外成功的传播经验，全面把握微传播的客观机理，研究国外不同受众的心理习惯和接受特点，加强对外话语体系建设，提高故事的讲述技巧，进一步加大文化创意产品的生产力度，努力创作出大量的文化产品，这些文化产品必须富有

---

① 吴玉军、韩震：《坚定文化自信 提高国家文化软实力》，《光明日报》2019年7月4日。

② 陈春花：《激活组织：从个体价值到集合智慧》，机械工业出版社2017年版，第18页。

魅力、并且能为世界各国广为理解和接受,同时将西方资本主义社会的各种价值较量和挑战,转化为实现中国价值崛起的契机,让世界各国更多地认识、理解和认同当代中国价值。

总之,推动社会主义核心价值观微传播的实践创新,需要遵循社会主义核心价值观的认知原理,即"'内化—外化—深层次内化—更高层次外化和固化'的有机统一"①,通过持续的价值输入和实践,逐步形成一个良性的价值循环体系。

(三)注重传播效果的及时反馈,建立健全配套分级监管制度和应急管理机制

良好的传播效果既得益于高质量的信息生产与发布,亦得益于对传播效果的接收、反馈和管理过程。不可否认,在主动传播弘扬社会主义核心价值观的过程中必须具有用户思维,要避免瞎传播、乱传播,避免"播而无果",应把用户需求、受众信息的反馈作为阶段性评估信息落地效果、全程传播管理的重要依据。

由于网络传播环境鱼龙混杂,加大了信息过滤和网络监管的难度,国家相关部门应对微传播加上"紧箍咒",针对危害国家主流意识形态的微文本、违背核心价值观传播规律的微行为,必须建立长效的筛选分级机制和行业问诊、奖惩机制,积极维护正常和谐的传播秩序。在处置中,必须把社会主义核心价值观融入法治建设,恪守法治准则,精准识别,依法监控、分类落实部署,加强网络环境建设管理。一是坚决抵制西方国家不同形式的言语霸权、价值霸权和意识形态霸权在社会民众各层面各种形式的渗透,防止网络价值混乱与网民信仰危机问题。二是坚决打击消除网络低俗暴力、反动封建等不良内容,防止以诱导性认同以及强制性认同的方式影响受众

---

① 龙静云:《践行社会主义核心价值观要以知行合一为进路——学习习近平关于社会主义核心价值观的重要论述》,《社会主义核心价值观研究》2016年第1期。

的价值观，杜绝不良的后果发生。在各大知名网点上加强对社会主义核心价值观的传播，多宣传正能量的内容，传播积极向上的思想内容。三是对于打"擦边球"的内容要提高警惕，"堵"不如"疏"，相比于直接删除，不如由训练有素的思想政治工作人员，在文章和帖子后面进行信息回复，并严正指出其错误，让发帖者在难以自圆其说的情况下不攻自破，使受到错误信息误导的网民了解到事实的真相。概而言之，要努力形成尊崇法治的社会风尚，确保不同类别的信息内容通过不同的路径实现市场退出，做到"宜破则破""宜删则删""宜疏则疏"。

另外，在社会主义核心价值观传播过程中，随时随地会发生一些紧急事情，遇到紧急情况时，要能够根据预案，迅速做出反应，制定"内容锁定""信息熔断"等应急管理机制以解决传播困境，引导新媒体舆论走向正确的价值轨道。一是建立高效的舆情举报机制。组织动员和发挥广大群众的力量，对群众所举报的内容要进行高效甄别，快捷地处置，切实防范各种传播风险、政治安全风险等。二是严格审核发布内容，严把入口关，对信息发布者设置有限权限。例如"哔哩哔哩"（B 站）中要求，只有答对相应数量网络题目者，才能发表言论，并且该网站对不正当言论、违反管理要求的视频采取"锁定"办法，禁止散布传播，以实现"净网"。三是制定文化产品分级播出政策。由于文化产品的受众多元化，利益诉求呈现复杂化的特征，可以给文化产品的生产者一些责任，在分级之后，制作者也会按照分级之后的内容进行制作，建设网民的精神家园。

（四）建立联接中外、智能化运营的"价值共创"传播模式

意识形态领域，我们不去占领，非马克思主义、否定马克思主义的内容就要去占领。当前全球的传播格局主要呈现为"西强我弱"的态势。因此，既要关注国内传播领域，也要"走出去"，把传播力延展至海外市场，提高社会主义核心价值观的国际传播力，实施"双轮驱动"，构建国内外

"价值共创"的传播模式，推出优秀而丰富的国内外传播产品，让世界持续不断地听到我们真实的声音。

基于传播技术的裂变式发展和传播手段的层出不穷，"微传播"概念已经突破了"两微一端"的界限。这就要求变革"闭门造车"的传播思路，放眼全球，在世界范围内掀起"平台革命"，从技术创新走向协同创新，增加中国文化元素和人类情怀价值元素，建立起联接中外、沟通世界的"网络价值链"。一是主动适应国际传播环境，立体呈现中国形象。要积极适应当前由美、英等发达国家主导的国际传播话语体系和传播环境，探索对外传播有效策略，侧重从中国文化、中国科技、"中国之治"等柔性内容集聚海外受众的注意力，内嵌人类情怀、命运共同体等价值元素，建立价值点连接，逐步形成"燎原之势"的全人类共同价值观传播矩阵，从而生动有力地对外展现"大国风采"，使国外受众更加理性地认识今日中国。二是针对海外受众的文化习惯，进行缜密策划运营。比如，利用"洋面孔""蓝眼睛""旁观者"的视角，讲述中国故事，解读中国速度、中国效率、中国力量等内容。"2017年'两会'期间推出的《英国小哥回顾四十年两会热词》，由土生土长的英国约克郡小伙方丹担任主讲人，向全球用户报道中国两会，该视频在全球全网累计有效覆盖量超过4300万次。"[①] 其国际传播的影响力和公信力不言而喻。三是善于"借船出海"，主动突破身份障碍、意识形态障碍，借助西方具有一定知名度、品牌度的传播平台，使中国价值观辐射海外。例如，《中国日报》"借助美联社、美国有线电视新闻网（CNN）、英国《卫报》《每日邮报》、卡塔尔半岛电视台等媒体机构报道传播中国'一带一路'全5集系列视频"[②]，引起了极大的关注，取得了意想

[①] 章晓英、刘滢、卢永春主编：《中国媒体微传播国际影响力年度报告（2018）》，社会科学文献出版社2019年版，第58页。

[②] 章晓英、刘滢、卢永春主编：《中国媒体微传播国际影响力年度报告（2018）》，社会科学文献出版社2019年版，第59页。

不到的传播效果。

在国内,随着人民群众的美好生活需要日益呈现多元化的新特点,对传播产品和传播服务供给智能化、智慧化的要求与日俱增,这就要求社会主义核心价值观的传播层次更高、更加精准,即根据不同背景、不同层次、不同行为习惯的受众,分别制定不同的传播内容,进行精准传播,真正提升受众对社会主义核心价值观的理解度与认可度。因此,要开发人工智能、区块链技术等智能化媒体传播工具,从丰富的网络资源中抓取用户数据,分析受众的心理需求和偏好,核计页面浏览量、阅读量、转发量、评论量,并在严密科学分析基础之上制定微议题设置方案,以提高微传播的交互性,切实做到情理交融,真正实现在细分领域内正本清源,弘扬正能量,引导传播链条中各相关主体的价值取向。

综上所述,微传播是一把双刃剑,未来将会进入一个更新更高的发展阶段。它既能将积极、向上、正能量的方面展现给人民大众,也会在其中夹杂与社会主流意识形态不兼容的信息内容,影响大众价值观的确立,这就需要我们从理论建设、制度设计、宣传教育、实践转化等多方面全盘考虑、系统推进,这也是一个逐步认识、逐步积累、逐步凝聚共识的过程。要实现这个目标,并非朝夕之功,但只要我们竭尽全力,是可以加快这一进程的。

第 三 章

社会主义核心价值观微传播的体系构建

社会主义核心价值观的微传播是一项复杂而系统的工程,需要整合各种资源,凝聚各种力量,以体系方式全面推进社会主义核心价值观的宣传教育传播。所谓"体系",是指事物按一定秩序或依其内部结构联合组成的一个有机整体。在"互联网+微媒体"高速发展的新时代,我们要构建社会主义核心价值观微传播体系,必须努力在"微"字上下功夫,通过凝聚"微力量"、定制"微内容"、加强"微协同"、精控"微过程",构建以队伍建设为支撑,以内容建设为根本,以平台建设为保障,线上沟通、线下服务的社会主义核心价值观微传播体系。"互联网+"时代的社会主义核心价值观的微传播体系,主要包括微队伍、微内容、微协同机制及微过程管理等方面。因此,只有形成了科学完备的传播体系,社会主义核心价值观的微传播才能高效运行,达成目标。

◇ 第一节 凝聚"微力量",打造"四位一体"微队伍

通过微传播方式来传递社会主义核心价值观,需要更加高效地凝聚社会力量,以便实现社会主流价值观传播效果的最大提升。打造媒体、学校、

家庭和政府"四位一体"的微传播队伍，充分凝聚社会各种"微力量"，对于提升社会主义核心价值观的微传播实效，有着重要意义。因此，我们要从战略高度充分认识"微力量"的价值，努力打造一支素质过硬的微传播队伍，齐抓共管，通力合作，实现优势互补。

一 打造微媒体意见领袖队伍，充分发挥其"宣传员"作用

"意见领袖"又称舆论领袖，这一概念最早由传播学四大奠基人之一、美国学者拉扎斯菲尔德提出。拉扎斯菲尔德经大量的传播学实证研究发现，"大众传媒传递信息并不是直接'流向'一般受众，而是经过意见领袖这一中间环节，即大众传媒——意见领袖———般受众"。[1] 由此可见，在传播过程中，意见领袖是向上联结媒介、向下直通公众的重要一环，具有强大的信息传播力和舆论引导力，必须注重发挥意见领袖的独特作用。

新媒体的快速发展，不仅提供了海量信息，更增生出许多新意见领袖、网络大V、草根明星。与传统媒体上的意见领袖相比较，新意见领袖背后是数量更为庞大的舆论粉丝群，他们利用微信、微博和各种网络论坛，发表的大量文章、言论、意见，对其"粉丝"产生极大心理影响，甚至改变其认知，再通过其"粉丝"的舆论扩散，最终起到左右社会舆论和民意导向的作用。因此，我们要对新媒体中涌现出来的各种意见领袖予以关注和引导，充分发挥他们对主流文化传播与建设的积极作用。习近平总书记指出："要把这些人中的代表性人士纳入统战工作视野，建立经常性联系渠道，加强线上互动、线下沟通，让他们在净化网络空间、弘扬主旋律等方面展现正能量。"[2] 总之，要积极吸纳意见领袖、草根明星、网络大V等"为我所

---

[1] 黄楚新：《新媒体：微传播与融媒发展》，人民日报出版社2017年版，第11页。
[2] 《习近平关于社会主义政治建设论述摘编》，中央文献出版社2017年版，第135—136页。

用",充分发挥其"宣传员"作用,努力使他们成为"党的政策主张的传播者、时代风云的记录者、社会进步的推动者、公平正义的守望者"①。

第一,由于新意见领袖拥有可观的注意力资源,具有极大的示范效应,我们应努力让意见领袖成为社会主义核心价值观理论的生动代言人,借助其分享的经典文章、创建的相关话题、讨论的社会热点,加强良性互动,发挥其弘扬主旋律、聚焦主流思想、引领社会风尚的旗帜作用,多传播社会正能量。

第二,要借助新媒体平台上各种意见领袖的影响力和号召力,激浊扬清,澄清事实,遏止各种消极信息特别是虚假谣言的扩散,营造文明健康有序的网络环境。

第三,由于受众对意见领袖形成了深度认可与心理依赖,我们要运用其人格魅力,帮助网民疏导社会负面情绪,缓解社会焦虑,缓和社会矛盾,建构崇德向善的社会氛围,倡导乐观向上的人生态度。

二 提升学校教师的引领意识,充分发挥其"主力军"作用

学校是知识和创新的聚集地,也是立德树人、铸魂立心、培养社会主义建设者和接班人的重要基地,学校教师在社会主义核心价值观的传播教育过程中,天然地成为了"主力军"。因此,必须从情感、认知和实践三个层面努力做好以下工作。

第一,要在引领学生对社会主义核心价值观认同感的形成上下功夫。社会主义核心价值观的培育并非一劳永逸、一蹴而就,需要尊重教育的客观规律,把握从幼儿、小学、初中、高中到大学各阶段教育的侧重点和层次性,以微媒体为粘合剂,通过抓好线上与线下的结合,使社会主义核心

---

① 《十八大以来重要文献选编》(下),中央文献出版社2018年版,第215页。

价值观全面渗透到青少年各阶段的思想教育中。幼儿阶段是社会主义核心价值观教育的启蒙期，广大幼师可以通过形象化教育、图文并茂教育，帮助幼儿学唱国歌、认国旗、识国徽，使"我是中国人"的宝贵情感在幼儿心中生根发芽。小学阶段是社会主义核心价值观教育的萌芽时期，要通过探索性教育，教导少年儿童尊敬师长，培养"我是共产主义接班人"的崇高理想信念。中学阶段要通过体验式教育，借助网络媒体技术创设教学意境，强化仁、义、礼、智、信、温、良、恭、俭、让等优秀品德的培养。大学阶段要通过学理性教育，培养向上向善、有责任有担当的新时代优秀青年。总之，通过因材施教，细水漫流式的教育，使学生在接受各种文化知识的同时，也能受到社会主义核心价值观的陶冶，在潜移默化中形成对社会主义核心价值观的坚定认同与归依情感。

第二，引领学生形成正确的价值目标和价值准则。每个时代都有其独特的精神纽带和价值观念。站在新的历史起点上，我们的国家和民族应当坚守反映了全国各族人民价值观"最大公约数"的社会主义核心价值观。它科学地回答了当代中国应当培养什么人、为谁培养人、怎样培养人等具有方向性、原则性、根本性的教育问题。学校教师、思想政治工作者，要主动提升媒体素养和创新教学能力，加强自身对有效信息的生产和引领力，提高微技能，熟练使用微语言，主动进入学生的微信圈、QQ群、微博客之中，利用跟帖、顶精、灌水、删帖等方式，引导学生追求真善美等正确价值观，把学生情绪化的批评转化为理性化的思考，让他们能够理性正确表达自身的政治意识；特别是要加强对学生进行诚实守信、道德自律及网络伦理的教育，使之明大德、守公德、严私德，不逾越法律底线，阻止学生非理性政治行为的发生；革故鼎新，消除各种错误思潮特别是西方颓废价值观对他们的负面影响，努力引导学生树立起正确的"三观"，确保他们对我国政治制度和政治价值观的高度认同。

第三，要引领学生形成向上向善的行为和习惯。向上和向善是我国社会主义核心价值观两个基本的价值取向,包含丰富的内容。"向上即进取,意味着奋发向上、追求进步。向善即崇德,意味着明德惟馨、择善而从。"①微媒体时代不仅重构了传播模式,更创新了传播内容,使传播生态与传播格局发生了剧烈变化,客观上积蓄了一些意识形态风险,对我们弘扬和培育社会主义核心价值观形成了新的冲击与挑战。因此,我们要改变过去只注重道德教化和理论灌输、轻视行为习惯和能力培养的方式。众所周知,人的社会化过程,其实是人们不断被改造的过程,亦是从行为上和习惯上不断靠拢社会主流或模仿他人的过程。青少年的社会化,就需要学校强化对学生思想引导与行为管理,把握他们的阅读偏好,形成向优秀人物看齐的心理习惯,在教学中寓主流价值观于喜知乐知的内容设计中,在满足学生个性化需求的同时,进行社会主义价值观潜移默化的心灵引导,尤其是引导学生多参加网络投票、网上建言献策等实践锻炼和现实体验,通过在交往互动的过程中,在政治实践的参与中,不断帮助学生消除自我与世界的隔阂,自觉与社会融为一体。

三 重视家庭教育的熏陶作用,充分发挥其"亲友团"作用

家庭是社会的细胞,青少年对社会主义核心价值观的认同离不开家庭教育的熏陶。家庭长辈的政治素养、行为规范、道德价值,大多会通过言传身教方式对青少年的政治认同造成代际传承。因此,加强对青少年的社会主义核心价值观微传播,也可以广泛动员学生的父母和亲属融入微媒体,使之成为微媒体的"亲友团"。

第一,要强化家风建设,让青少年在家庭熏陶中形成正确的是非观、美丑观、荣辱观。社会主义核心价值观的培育要从娃娃抓起,从家庭教育

---

① 倪邦文:《推动形成向上向善的强大力量》,《经济日报》2016年6月15日。

开始。一些人的行为出格，道德水准不高，究其深层次原因，在于家风不正，家风不严。微传播的创建与发展，特别是家族、亲友团的微信群、QQ群在最大程度上保持长辈、亲朋与子女的联系，有助于建设良好家风，加强家庭的精神关怀，培养子女向善的道德品格、向美的身心素养、向真的学识追求；借助微信、微博等微媒体，打破线下的时空限制和指责说教，解决教育服务对接与落地问题，为子女提供心理、婚恋、创业、就业等精准指导和帮扶服务。与此同时，教育子女要提高政治辨别力和意识形态的防范意识，避免被各种微媒体中的西方反华势力和所谓的意见领袖所左右，防止子女沦为邪教成员甚至成为恐怖分子。

第二，要加强家庭的劳动教育，设立"劳动光荣""向劳动者致敬"等微专题。相关调查报告显示，生活自理能力差、生活技能缺失是当前我国很多青少年存在的共性问题。2019年8月底，杭州一所中学新生军训，教官下令初一的新生进行"系鞋带"比赛，本以为这是件十分简单的事情，令人大跌眼镜的是，居然有三成左右的初中生不会系鞋带，沮丧地提着自己的鞋子找带队教官求助。另外，还有不少大学生把自己的脏衣服、臭袜子定时通过物流快递给父母洗，形成了近年来我国物流运输新的服务项目。这些充分说明了，许多中国家庭的父母忽视了对子女的劳动教育、生活教育，导致孩子高分低能，基本的生活自理能力缺失，劳动技能匮乏。因此，要实现家庭的劳动教育向微平台转移，通过微信、微博分享"烹饪篇""家务篇""生活常识篇"，教育子女"幸福都是奋斗出来的"，让子女自食其力，自己动手创造幸福美好生活，体验劳动之乐，生活之美。

第三，要加强家庭的感恩教育，教育孩子感恩社会、感恩国家，孝顺父母。微平台赋予家长与子女之间平等交流、亲密对话的新平台。传统媒体时代，由于缺乏有效的沟通渠道、缺乏立体化表达自我的平台，家庭教育存在许多难以逾越的鸿沟。微媒体时代，可以充分挖掘子女的信息需求，灵活开展线上线下活动，甚至可以配以图片、音频和视频教导孩子做

"好人",做有"灵魂"有"血性"的人,从而唤醒子女对国家、对社会的感恩之心和感激之情。与此同时,批判社会上见利忘义、损人利己的不良行为;批判诚信缺失、道德丧失的丑恶行径;批判超前消费、享受主义的虚荣行为,从而既能形成正面倡导的回声效应,也能形成反面的警示效应。

四 强化政府机构的监督地位,充分发挥其"管理员"作用

社交媒体的快速发展使不同阶层群体在一定程度上拥有话语权,我国当下网络媒体使用的现实是,很多人尤其是年轻群体基本上不看主流媒体,大部分信息都从各种新媒体获取。然而,信息传播中的失真、失范行为,已成为当前我国政府迫切需要解决的问题。一些新媒体出于点击率、阅读量、转载率的需求,对低俗、庸俗、媚俗化的内容采取"欢迎"的姿态;有些微传播带有明显的指向性、攻击性、倾向性,对社会和民众造成错误的引导;有的甚至歪曲客观事实,丧失政治传播的客观与中立,一味沉溺于西方国家价值观,并将其内化到传播理念中,细化为详细的行为指标,并将其奉为"理所应当"遵守的标准。以上种种说明,政府机构应当树立自身在微时代的社会公信力、影响力和服务力,努力研究微媒体传播的新特点、新规律,不断推进管理创新,建立起适合我国国情的微媒体监管模式,提高线上线下的"管理员"作用。

一方面,从优化源头治理的思想出发,对微媒体信息要进行严格筛选和过滤,杜绝各种有害信息的散布,确保意识形态安全。在微传播成为信息主流传播的时代,受众在哪里,政府管理的触角就要伸向哪里;另一方面,加强对微传播的立法和执法,完善依法监管措施,不让网络空间成为法外之地。一些新型传播工具和传播平台开始突破政治、法律等多方面的压力,使得工具理性日益占据上风,导致虚假信息泛滥、侵犯隐私权、网

络犯罪等问题不断加剧。对此，需要强化政府机构的监管力度，出台相关法律法规进行严惩，化解网络风险。例如，2017年6月，北京网信办相继查封和关停"男人装""南都娱乐周刊""严肃八卦""萝贝贝""芭莎娱乐""毒舌电影"等一批微信公众号。另外，加强对舆论导向的引导与监控，制定针对性强、高效科学的管理规则，集中力量传播社会主义核心价值观。如在2019年"香港暴力事件"中，人民日报、光明网、经济日报网、新华网、共青团中央等官方微信账号强势发声，倡导良好的法治，坚决支持香港警察止暴制乱，维持社会秩序。

◇ 第二节 定制"微内容"，在细雨春风中润物无声

美国政治系统论的创立者戴维·伊斯顿（David Easton，1917—2014）认为，民众支持和认同特定的政治系统，是因为该政治系统在最大程度上满足了民众的社会需要。我们在社会主义核心价值观微传播中，就要以内容建设为根本，使传播内容的知识性、思想性和趣味性融于一体。通过增强主流价值观"微内容"的吸引力，选择科学的"政治输入"模式，精选微而系统、微而深刻的新型传播内容，全方位提升大众社会主义核心价值观的政治认同感。

一 突出个性化，仿抖音之微集成

微时代是"读图时代"，也是"微视频时代"。越来越多的人更青睐短平快"快餐式"的文化消费模式，热衷于简短的信息传播和即时性的情感表达，不愿花费较多时间与精力去获取沉重而冗长的社会信息。自

2016年起，移动直播与短视频受到大众用户青睐。这一炙手可热的传播形态，满足了用户对碎片化信息与精简化接受的审美情趣。其强有力的视觉冲击与瞬时体验，帮助这些新媒体在短时间内俘获了用户注意力，视频化新闻日渐成为当下新闻播报的主流趋势。例如，抖音平台就将各种视频剪裁为小段的视频，再把同类主题的视频集中推送，博取用户对同一主题的视频的点击量。因为播放时间短暂，用户即使不喜爱其内容，也可迅速改变其选择。这种微集成式的消息推送，大大提高了用户对平台的"黏度"，使用户在应接不暇的观赏中，成为抖音平台视频内容的忠实"粉丝"。我们在社会主义核心价值观传播中，就要积极吸收如同"抖音"平台这类微媒体蕴含的新传播方式、这些具有新活力的时代元素，将其融入微媒体技术，对于我们改造社会主义核心价值观的传播方式有着重要的借鉴价值。我们可以精心设计符合社会主义核心价值观的各种微视频或抖音专题，生产增强用户"黏度"的信息内容或者热点新闻，即时反映社会大众的关注，通过这种新方式使现有理论成果结合现实生活，进行较高层次的逻辑整合，构建一批短小高质、随时联通的社会主义核心价值观"微课程"体系，根据用户浏览数据的指标特征，对各类不同用户实行个性化推送，在微传播中实现精准发力，减少用户阅读时间，创造用户可以随时随地学习的环境与机会，提高公众对社会主义核心价值观的情感认同和行为追随。

二 善于人文化，于细微处见真情

人文资源是实现社会变迁的一种基本要素，也是引发社会认知、实现社会整合的一种有效工具。这种"文化活力"、人文色彩对道德、理性、价值来讲总是在先的①。它能够在政治传播空间中,发挥积极作用,为清晰而有益的政治思辨、社会意识构建提供重要参照。借助人文价值来淡化社会主义核心价值观微传播"强硬"的灌输色彩,使政治信息的扩散、被接受、被选择更具"感性"的认同愿望。

构建公众对社会主义核心价值观的情感认同,不可能不受到社会文化的影响和形塑。先进文化具有"化人于无形"的强大力量,中华优秀传统文化本身就是先进文化的重要组成部分,也是社会主义核心价值观产生的精神土壤,我们要深入挖掘与祖国血脉紧密相连的民族优秀文化传统,强化公众对中华优秀传统文化的情感认同;通过学习中华民族的奋斗史、中国共产党的革命史、新中国社会主义建设与改革史,唤醒大众的政治意识,涵养家国情怀,高度防范敌对势力"欲灭其国,先亡其史"的企图。用马克思主义信仰和先进理论来武装人,以革命先烈的英勇事迹感染人,以社会主义核心价值观引导人,以爱国主义为核心的民族精神和以改革创新为核心的时代精神教育人。通过提高大众的人文素质,增强其文化认同与文化自信,不断提升大众的政治自觉和制度自信。

戴维·伊斯顿研究认为,联结政治共同体的纽带,是情感的力量,这种相互认同的感情给政治共同体提供了依附的可能性②。要掌握和运用当今视听传播环境中的新特征,即以"主体"为中心向以"身体官能"为中心偏移这一特征,最大限度地调动人们参与、体验和享受政治传播,政治传播只有达成共振,才能被接受、认同和内化。"这正如机械上不同的事物只有具有相同的基础、轴心和频率,才能通过共振形成共鸣。"③ 不同主体、

---

① Pierre. B., *Language and Symbolic Power*, Cambridge: Polity Press, 1991, p. 166.
② [美]戴维·伊斯顿:《政治生活的系统分析》,王浦劬主译,人民出版社2012年版,第170页。
③ 荆学民:《国际政治传播中政治文明的共振机制及中国战略》,《国际新闻界》2015年第8期。

不同层面的信息，如果难以找到共性，无法实现交流共振、交融，便无从被接受、认同，进而被内化。因此必须将经验层面的信息加工升级，赋予其更高层面、人文化层面信息，提高其文化底蕴，进而提高信息共振和情感共鸣的可能。例如，将社会主义核心价值观与中国梦的理论体系和内涵阐释，恰如其分地结合起来。那么如何才能对这一"纽带"进行编制和强化呢？从微内容来看，应当是提高对人文化内容的供给，赋予其知识的深度。

三 贴近生活化，让小人物担主角

传播内容的生活化，是现代传播的基本要求和发展趋势。贴近生活化，也是党中央对我国政治传播工作提出的重要原则之一。在日趋社会化、公众化的社会生活中，惟有把党的主张与百姓心声相结合，把坚持正确政治导向与真切的社情民意相结合，多宣传凡人善举，借助"草根""小人物"的力量，使其成为推动社会前行的正能量，使高远的政治理论落地到"生活现实"，才能增强社会主义核心价值观微传播的亲和力、吸引力和感染力。为此，必须努力做到以下三点。

第一，要多报道群众身边"看得见、摸得着、学得到"的先进典型，诸如"身边好少年""新时代好青年""社区好公民"等，树立"关爱好人""好人有好报"的鲜明导向，使社会形成崇尚道德高尚、奉行互利共赢的新风尚。通过传播一个个打动人心的中国故事，一个个感动中国的平凡人物，一个个积极向上的好少年、好青年、好公民、好榜样，一定程度上可以增强社会主义核心价值观认同教育的感染力与信服力。

第二，对身边百姓严重背离道德规范的反面案例，要深入挖掘，分析其问题根源和行为恶果，使欲行恶者吸取教训，望而却步，打消念头。要善于精选案例，在微传播中引导大众正确认识政治与法律的作用，消除认知的误区与盲区，及时纾解民众的思想困惑。开设党课教育、心理咨询、在线答疑等"微服务"便利举措，让政治理论在现实回应中迸发活力，实现传播内容朝生活化方向转变，利用微传播凝聚民族智慧、激发大众热情、提振人民群众的政治归属感。

第三，要顾及大众的感受和接受程度，注重把我国的基本国情、改革开放建设成就与核心价值观教育密切结合，多总结和宣传当代中国老百姓、普通家庭的精彩生活，让普通民众成为微传播宣传过程中的主角。要善用民间力量发声，对百姓普遍关切的民生问题、社会问题，应让普通民众多现身说法正确引导、多出"金点子"，同时针对手机用户进行个性化传播，精准推送，隐性传播社会主义核心价值观。

四 走向国际化，在守正中创新篇

互联网从产生起就是"全球公域"，任何信息和舆论在互联网中的传播都早已逾越国家疆界。近年来，西方通过互联网发起"没有硝烟的战争"，这是我们躲避不了的。为此，我们要有全球视野，时刻关注国际新形势、新情况、新挑战，对国际重大事件及时发出中国声音。从全球化的视角研究，社会主义核心价值观的微传播应当包含"内传播""外传播"两方面。前者旨在将政治文明向全国人民说清讲透，从而赢得广泛国内认同；后者旨在向全世界人民展示我国的政治价值观、政治生活、政治文明成就以及中国特有的政治模式，争夺国际话语权。这两方面绝不能顾此失彼，仅"聚焦中国"，拘泥于"本土化"。应当坚守守正创新，秉持开放包容性的原则，主动迎合政治传播"全球趋同"这一时代趋势。

第一，敢于亮剑，善于讲中国故事，努力在国际传播中争夺话语权和主导权，在深化对外开放中将中国特色政治优势充分显露出来。在国际社会上，我们已先后提出了"和谐世界""人类命运共同体"的战略构想、"共商共建共享"的对外黄金法则等，这些并非空洞的政治口号，而是蕴含着"开放、包容、共赢、多元"的独特政治价值指向。从这个角度看，社会主义核心价值观的微传播是与这些政治诉求相契合的，可以引导国际社会保持理性认同，提倡与当代世界相匹配的"文明融合""文化相通"理念。实际上，"一国文化只有在国际社会广为传播并得到普遍认同的时候，才能成为一种软实力。"① 而社会主义核心价值观的微传播正是实现我国文化软实力的重要路径之一。

第二，积极主动迎合国际化，打造中国特色品牌传播，是社会主义核心价值观传播不可或缺的传播方向、传播目标。近年来，与我国日益崛起的大国地位相比，对外传播能力显得严重不足，在整个国际舆论中的影响力相对有限、在与西方政治话语力量的争夺与博弈中仍然较弱。正是由于国际舆论"西强我弱"的局面，导致在国际舆论中始终存在"丑化""歪曲"中国的政治现象。这些问题迫切需要我们理性地应对，重新塑造中国负责任大国形象，赢取国际舆论正面积极的评价。为此，要结合我国政治实践和政治生活，鼓励中央、地方媒体敢于走出去，努力打造一批国际权威媒体。

第三，主动设置议题，全面分析中国特色社会主义制度的优越性和生命力，充分揭露西方的政治制度、政治行为的虚伪本质，打造具有世界级影响力的中国智库。通过中西方政治文明的碰撞与交流，逐步增强民众的"四个意识"，坚定"四个自信"，做到"两个维护"。

第三节 加强"微协同"，推动全媒体融合发展

构建社会主义核心价值观的微传播体系，目的就在于融合各种微平

---

① 荆学民：《中国政治传播策论》，中国传媒大学出版社2017年版，第35页。

台，打通各种微媒体，共同为弘扬和培育社会主义核心价值观服务，确保社会主义核心价值观传播效益最大化。在"流量为王"的全媒体时代，各种新媒体、自媒体、融媒体层出不穷，表现方式也五花八门，但在信息传播中却各有特色，都能获得受众不同程度的青睐。所谓"新媒体"，指的是用数字化新技术打造出来、与传统媒介传播方式不一样的新型传播工具，如微信、微博平台都是新媒体；所谓"自媒体"，则是指个人获得资讯后，依据自身对事物的判断，采用新的信息技术载体，以"点到点"方式传播非"统一声音"的一种对等传播手段，如抖音号、头条号、百家号都属于自媒体；所谓"融媒体"，指的是打破新旧媒体壁垒，并依据媒介属性实现信息共享的新型传播平台，这种共享使得信息的经济效益和社会效益得以最大化。它将展现同一内容的文字、图形、音频、视频在报纸、知乎、广播、APP、微信公众号、微博平台等各种媒介中共同传播。比如，中央电视台"融媒体编辑部"、中央人民广播电台"中国广播云采编平台"、湖北广电集团"长江云"等都是典型的融媒体传播方式。而全媒体则是指媒体信息传播采用文字、影像、声音、动画、网页等多种媒体手段（多媒体融合），利用音像、电影、广播、电视、报纸、杂志、出版及网站等不同媒体形态（传播业务融合），然后通过融合的电信网络、广电网络和互联网进行全方位传播，实现三网融合，最终通过电脑、电视、手机"三屏合一"的多种终端来完成信息的融合接收，确保任何人在任何地点、任何时间、以任何终端都能获得他所想要的任何信息。由此可见，全媒体既包括传统媒体，也包括WAP、GSM、CDMA、GPRS、3G、4G、5G及流媒体技术等新的信息传播手段，它不仅仅是各种新旧媒体之间的简单连接，而是传统媒体与网络媒体乃至通讯手段的全方位融合与全面互动。"全媒体"覆盖面最广、技术手段最新、媒体手段最全面、受众传播面最为广泛。对于同一条信息，全媒体平台表现形式不仅千姿百态，而且能根据受众的个性需求进行超细分类服务，对信息表现方式及其内容有针对性地进行取舍和调整。如人民日报社全媒体平台、新华社全媒报道平台等，都是全媒体传播的典型。依靠全媒体平台实现各种新旧媒体的全面融合，开展社会主义核心价值观的传播教育，我们就能实现投入最小、传播最优、效果最好的传播目的。正如习近平同志所强调的："必须紧跟时代，大胆运用新技术、新机制、新模式，加快融合发展步伐，实现宣传效果的最大化和最优化。"①

一　打破边界，协作互补

微媒体不同于传统媒体，其生存环境、生产方式和传播手段都受到碎片化、移动式、新介质等因素的影响。但其开放的面貌与优质的内容，往往能给用户带来更新锐有趣、更切合潮流的信息享受。尤其是年轻一代，更喜爱微媒体的跨界信息。没有约束的自由智媒，"人人皆媒"的众声喧哗，无限放大的情绪碎片，构成了新媒体时代的无边界传播生态。在这样的传媒环境中，专业声音经常遭受嘈杂的自媒体挑战，公共价值则更加难以渗透到个人网络中。对于我们通过微媒体传播社会主义核心价值观而言，这无疑又是一个新挑战。面对这样的挑战，我们在策划社会主义核心价值观微传播时，就要注重实效，适应时代发展的步伐，突破传统思维，防止固步自封，要打破各种传媒之间的疆界，以全媒体方式融合社会主义核心价值观的相关内容，消融彼此之间的边界，加强媒体之间的协作，实现各种传播方式之间的互补。

各种微媒体之间的协作互补是增强社会主义核心价值观传播力、引导力的重要方式。每一种微媒体平台都有不同的受众群体，有自身独特的传播方式，有特定的传播范围。如微信的热点公众号、微博的意见领袖、抖

---

① 《习近平在中共中央政治局第十二次集体学习时强调　推动媒体融合向纵深发展　巩固全党全国人民共同思想基础》，《人民日报》2019年1月26日。

音的短视频集成等,都能在各自范围内发挥极佳的传播效果。如果在传播社会主义核心价值观方面能够打通这些微媒体,相互取长补短,使各种形式宣传社会主义核心价值观的内容能够交叉传播,让每一种表达社会主义核心价值观内涵的观点、事件、现象,都能在这些微媒体平台上形成热点,对于扩大社会主义核心价值观的影响力,无疑具有极其重要的传播意义。而要达到此目标,必须强化微媒体平台之间的协作关系。目前,我们在宣传社会主义核心价值观时,各种微媒体之间条块分割比较明显。除在内容上会统一按照党中央的指示精神进行宣传外,彼此之间的合作和相互协助是比较少见的,难以形成"大兵团"协同作战的效果。如果各种有较大影响力的微媒体之间,加强分工协作,共同围绕某一话题、某一事件来宣扬社会主义核心价值观,在宣传中相互推荐转发,就能使媒体间的壁垒、边界被打破,而且各种表现方式之间会形成互补关系,也就是运用各自擅长的方式来共同宣传同一内容的观点或事件,在受众中形成舆论热点,让公众在一定时期内共同关心、相互讨论、彼此交流,甚至形成如果"未知"或"不甚了解"该观点、现象、事件,就显得跟不上时代步伐的传播氛围,这样的传播效果就会十分显著。比如,《人民日报》2016年建成的全媒体平台,采用"中央厨房"方式,实现传统媒体与新兴媒体的高度融合,以全新传播方式"烹制"美味新闻。该融媒体将业务平台、技术平台和空间平台三者融合,以传播全球为明确目标,聚拢各方资源,为国内各传媒搭建一个公共平台。融媒体工作室中设置总编调度中心,建立中心平台,实施采编联动,集中采访、编辑、后期制作与播送技术等多方力量,建成"一次采集、多元生成、多渠道传播"[1]的工作格局,总编调度中心发挥集中指挥、高效协调、调度采编和沟通信息作用,同时鼓励"报、网、端、微采编人员按兴趣组合,项目制施工,资源嫁接,跨界生产,充分释放全媒体

---

[1] 叶蓁蓁:《人民日报"中央厨房"的诞生与探索》,《报业转型》微信公众号2018年5月15日。

内容生产能力"①，允许记者、编辑跨部门、跨地域、跨媒体和跨专业组成"微型突击队"，而"中央厨房"则负责资金、技术、运营、推广、经营五个方面的支持，从而使得这一"中央厨房"方式的融媒体打破了各种边界，实现了最大的传播效率。由于《人民日报》的主流权威媒体地位和作为党的喉舌的宣传定位，《人民日报》的全媒体平台在传播社会主义核心价值观方面所发挥的作用，是其他微传播平台所不能比拟的。

二 易于聚合，乐于分享

在社会主义核心价值观传播的过程中，我们尤其要注重利用当代微媒体的传播特征。其中，聚合和分享是扩大传播影响力的最重要方式。聚合，就是指将同一主题的内容聚集在一起，让人们对某一主题内容的相关历史、内涵、事件、观点及表现方式等都有全面的了解，给大众以多维的视角、深刻的分析、历史的观察，让这一主题的传播真正做到有深度、有速度、有广度、有高度、有温度，以足够的信息量让受众"解渴"，给人以知识、信息、分析、观点等多方面的满足感。分享，是今天微媒体的重要生存方式。人们在阅读、观赏、讨论某一主题内容时，往往会将表现新奇、思想独特、个人认同的网文、视频、图像、动漫等，通过各种同学群、朋友圈、公众号、微博号、抖音号、知乎号、百家号等微传播平台转发出去。转发后，往往会在这些群、圈、号中再次形成讨论热点，又再次被转发。由于每个人加入的群、形成的圈、拥有的号都不相同，各自的粉丝也不相同，因而，分享和再分享都会形成无限次的再传播。这对于扩大传播范围、强化传播效果，无疑有着更重要的价值。在今天"流量为王"的时代，做好微媒体的信息聚合和内容分享，可以说是扩大微媒体影响力的最重要手段。

---

① 叶蓁蓁：《人民日报"中央厨房"的诞生与探索》，《报业转型》微信公众号 2018年5月15日。

在传播社会主义核心价值观的过程中，我们必须高度重视运用微媒体的这些传播特征，让涉及社会主义核心价值观的主题内容易于聚合，让受众乐于分享。易于聚合，就是要有意识、有计划地将涉及某一主题的社会主义核心价值观的具体内容聚合到一起。譬如，当今社会诚信问题是社会公众较为关心的敏感话题。如果发生了有一定宣传意义的违背诚信或遵守承诺的典型事例，那么，各种微媒体之间则可围绕诚信的时代内涵、诚信的历史文化、诚信的道德要求、诚信的主要特征、涉及诚信的典型事例和典型人物、不讲诚信的法律后果、世界各国人民对诚信的认知等，以文字、图片、视频、动漫等各种方式，共同一致地进行宣传，而且将这些宣传内容聚合在一起，让公众可任意选择相关内容，满足受众对与诚信相关的各种知识和信息的需求。这种聚合，让受众有了极大的选择空间，而且由于微媒体大多也同时是自媒体，也就给予了受众极大参与讨论和发表个人意见的空间，满足了受众的公共价值需求，因而会带来良好的传播效果。如果宣传具有一定的高度和深度，能够引发受众的深入思考，得到受众的心理认同，让大众期望参与讨论，则分享相关观点和信息就会成为受众的自觉行为。那么，就会在微传播平台上形成一个时间段的传播热点，造成较高"流量"。这些传播，又会在无形中提升社会主义核心价值观的传播效果，使社会主义核心价值观以潜移默化的方式，驻入受众的脑海心田。

在现实生活中，各种涉及社会主义核心价值观的事件总是会经常发生，这些事件或大或小，但都有可能形成传播热点。例如中日、中印、中美之间的摩擦等，这些都是国家大事，极容易引起人们的爱国主义精神升温。此时，微媒体若能及时聚合相关知识信息，阐释党的方针政策，打破微媒体的传播边界，利用网络大V和意见领袖去科学解读相关事件，引导公众去理性表达爱国主义，就能起到很好的传播社会主义核心价值观的作用。当然，也有一些事件可能很小，但因触及公众的敏感神经，结果经由各种自媒体分享而不断被放大，最终形成"蝴蝶效应"。例如某高校研究生在微信朋友圈中发表污蔑中国人的言论，且毫无悔改之意。近些年，在一些青年中出现极少数"精日分子""精美分子"，对爱国主义精神极力嘲讽，人民群众对这些青年的思想意识和行为方式十分反感。此人的不当言论触及社会道德底线，与社会主义核心价值观背道而驰。这一事件，经受众在各种微媒体分享后，最终造成各种对其铺天盖地的指责声音，并引起学校党委的重点关注。网友随后查出，此人因抄袭发表论文而取得保送读研资格，由此质疑其本科培养单位保送其上研究生资格的合法性。最终，其本科所在学校认定其本科在读期间发表的论文存在学术不端问题，研究生所在学校则开除其党籍，中止其博士培养资格，给予退学处理。该研究生的一句牢骚话，引发微媒体的集体讨论，最终造成本人不愿接受的严重后果。但这件事给社会大众实实在在上了一堂爱国主义教育课，让人们认识到，个人的思想和行为必须与社会主义核心价值观保持一致，决不能触碰社会主义核心价值观所要求的道德底线。否则，人民群众不能容忍，其与社会主义核心价值观相抵触或违背的言行就将是自作自受，会受到社会的严厉谴责，带来严重后果。

三 交互迁移，去中心化

传统媒体与现代微媒体传播方式的重要区别之一，就是"去中心化"。传统媒体在传播内容的生产、制作、分发和流通渠道上都具有明显的"中心化"特征，其记者、撰稿人、编辑或节目主持人、出版发行乃至广告营销等，分工十分细致，等级化较为严重，且受众的信息源主要来自这些媒体。而微媒体平台出现后，人人都成为麦克风，以往由专业记者生产的信息变成了"众包"模式，即由众多的用户来生产信息。如百度文库、知乎、抖音等微传播平台，都是由用户自身生产各种信息的，这种"众包"模式使平台信息来源多元化，而且具有即时性和交互性，用户与平台之间的关系也趋于平等化。这种平等化、多元化、即时性、交互性的新型媒体，能够让受众自由表达，平等参与讨论，少了以往媒体居高临下的单一灌输，因而倍受大众的喜爱。如"罗辑思维""麻辣书生""凯叔讲故事"等自媒体，就时时紧跟社会节奏，及时调整节目内容，随时了解粉丝的需求，与受众展开对话，在传播过程中也得到了较大范围的认可。社会主义核心价值观的微传播，应当依时而动，紧贴时代的脉搏，充分运用现代传播方式来增强其影响力。因此，我们在传播社会主义核心价值观时，也要摒弃以往那种居高临下的道德说教，防止各种道德绑架，而以平等姿态与受众共同探讨社会主义核心价值观的实践要求与行为规范，以"去中心化"方式获得公众对社会主义核心价值观的广泛认同和全面实践。

如何做到在社会主义核心价值观的微传播中实现"去中心化"呢？交互和迁移，是实现"去中心化"的重要手段。所谓交互，就是交流互动，表现为受众与平台之间的积极互动关系。用户不仅可以从平台上获得相关知识、信息或服务，还能通过平台联结用户与用户的关系，让他们在平台上相互交流与互动，彼此碰撞出更多的思想、创意和需求，同时还可以让平台了解公众的要求、偏好和思想倾向等，从而对平台传播方式及其内容进行调节。譬如，各种视频平台开通的弹幕功能、评分功能、短评功能、点赞功能，都是这种交互性的重要表现手段，受众从中获得视频节目的优缺点，了解到其受欢迎程度，同时也表达自己对节目的看法，甚至随时随地与其他受众或主播、演员、平台服务人员进行沟通。所谓迁移，就是传播过程中的移情引导，我们通过宣传引发受众的同理心或者"换位思考"。例如，华扬联众上海分公司曾在一次开幕式上，让舞者游走于象征"思考的像素"的磨砂透明盒子之间，把触发传感器的各种肢体动作编辑成现代舞蹈，再配以各种动听音符，来展示神秘、奇特的人机交互过程。而现场来宾则通过手机扫二维码，登录到签到页，提交个人姓名和照片，随后幻化成一只只美丽蝴蝶，在投影墙面翻飞起舞。这种连通网络、手机端和现场的活动,不仅实现了人机交互,也在微平台上实现人和人之间的交互。在这种交互过程中,人人都是舞者,世界没有中心。这种诗意般的技术呈现,以敏感的光线和细微的振动感应形成一个实时反应、声光璀璨的大脑,充分启迪了受众的智慧、想象力与好奇心,使人们经由互联网,把个人情感、全球意识乃至自然之心紧密相连,充分发挥了传感移情作用,让人们感受到"情同此心、心同此理"的奇妙。我们在社会主义核心价值观传播过程中,就是要充分运用微平台的各种交互手段,在"去中心化"的宣传过程中,使受众的情感得以迁移,发挥微媒体润物无声的教化作用。反之,如果我们在传播社会主义核心价值观的过程中,仍然采取中心传播方式,不进行交互迁移,总是居高临下地对受众实施说教,则会让人厌烦,令人生畏,无法完成传播社会主义核心价值观的目标。

四 无缝对接,无障沟通

各种传播平台的微协同,就是要实现平台之间的无缝对接和无障沟通,打破微平台之间的边界,共同为弘扬社会主义核心价值观服务。所谓"无缝对接",首先,要打破思维定势,使"人人成为传播主体,人人成为传播受众"[①],实现传播主体与受众之间的平等互动和交流对接;其次,要在平台之间搭建合作桥梁,让各种微平台在共同宣传社会主义核心价值观过程中协同作战,在合作中做到密切配合,行动严密有序,形成宣传高潮;最后,是要在各种传播内容和表现形式上达成默契一致,确保彼此之间形成逻辑张力,共同发挥宣传作用,彼此印证,相互张扬。所谓"无障沟通",就是利用各种形式、手段、方法,把我们需要传播的思想、观点、理论、事实、现象等,用语言、图像、声音、影视、动漫等方式表现出来,让受

---

① 刘一鸣:《传统文化与新媒体如何无缝对接》,《人民论坛》2017年第29期。

众更容易明白和理解，而且在理解的基础上相互沟通，使彼此间的交流顺畅通达，最终达成共识。在社会主义核心价值观的传播中，形成一致认同，达成社会共识，最终化为思想规范和行为指南，是我们弘扬社会主义核心价值观的目标所在。而要实现这样的目标，只有各种微平台协同作战，做到彼此之间无缝对接，实现无障沟通，才能使社会主义核心价值观的微传播效益达到最大化和最优化。新华社全媒报道平台就尝试将一种素材资源，加工生成通稿、集成报道、影视、动漫、音频、专访、理论探讨等多种形态产品，再通过微博、微信、客户端等多渠道分发推送，适配到各种新媒体终端，并依据受众反馈进行融合加工、舆情监测、影响力评估，实现了媒体间的无缝合作，也强化了平台与平台之间、平台与受众、受众与受众之间的无障沟通，在社会主义核心价值观的微传播中发挥了不可替代的作用。

◈第四节　精控"微过程"，确保社会主义核心价值观精准传播

传播过程与传播效果直接关联，精致的传播过程会带来完美的传播效果，反之，粗糙的传播过程会使传播效果大打折扣。通常而言，研究传播过程主要有两种视角：历时性考察和共时性考察。所谓"历时性考察"，就是按时间先后序列来考察传播活动发生发展的演化历程；所谓"共时性考察"，就是对新闻传播活动的各种要素、结构与环节实施深入的解剖与综合性分析。无论从新闻传播的哪种视角看，其传播过程都涉及这样一些基本要素：信源、信宿、信息和信道。信源即传播者，可能是组织或群体，也可能是个人；信宿即受传者，是信息的接收者和反应者；信息是一组能表达完整意义且相互关联的符号；信道即媒介，也称为传播渠道、手段，是

信息的搬运工具，是将传播过程中与特定信息相关的各种因素彼此连接起来的信息纽带。我们不论从哪个角度考察传播过程，都离不开对这些基本要素的把握。在新媒体时代，传播的形式与时效发生了巨大变化，但这些基本要素仍然没有改变。那么，我们要提高传播效率，就需要从这四个要素入手，精心控制传播过程。在社会主义核心价值观的微传播过程中，我们同样要精控"微过程"，不断调适社会主义核心价值观微传播策略，实现内容转换，联通线上线下；精准地进行全时全程管理，强化社会主义核心价值观微传播的互动与反馈机制创新，并及时总结经验教训，努力推陈出新，提升传播效果，确保传播安全。

一 区分对象，活用传播策略

从字面角度阐释，"策"即计策、计谋；"略"主要指谋略。由此可知，传播策略包含了传播者的巧妙构思、奇异理念、长远规划等要素，体现了传播者对传播规律的把握以及自觉参与传播过程的主体意识。从理论层面讲，"传播策略的形成是一个社会的、历史的过程，主要来自政策、策略的制定者与特定传播环境的长期互动"[①]。总体来看，随着中国政治、传播环境的变迁，传播策略转向了当代基于人本理念的"理性、宽容、开放"的传播策略。

伴随中国社会进入"全民传播"时代、"百姓传播"时代，街头巷尾、地铁车站、超市酒店到处可见"低头一族"，微媒体已经成为人们的日常生活方式。这些也越来越要求党和国家在对待政治传播的重要性以及如何推进中国特色政治文明的传播中必须深化认识，具有深邃思考。实际上，随着社会信息化及其过程的日益加剧，我们党已经把社会主义核心价值观的

---

① 荆学民：《中国政治传播策论》，中国传媒大学出版社2017年版，第4页。

传播教育当作治国理政的一项重要内容。从传播策略研究，社会主义核心价值观微传播的良策，应当是区分传播对象，关注社会大众的现实需要，从宏大叙事议题设置转向更加具体而微的议题构建。简而言之，采取正确实用、灵活多变、具有可操作性的传播策略。传播策略基本要素主要包括说给谁听、想听什么、不愿听什么、说什么、何时说、如何说等内容。

从传播学规律研究，得以传播的信息必然是"被需要"的信息，这无疑为我们指明了清晰的传播思路和策略，主要划分为告知性传播、规范性传播、价值导向传播和情感传播四种，通过区分对象、区分时机，综合运用不同传播策略，使社会主义核心价值观微传播走向专业化、分众化，使社会大众从被动灌输教化转向主动接受、理性认同、情感认同。

在社会主义核心价值观微传播中，传播对象可细分为党员干部、社会精英、青年一代、人民大众、部队官兵、少数民族等，针对不同的社会群体，传播策略应当有所区别。对党员干部、部队官兵应当侧重于定期实施规范性传播，使他们对西方意识形态的斗争保持高度警惕，发挥他们在强化意识形态领域中的引领作用；对青年一代，特别是高校学生应当侧重于价值导向的传播，通过理论灌输和价值引领，打造适应这一群体年龄特征的思想体系和行为方式，帮助他们树立正确的三观；针对人民大众，最重要的是立足于提高人民群众的获得感、幸福感和安全感，侧重于运用情感传播，使广大人民群众拥护党的领导，使社会主义核心价值观成为凝聚人心、达到共识、稳固大局的重要保障。针对少数民族，则努力立足于中国共产党领导的民族区域自治制度，通过实现各民族的繁荣昌盛和共同进步，综合运用告知性传播和情感传播，点燃少数民族群众参与政治表达、政治事务的热情，使他们在微传播空间中寻求自我认同和政治认同。

从流程管理的角度看，传播初期，应采用告知性传播方式，通过广而告之，使教育对象对社会主义核心价值观的基本观点形成感性认知，建构理论雏形；传播中期，应当采取规范性传播和价值导向传播方式，使教育对象对社会主义核心价值观的核心内涵、精神实质和实践要求做到清晰掌握、了然于胸；传播后期，应当采取情感传播方式，借助情感教育，降低社会主义核心价值观的灌输意味，强化社会主义核心价值观的情感召唤力，增强大众的情感认同，构建社会主义的政治认同，传承社会主义的政治文化。总之，通过正确区分传播对象，活用传播策略，把社会主义核心价值观以细雨润物方式注入大众的脑海心田。

二 覆盖全程，联通线上线下

社会主义核心价值观传播的过程就是一整套独具特色的政治价值观输出、社会政治文化营销的过程。在社会主义核心价值观微传播中，应当依据每一阶段的主题传播任务，采取不同的传播举措，保持灌输性与互动性的张力关系。在微传播过程中，我们要从信息源头抓起，联通线上线下，将这种政治价值与政治文化渗透到传播的每一个环节，从而覆盖传播全程。这种全程性的覆盖，一方面要符合政治宣传的强制性、灌输性要求；另一方面也要兼顾受众的心理需要和互动需求。

在传播过程中，信息与信源占有主导地位。换言之，传播什么，由谁传播，是实现传播目标的关键所在。一项能吸引大众关注的信息、一个权威可信的传播主体，就能引发公众的极大兴趣。任何主体传播的信息都是有限的，而且受众接受和理解的信息同样是有限的，那么，精确选择传播内容，让内容直接掌握受众，就可以达到理想状态的传播效果。一般说来，大众传媒为了吸引更多受众，选择传播内容时应尽可能地接近受众，尽可能满足受众在知识、信息、思想、理论分析和后果比较方面的个体性欠缺或不足。这样，受众就会乐于接受。在传播方式上尽可能通俗、平易、简单，而避免让那些意义晦涩不明、大众难于理解的内容传播给大众。一般情况下，大众并不需要极其专业、难于理解的知识或信息，专业化知识、信息只有少数专业研究者才需要掌握，大众更需要轻松甚至是娱乐性的信息。例如，健康知识是我们大家都希望了解的，但我们所需要的健康知识，主要是常识性的生活知识而不是专业性的医学理论。那么，在大众媒介平台传播健康知识，其内容选择就不能像专业性医学期刊那样难于把握，而应当亲近受众。我们在社会主义核心价值观的微传播中，选择传播内容同样要做到"精致亲民"，而不能将那些晦涩难懂、枯燥乏味的理论知识强塞给受众。在表现方式上，应当尽可能轻松活泼，寓教于乐。短消息、小视频、艺术图片、小说诗歌甚至笑话段子、二次元动漫、音乐舞蹈等，都是表现内容的良好方式。

在微传播时代，各种媒体又分为线上平台和线下平台。线上平台一般指新型媒体，线下平台大多是传统媒体。从社会主义核心价值观的传播角度看，线上传播方式和线下传播方式同等重要。我们并不是只有在微传播平台上才能传播社会主义核心价值观，相反，线下方式对受众的影响力可能更大。调查显示，社会公众对社会主义核心价值观24字基本内容的掌握，大多来自城市墙面图画宣传、商店门前的电子公告牌的滚动播放、地铁车厢的电视传播系统，而网络微媒体、手机新媒体则在宣传社会主义核心价值观相关的政策、理论、观点、事件方面更有优势。也就是说，对社会主义核心价值观的宣传和传播，线上方式和线下方式各有长处，也各有不足。那么，我们若能联通线上线下，使之融为一体，就能有效强化宣传力度，提升传播效果。特别是一些传统主流媒体，在新时代都注重顺应时代潮流，注重强化"线上线下""相加相融"的媒体建设，从而形成网上网下同心圆，使主旋律更高昂，主流媒体更强劲。

三 敏捷反应，及时应对危机

互联网技术的应用拓宽了民众与政府的沟通渠道，当前人们普遍借助网络媒介，认同、批判、质疑公共决策、政治秩序、政治口号、人文意识形态，这些已经成为了微时代政治传播的常态。但必须指出的是，深入日常生活中的微传播技术既为人们的生活提供了便利，同时也为各种有害信息的渗入提供了新的渠道，毫无疑问，这必然会对我国政府的传播管理构成严峻的挑战，务必引起重视，实施敏捷反应，及时应对危机，加强传播的全程管理。

由于微时代社会的意识形态呈现出多元化发展趋势，我国社会矛盾也呈现出多样化、高发性和复杂性特征，导致社会主义核心价值观微传播也呈现出不确定性和不稳定性特点。同时，在"互联网+"时代，传播主体的多元化和广泛性导致传播危机成为一种常态性现象，这对社会主义核心价值观的传播安全也造成了新的威胁。高科技时代出现的网络传播，其传播过程的对等性构成的非中心化、传媒专业机构的消解以及网络传播个体的平等性和主体化"必然使所有接入网络的个体，只要介入政治信息的接收与发送或者对政治信息表达看法，就都会成为网络传播中的政治传播者"[①]。由此可知，互联网几乎影响了政治传播的整个过程，形塑社会的各个方面，促进社会多元化的形成，甚至使越来越多的网民产生不安全感，这就迫切需要微管理的不断优化，提高民众在网络空间中的安全感。客观上，微媒体技术、微传播与微治理三者密不可分，共同组成一个动态的运行系统。因此，要善于在瞬息万变的微战场上捕捉战机，通过现代微技术管控和微治理矫正，及时应对各种突发的微危机。要重视传播危机反馈机制和预防机制的建立，采取正确应对策略，确保社会主义核心价值观的传播安全。在社会主义核心价值观微传播活动中，既要坚持战略的原则性，又要把握战术的灵活性，科学建立反馈机制，以此了解某个系统及其

---

① 李元书：《政治体系中的信息沟通——政治传播学的分析视角》，河南人民出版社 2005 年版，第 64—65 页。

环境所产生的持续不断的信息和行为流的反应①，并在此基础之上逐步形成处理反馈的程序和方案，使整个系统在特殊、多变的环境中实现自我调节，从而消除各种危机和潜在风险，实现微传播的良性循环。

四 适时评估，不断提升效果

社会主义核心价值观的微传播，应当具备战略眼光，考虑传播效果，不断及时总结，才能做到洞若观火，不忧不惧。传播效果是对社会主义核心价值观传播机制整体运行过程和运行结果的评价，其传播的过程本质上是，社会主义主义核心价值观被扩散、接收、认同、内化等有机系统的运行过程。这在客观上，也为社会主义核心价值观微传播的优化与整改提供了有益参考。

"物不平则鸣"，从传播过程和传播范围看，任何一种有效、有力的传播活动，绝不能仅仅局限于单一的考量因子，而应当适时评估，全盘考虑，不断改进，努力提升效果。必须清楚的是，社会主义核心价值观微传播的最佳效果，应当是政治效果、法律效果和社会效果的三者理性兼顾，三者高度统一。这既关乎党和国家对社会主义核心价值观微传播工作的现实需要，又兼顾社会大众对政治文化、心理习惯、社会文明的现实需求。若无以上三个维度的有力支撑与和谐统一，微媒体背景下社会主义核心价值观的传播效果必然是差强人意、背离传播的初心。

所谓政治效果，是指传播活动应当承载鲜明的政治立场，有助于巩固中国共产党的执政之基，服务国家社会的传播形态和成果。具体表现为民众对社会政治价值观的认可和共识，进而引起的情绪或者情感的变化。政治效果要求我们必须将"价值原则"纳入评估的范畴，使社会主义核心价

---

① ［美］戴维·伊斯顿：《政治生活的系统分析》，王浦劬主译，人民出版社2012年版，第435页。

值观微传播在有限的资源条件下,最大可能地创造政治价值。对此,相关文章曾指出,"政务微博如果抛却'政'事,大量发布美食信息、保健信息或者娱乐信息,是丧失自身职责的另类表现。"① 所谓法律效果,是指在传播过程中,应当承载公平正义,增强公民的法律意识,站在维护人民群众根本利益的高度依法依规传播。这就规定了在对信息的发布中,要忠于法律,不发布"雷人"回复、漠视法律言论、侵犯人权言论,无视令人不堪信息等;所谓社会效果,是指在传播过程中,应当承载社会道义性诉求,站在维护社会公共秩序和公共利益的立场之上,促进社会和谐,促进文明程度提高,加强民众的道德化教育。这就意味着,社会主义核心价值观微传播的考评并非是数量效益,并非以发布数量的多寡作为衡量标准,以数量为标准的各种考核,必然使工作最终沦为"走过场"的形式主义,考评部门应当考虑其社会效率和社会价值,以积极回应社会民众的诉求为考评重点。根据以上三个标准,对每一个时期社会主义核心价值观微传播的实际效果,要进行全面掌握和适时评估,建构相应的传播评价机制,让社会主义核心价值观传播活动符合政治制度、法律法规、社会秩序,使主流媒体的微平台具有"更强大传播力、影响力、引导力和公信力,让正能量更强劲,主旋律更激昂"②。

概而言之,社会主义核心价值微传播应当综合考量政治效果、法律效果和社会效果,体现"制度性""能动性"与"社会性",使一切传播活动的开展在遵守社会秩序、网络规范和合法性的框架下展开。在政治上,要牢记微媒体所担负的政治责任,旗帜鲜明坚持正确的政治方向、舆论导向、价值取向,通过理念、内容、形式、方法、手段等创新,使正面宣传质量和水平有一个明显提高;在业务上,要不断增强微媒体的感召力、凝聚力、

---

① 李彦冰:《政治的微传播研究》,中国传媒大学出版社2017年版,第227页。
② 李习文:《提高新闻舆论传播力引导力影响力公信力》,《解放军报》2019年2月11日。

动员力和塑造力,打造一批运用微媒体平台的行家里手,不断增强微传播本领,让社会主义核心价值观真正"飞入寻常百姓家";在作风上,微媒体要努力做到"察实情、说实话、动真情,努力推出有思想、有温度、有品质的作品"①,从而使绝大多数传播主体、客体对社会主义核心价值观真心认可,在行为层面上由初始对社会主义核心价值观实践要求的"被动适应"逐渐转变为"主动改变",使社会主义核心价值观深入内心,这也体现了现代公民的政治担当和社会责任。

---

① 魏天舒:《努力推出有思想、有温度、有品质的作品》,2016年2月21日,求是网,http://www.qstheory.cn/wp/2016-02/21/m_1118109926.htm。

第四章

社会主义核心价值观微传播的效果评价

　　社会主义核心价值观自提出以来，其传播是多层次、多手段、全方位和全时段的。总体来看，传播效果十分明显。在宣传方式上，社会主义核心价值观依靠微博、微信及微客户端等新兴手段推送，使全体公民特别是青年一代对社会主义核心价值观的内容都有广泛接触，接触者对其科学内涵及实践要求有相当程度的理解和把握。两微一端的新媒体传播方式，不仅极大激发了社会正能量，也进一步强化了社会主义核心价值观的感召力、凝聚力和动员力。但这只是社会主义核心价值观微传播的总体定性评价，而从定量研究方面看，其效果究竟如何，需要有一个科学的评价标准，以便我们能更精准地把握其传播实效，进一步优化社会主义核心价值观微传播手段，确保这一传播能以较低的耗费、精美的图文、亲和的推送、感人的呈现、多样的手法来提升社会主义核心价值观的感召力。现代传播理论的迅猛发展、大数据技术手段的日益完善、信息化传播方式的不断创新，为我们科学精准地评价社会主义核心价值观的微传播效果提供了现实可能，也为我们进一步优化社会主义核心价值观微传播效果提供了客观依据。各种新媒体平台的迅捷互动、开放时尚、平等亲和、表达自由等时代性传播特点，使之更受青少年一代喜爱，也成为我们传播社会主义核心价值观的重要方式。新媒体便于调查、易于统计，我们可以更精准地了解受众的心理状态，把握其所思所想，同时能依据统计结论，借助现代传播理论的指导，不断革新社会主义核心价值观传播方式，优化社会主义核心价值观传播内容，更有效地做好思想引导工作，努力把广大公民特别是广大青少年凝聚到新时代中国特色社会主义的旗帜之下。

第一节 发掘大众传播理论对社会主义核心价值观微传播的参考价值

信息化时代的大众传媒不同于传统意义上的传播媒体，它的传播载体涵盖电影、电视、广播、报刊、网络、手机、平板显示器及各种新兴媒体等，内容涉及人类社会生活的各个方面。在这样一个虚拟日渐取代现实的技术条件下，现代传播理论也发生持续不断的否定、创新，传统的印刷时代日渐没落，大众文化消费日渐为各种新媒体所主导。网络、手机、数字终端等新传播平台的迅猛扩张，结束了传统媒体单向传播时代，开启了大众向大众的全时多维传播时代，并由此带来各方诉求的庞杂舆情形势。在现代信息传播技术推动下，传播形态正在从工业社会"一对众"方式转向网络时代的平等分享的社交化传播关系。这是自1833年美国人本杰明·戴创办"便士报"《太阳报》开创大众传播以来，人类社会在传播领域的最大变革。现代传播数码化网络化，造就了开放共享的信息传播体系，其与互联网应用平台的相结合，构成了信息时代的网状式交互传播渠道。摄影、电视、电影的数字化和新媒体批量生产出来的各种信息"类像"[①]，使世界日益丧失现实感，真实与影像无法区别，形成事物的非真实化。新媒体表达方式的娱乐化倾向，导致很多公共话语都开始以娱乐方式呈现于公众面前，甚至使很多严肃文化内容都成为娱乐的附庸。尼尔·波兹曼在《娱乐

---

① 类像是法国思想家让·鲍德里亚（Jean Baudrillard，1929—2007）用来分析后现代社会生活与文化的一个关键性术语，指的是后现代社会出现的批量复制、精确真实而丧失客观本源、没有内在价值与意义的图像、形象或符号，这一术语颠覆并重新定义了传统意义上的"真实"观念。

至死》一书中认为，文化精神枯萎有两种典型方式：一种是让文化成为一个监狱；另一种是把文化变成一场娱乐至死的舞台，而现在可能成为现实的是后者。他发出这样的警世危言："我们将毁于我们所热爱的东西。"① 在这样的传播背景下，现代传播理论对于传播效果的研究愈加深刻，一方面它们继承了传统传播理论的合理内核，另一方面又颠覆了传统传播理论的表达范式。对于我们研究社会主义核心价值观的传播效果而言，这些理论都是可以借鉴的他山之石。

一 传统传播理论话语权建构的当代应用

被誉为"传播学之父"的威尔伯·施拉姆（Wilbur Schramm，1907—1988）是美国新闻传播学学科的创始人。他就任美国依阿华大学新闻学院院长期间，创立了世界上第一个传播学研究机构。在研究传播学过程中，他把新闻学与政治学、心理学、社会学等学科综合起来，使新闻学呈现出学科化、系统化、结构化特征。1949 年，他出版的《大众传播学》这一权威性著作，标志着现代传播学学科的创立。此后，他又相继出版了《大众传播过程与效果》（1954）、《报刊的四种理论》（1956）、《大众传播媒介与国家发展》（1964）、《传播学概论》（1982）等著作，进一步推进了传播学的壮大，深刻影响了同时代众多学者，形成了"施拉姆学派"。自 1941 至 1943 年，施拉姆与社会学家保罗·F. 拉扎斯菲尔德、政治学家哈罗德·拉斯韦尔、社会心理学家库尔特·卢因和卡尔·霍夫兰等人共事，不断开拓传播学研究的新领域。美籍奥地利社会学家拉扎斯菲尔德（Paul F. Lazarsfeld，1901—1976）提出将社会调查法系统地应用于受众研究之中，在传播学研究中应用统计调查、抽样分析和数据整理等方法，以提高传播学研究

---

① 《尼尔·波兹曼：我们将毁于我们所热爱的东西》，2015 年 7 月 10 日，腾讯文化，https://cul.qq.com/a/20150710/021643.htm。

的科学性。他在《人民的选择》这一专著中,提出了"两级传播""先有倾向假说""意见领袖""选择性接触假说"等概念,大大扩展了传播学研究的深度。美国政治学家拉斯韦尔(Harold Dwight Lasswell,1902—1980)在《传播在社会中的结构与功能》(1948)一文中,全面论述了传播的过程、结构及功能,提出了传播过程"五要素",即谁来传播、传播什么内容、通过哪些渠道传播、向谁进行传播和传播效果怎样评价,后人把传播过程"五要素"称之为"拉斯韦尔公式",这是美国传播学界早期在该研究领域所取得的经典成果之一。美籍德裔社会心理学家卢因(Kurt Lewin,1890—1947)则创立了群体动力研究中心,他重点研究群体与个体之间的互动关系,尤其是群体规范对个体行为的影响与制约问题,在此基础上提出了"群体动力论"。同时,他还提出了信息传播的"把关人"的理论。他认为,在新闻或信息传播过程中,存在着一种内在控制机制。"把关人"负责搜集、过滤、处理、传播等信息过程,使最终进入传播的管道信息符合群体规范或"把关人"价值标准,否则难以传播。这些"把关人"包括记者、编辑或者媒介,政府则是最大的把关人。美国实验心理学家卡尔·霍夫兰(Carl Hovland,1921—1961)穷其毕生精力,专门研究人的心理对其自身行为的影响。他把心理实验方法引入到传播学研究领域,从而开拓了传播学的研究视野。他重点研究了人的态度与说服之间的关系,揭示了传播效果形成的条件性和复杂性。他还对信息源的可信度、传播方式与技巧、受众属性等角度进行大量实验考察,比较了各种影响说服效果的因素,对早期传播学领域流行的"子弹论"效果观进行了否定,提出了新的传播效果评价模式。拉扎斯菲尔德、拉斯韦尔、卢因和霍夫兰后来被誉为现代传播学的四大先驱。事实上,在各种新媒体传播中,我们都一直遵循着这些传播规律。

美国学者沃尔特·李普曼(Walter Lippmann,1889—1974)重点研究了大众传播对社会的巨大影响力。他在《公众舆论》《自由与新闻》等专著中，对新闻的性质、传播的选择过程、信息扩散的环境进行了深刻分析，并提出"拟态环境"（pseudo environment）与"刻板成见"（stereo type）两个重要概念。他认为，人类一般生活在两个环境里：一个是现实环境；另一个是虚拟环境。现实环境独立于人的意志，是人的体验之外的客观世界；虚拟环境则是人们体验着的主观世界。在现代社会生活中，人们所面临的"虚拟环境"比重越来越大，这是由大众媒介传播所造就的"拟态环境"；而人们对特定事物往往持有固定化、简单化的观念和印象，这种观念和印象往往伴随着对该事物的价值评价、好恶感情而形成"刻板成见"。他还认为，"新闻的作用是突出的表明一个事件，而真实的作用是把隐藏的事实显露出来……"①，因此，新闻和真实是两回事。今天，"媒介建构现实"已经成为共识，因为媒介所建构的现实与我们亲身体验的现实不是一种复制关系，而是再度创造或生产的关系。媒体通过对话语权的把握，积极营造强势主流舆论，以提升自身公信力，在有效的新闻传播中引导社会舆论的发展方向。在社会主义核心价值观的微传播中，我们可以营造出一种有利于提高传播效果的"拟态环境"，通过对微传播平台公信力的不断提升，有效引导社会舆论发展方向，使社会主义核心价值观在微传播的"拟态环境"中，形成一种占有强势地位的主流舆论，最终促进大众共识的达成。

总体来看，传统传播理论较为重视媒体话语权的建构。话语权不同于世俗权力。世俗权力是一种硬性权力，以命令、服从等方式实施，其刚性特征往往给人以距离感。话语权力则是非强制的，是以传播、扩散的方式发生效力的。话语权是一种软性权力，它对受众的控制不是通过军队、警察、司法等外在的强制来实现的，而是通过受众对话语的自觉认同来实现。世俗权力强调支配人的行为，话语权力则强调教会人们如何思考。话语权主体在一般情况下可以通过温情脉脉的传播方式，将特定的思维方式、生

---

① ［美］沃尔特·李普曼：《舆论学》，林珊译，华夏出版社1989年版，第237页。

活态度和价值标准变成唯一合情合理的东西，变成普遍有效的标准或者科学合法的范式，促使接受者自觉认同这些信息内容。与此相对立的霸权话语，由于其强势的精神压力，使受众很难保持独立的反思精神和批判意识，往往会沦为强势话语的奴隶。但人们从情感上对霸权话语有强烈的抵触情绪，而人类情感在社会生活中往往占据十分重要的位置，它是人类生活最基本的支撑力量和创造力量。而情感需要激发、需要互动、需要共享。美国心理学家乔纳森·特纳认为，"人类的认知、行为以及社会组织的任何一个方面几乎都受到情感驱动。在人际互动中，情感是隐藏在对他人的社会承诺背后的力量。不仅如此，情感也是决定社会结构形成的力量。"① 大众传媒就是塑造情感文化、实现情感交流、传播积极情感的重要手段。大众传媒通过对大众话语权的操纵，把社会情感文化系统如情感价值观、情感道德观等，内化到人格系统，营造新的真诚、平等、尊重的话语氛围，从而塑造和展现特定的情感文化，满足人们精神上的各种情感需求，引导人们有效增加对社会组织的认同感、融合感与向心力。话语权力在支配大众的情感和行为的过程中，不是使人感到无力，而是使人感到有力；不是使人感到浅薄，而是使人感到深刻；不是使人感到不满，而是使人感到满足；不是使人感到空虚，而是使人感到充实；不是驱使人逃避它，而是吸引人亲近它；不是带给人压力，而是成为人排解压力的一种选择。同时，话语权背后一般隐含的深层次价值取向和利益诉求，通过对话语权的把握，能够有效表达主体的价值取向与利益立场，并回应或驳斥对方的价值取向与利益立场。这种多方发散的柔性温和的学术话语，能极大消解"硬性权力"引发的距离感和排斥感，从而维护了话语权操纵主体的价值选择与利益表达。从某种意义上说，我们所倡导的社会主义核心价值观，容易被大众视为"硬性权力"的强力推送，因而也容易造成受众思想上产生抵触情绪，

---

① ［美］乔纳森·特纳：《人类情感》，孙俊才、文军译，东方出版社 2009 年版。转引自杨剑坤《她的心里必定蕴藏着一个春天》，《中国周刊》2017 年第 8 期。

引发排斥感。那么，在各种微传播的平台中，我们如能有效运用学术性的、软性的表达方式，就容易引导人们对社会主义核心价值观产生认同感、融合感与向心力。学术性、知识性、世俗性的话语体系，较之于政府的政策或党的文件，更容易亲近大众，形成情感的亲近状态。如何在社会主义核心价值观的微传播中充分调动大众的情感，使之对社会主义核心价值观形成情感认同，是我们提高微传播效果的关键所在。

二 传统传播理论关于传播效果的研究及其现实价值

传播效果是指传播对人的行为产生的有效结果，即传播行为所引起的客观后果。这种传播结果，既包括对信息传播对他人产生的影响和后果，也包括对社会产生的实际影响和所发挥的切实作用。传播信息接受者在接受信息后，往往会在知识、情感、态度、行为等多个方面发生改变，而改变的程度也就意味着信息受众实现传播者意图与目的的程度，即传播效果。根据学者们的研究，传播效果依其逻辑顺序可以划分为三个阶段：外部信息对人们的知觉和记忆系统产生作用的阶段；引起人们知识增加和知识结构变化的阶段；导致人们认知、意识和行为改变的阶段。例如，看了某种商品的电视广告后，我们对该商品知识和好感增加了多少？想购买该商品的冲动和欲望又增加了多少？最终是否真正购买那种商品？这些指标所显示的就是传播效果。对于传播效果，学者们普遍提出了这样的问题：大众传播最终能使人们的态度和行为发生多大程度的变化？然而，学术界对传播效果开展研究的历史很短，历来争议较多，并走过了一段艰难曲折的旅程。美国新闻传播学界对传播效果的研究较为深入，曾先后提出魔弹效果论（1910—1940年）、微弱效果论（1941—1960年）、条件效果论（1961—1986年）、分层效果论（1987年至今）等广有影响的观点。这些理论研究成果，对于我们今天提升社会主义核心价值观微传播效果，同样有着非常重要的实践指导意义。

魔弹效果论（1910—1940年）又被称为"子弹论""皮下注射论"。魔弹效果论的创立者威尔伯·L.施拉姆认为，大众传播的受众如同射击场里一个固定不动的靶子，只要我们把枪口对准靶子，子弹就能迅速精准地穿入其中。西多尼·罗杰森也认为，接受媒介信息的受众如同医生面前的昏迷病人，完全处于被动地位，医生可以对准其相关部位进行注射，而注射液进入人体后就能迅速地产生效果。施拉姆认为，大众传播可以把各种各样的观点、信息、知识或者价值观经一个人的头脑轻松自如地灌输到另一个头脑中，并且，传播者几乎可以随心所欲地左右大众观点、态度甚至行为。在他看来，受众的个体性格并不重要，重要的是被编辑的信息。信息直接改变大众态度，而大众态度的变化又能引起个体和群体行为的改变。例如，1898年的美西战争发生时，很多美国人就认为，战争是由赫斯特主办的《美国人日报》一手挑起的。据说，当时有一位驻古巴的无战事可采写的战地记者，发电报给威廉·赫斯特请求回国，赫斯特说："请留下来。你提供图片，我来提供战争。"赫斯特主办的报纸煽风点火，最终激起了持续了几个月反对西班牙殖民统治的美西战争。在这场战争中，美国军人牺牲很少，因而被称为"最无痛苦的一场战争"，但最终让古巴岛上遍插美国国旗。由此可见，大众传播可以左右公众态度，甚至改变国家行为。1938年万圣节前夕，美国哥伦比亚广播公司播出一部科幻广播剧《火星人入侵地球》，结果引发大规模社会恐慌，听众普遍认为这一灾难正在发生并迅速朝自己逼近。由此可见，大众传播往往能产生奇迹般的社会效果。在第二次世界大战中，纳粹德国的对外宣传是不成功的、拙劣的，但其对内宣传却异常有效。纳粹宣传部长戈培尔说，谎言重复千遍就是真理。他所控制的纳粹报纸刊物，激起千百万德国人的战争狂热，最终给德国和世界人民带来了深重灾难。美国社会学家赫伯特·布卢默（H. Brucker）在《电影与行为》（1933）一书中指出：电影对儿童的情感有着强烈的刺激作用。孩子们在观看电影时，会模仿银幕上的主要人物形象的言行举止，其情感也被电影所左右，孩子们所选择的游戏和玩具也受电影影响而改变。为此，彼得森（T. Peterson）进行了大量社会实验，他在《电影和儿童的社会态度》（1933）一书中提出：观看一部电影可以改变观众对战争、赌博和罪犯的态度。如果观看多部同样题材的电影，观众态度的改变将呈现累积性改变状态。"魔弹论"告诉我们，大众传媒的威力巨大，其社会效果是多向的，也可能是有害的。对我们而言，微传播平台所传播的社会主义核心价值观信息，能不能像电影改变儿童情感那样，达到"魔弹效果"？这正是我们在社会主义核心价值观微传播中应当努力研究的效果问题。

微弱效果论（1941—1960 年），也被称为"最低效果法则"或"有限效果论"。霍普·克拉珀（H. Klapper）认为，大众传播的影响总体上是有限的、间接的和有选择的，决不是"威力无比，不可抗拒"，因为其效果要受媒体性质、个人认知、社会阶层和人际关系等多种因素的制约，大众传播不可能出现像"魔弹"那样的直接、普遍、即时的因果关系，受众也不是消极被动的"病人"，可以任由医生进行皮下注射。相反，受众一般是媒体积极主动的参与者。比如，美国总统富兰克林·罗斯福长期与报界不和，他在竞选第三任和第四任总统时，很多新闻媒体反对他、攻击他，那么，这些攻击对他竞选总统的影响有多大呢？他能当选吗？哥伦比亚大学应用社会学研究所的拉扎斯菲尔德教授带着这一问题，曾专门对 1940 年和 1944 年两次美国大选进行了社会调查，试图来证明大众传媒在总统候选人投票决策中能够产生巨大威力。然而选举结果却出人意料，罗斯福在第三、第四次总统选举中大获全胜，最终在第四任中离开人世。这一调查结果显示，大众传媒的宣传对于选民投票决定几乎不起作用。拉扎斯菲尔德等人根据这些调查研究，撰写了《人民的选择》（1944）一书，几乎完全否定了所谓大众传媒威力无比的观点，从而又提出了一个新假说，大众传媒的效果甚微。在对大众行为的影响中，大众传媒只是许多种影响大众行为中的一种。

他们还发现：多数人在竞选宣传之初早已经作出投票的决定，只有大约8%的投票人在中途改变了立场。而且，这些改变立场的人并非受大众传媒宣传的影响而改变了，而是受亲属、朋友、同事等个人的劝服影响。因此，他们认为，受众对大众传媒信息的接受和反应并不是直接的、即时的，而是要通过某些起积极作用的中介人和各种社会关系来进行传递。宣传要引起人们的兴趣，必须是在新闻信息通过中介人发挥起作用时才能产生效果，而且宣传只有做到生动活泼，才能激发大众关注。宣传也不能只停留在传统的大众传播空间中，忽视人际网络的影响力，宣传的效果也将是微弱的。微弱效果论告诉我们，要提高社会主义核心价值观的传播效果，就要发挥人际网络的重要作用。社会主义核心价值观所倡导的，是当今中国各社会阶层所普遍认同和接受的社会共识，通过人与人之间的信息传递，会形成社会环境约束，进而能有效提升它对大众的思想和行为引导作用。不过，如果我们在微平台中生硬地推送社会主义核心价值观的基本理论、价值意义和实践要求，其效果必然是极其微弱的。因此，在宣传社会主义核心价值观时，微传播方式必须是生动活泼的，而不能死板呆滞。微传播平台只有充分利用自身交互性特点，努力打造微平台的类似群转发行为的"中介人"，或者通过类似朋友圈一样的新型社会关系，使人们在彼此的相互影响中增强对社会主义核心价值观的信仰与践行，才能实实在在地提高社会主义核心价值观微传播效果。

条件效果论（1961—1986年），是一种对大众传播效果保持较为冷静和较为乐观看法的理论。微弱效果论过于强调大众传媒的"无力性"和传播效果的"有限性"，事实上脱离了现代信息社会的实际情形。20世纪70年代以后，微弱效果论受到人们批评，从而导致条件效果论的诞生。条件效果论认为，只要大众传播在实际活动中经过了科学的规划设计，并遵循传播规律，同时巧妙运用各种传播技巧，在特定条件下大众传播就能产生特定的效果。条件效果论一般基于以下假设：第一，在多数情况下，媒介传播效果介于"魔弹效果论"和"微弱效果论"之间,我们不能过分夸大或过分贬低大众传播的效果;第二,以往的研究大多注重探求大众传播对人们接受传播信息后态度与意见的影响。如果我们认真研究传播中的其他变数,可能会发现大众媒介具有更大的影响效果;第三,以往的传播效果研究大多在传播内容、传播对象上寻找效果产生的原因,而传播效果的真正根源可能是传播者;第四,以往的传播效果研究者较为关注即时的和短期的效果,而忽略了对媒体传播长期效果的研究;第五,过去的传播效果研究思路在一定程度上阻碍着传播效果理论的研究发展,我们应另辟蹊径扩展这一研究;第六,微弱效果论暗示人们媒体内容是无害的;即使有害,大众传播的受众也能照顾自己。而实际情况并非如此,其中有很多问题需加以澄清。条件效果论告诉我们,微传播平台经过科学的规划设计,遵循现代网络信息传播的规律和原则,同时巧妙地运用微传播技巧和策略,就可以在特定条件下产生特定效果。社会主义核心价值观在微传播中要获得特定的传播效果,就需要科学设计宣传路径,把握微传播规律,不断创新微传播技巧。只有这样,才能使其传播效果达到预期水平。

分层效果论(1987至今),包括层面效果论、类型效果论和波纹效果论等传播效果研究的最新传播学理论成果。层面效果论认为,受众在接受传播信息时,在心理层面可能产生情绪上的效果、认知上的效果和行为上的效果,在时效层面又有短期效果和长期效果,在范围层面则有个人效果和社会效果;类型效果论认为,大众传媒对社会的影响可分为欲得的效果和非欲得的效果,直接和效果和间接的效果,预期的效果和非预期的效果;波纹效果论认为,大众传媒与社会和受众是相互依赖相互联系的,信息传播过程犹如石子投于水池中产生的水波纹一样,会由信源(个体)向社会逐渐扩散,通过个人向人际网络、组织团体和社会大众逐级扩散,由微观效果扩散而形成宏观效果,且波纹扩展到池边时又会向中心波动。因此,传播过程具有复杂性和动态性。分层效果论认为,大众传媒可以从不同层面、不同角度对个体、家庭、社团、组织和社会产生各种不同的效果。伯纳德·贝雷森（B. R. Bereson）在《传播与舆论》（1948）一书中指出："各种各样的主题通过各种各样形式的传播，涉及各种各样的知识，在各种各样的条件下，产生各种各样的效果。"贝雷森这一观点，是对分层效果论的一种较为通俗的诠释。分层效果论者认为，大众传播学的研究并不缺少理论解释，相反，由于理论解释过于丰富而难于选择。以往的传播效果的理论研究却仅局限于态度与行为的转变上，没有向更深更广的领域进行开拓；比较注重个人层面和社会层面的影响，而忽略了中间层面上的传播效果；对传播效果的确定有的认为直接有力，有的认为间接而微弱，还有的认为要"视状况而定"，偏重于就事论事、定量分析，却缺乏宏观眼光，不能将多种理论研究串联起来，从更高远的视角进行综合分析，因而缺乏理论力度。这一理论研究成果对于我们开展社会主义核心价值观微传播而言，其指导意义主要在于，针对不同层面、不同角色的受众对象，社会主义核心价值观的微传播效果是不一样的。对不同层次的受众采用不同策略，就可以取得不同的传播效果，我们要确保社会的每一层次都不会被忽视，从而起到教育全社会、引导全体公民的作用。

三 现代传播理论的发展及其对社会主义核心价值观微传播的借鉴意义

20世纪60年代以后，美国黑人运动、女性运动迅速兴起，大众传播更重视对人权平等问题的关注，使得美国传播学研究视野更为开阔。而进入20世纪90年代后，美国社会文化传统出现转向，大众传播也把流行文化和全球化时代的身份认证作为核心议题，进行多角度关注。进入21世纪后，传播学研究则围绕互联网传播的效果与经典效果理论进行印证和检验，社会网络分析方法越来越多地应用于实践。随着信息技术特别是互联网技术的迅猛发展，现代传播关系发生深刻变化，工业时代的"一对多"传播形态，迅速转向网状传播。人际关系则由于网络社交平台的信息分享，呈现与传统社会迥然不同的特征，导致传播学的理论研究进入一个新的历史阶段，产生了众多新的大众传播理论研究成果。

议程设置理论。议程设置理论是美国传播学家 M. 麦库姆斯（Maxwell McCombs）通过实证研究提出的一个理论假说，指大众传播媒介影响社会的重要方式。1968 年，麦库姆斯和唐纳德·肖（Donald Shaw）对美国总统大选就媒体议程对公众选择行为的影响力进行调查，通过实证性研究，他们于 1972 年在《舆论》季刊上发表了《大众传播的议程设置功能》一文。他们认为，传播媒介并不能决定人们对某一特定事件的具体看法，但是，大众传媒可通过给予公众信息和设置相关议题来影响大众对特定的事实和意见的关注程度及其谈论某一话题的先后顺序。换言之，媒体可能无法决定人们怎么想，但可以影响人们想什么。由此他们提出了议程设置理论，该理论强调：传媒对事物和意见的强调程度，在一般情况下会与受众的关注程度成正比。公众会因媒体所设置的议题而改变对事件重要性的认知，以致会普遍认为媒体所认定的重要事件应当首先采取行动。大众传媒设置的某个"议题"，会迅速影响到公众对这一"议题"的感知；媒体对某个"议题"的突出强调，同样会引起社会大众对该议题的特别重视；媒体在设置一系列"议题"时，按照其自定的优先顺序进行不同程度的报道，同样会影响公众对媒体讨论的"议题"重要性做出的判断。而且这一影响是一个依次累积的过程，时间延续越久，其效果越明显，影响越深刻。"议程设置"假说提出了大众传播过程中的公众认知控制问题，从而揭示大众传媒对社会的影响方式。我们在社会主义核心价值观的微传播中，就可以广泛运用议程设置理论，科学设置议题议程，突出相关内容，定期营造理论讨论热点，从而确保社会主义核心价值观在微传播平台中不虚化、不走样，同时通过热点议题的设置，增强微传播平台的吸引力，通过议题设置不断提高用户对微传播平台的关注度。

　　涵化理论。又称为培养理论、教养理论、涵化假设、涵化分析等。涵化理论认为，电视作为当代大众传媒中的最重要角色，具有潜移默化的涵化功能。1967年，美国宾夕法尼亚大学安南堡传播学院的学者乔治·格伯纳（George Gerbner）在研究和分析电视凶杀及其他暴力内容与社会犯罪率之间的关系时，重点研究了电视内容暴力内容的"涵化"效果，亦即潜移默化的影响。乔治·格伯纳认为，观众在收看电视节目时，电视主宰着大众的信息摄取、观念形成和意识转变，由此产生的社会效果，就是电视这一媒体所进行的"社会教养"。格伯纳的研究团队在实证分析中得出一个重要结论：电视节目中的暴力内容过多，会明显强化人们的不安全感，从而影响公众对现实生活环境危险程度的判断。20世纪80年代后，涵化理论受到学术界的普遍质疑，格伯纳则对研究内容与方式进行调整，他将研究重点由电视信息摄取量与个体认知和行为之间的关系转向电视内容对观众态度的影响方面。他认为，观看电视节目较多的人比那些观看电视节目较少的人，更容易认同电视节目所描绘的世界，而电视节目实际上都在灌输当代社会的主流意识形态，因而电视观众更容易接受与其时代相一致的文化价值。与传统的传播效果研究相比，涵化理论更重视电视节目对观众产生"涵化"作用的长期效果。美国实验心理学家霍夫兰（Carl Hovland，1912—1961）还提出，一般情况下，信源的可信度与说服效果成正比例关系，但可信性与说服效果也不是一成不变的。时间的推移可能导致人们记忆的淡漠，使得高可信度信源的说服效果衰减，低可信度信源则可能经过一段"休眠"时间后，说服效果上升，产生"假寐效果"。他们的研究显示，电视给社会各阶层提供了一套同质化的"隐藏课程"，提供了一个相同的文化环境，对不同的人提供了一套相同的对生活、生命的阐释，从而也在一定程度上凝聚了社会共识。我们在社会主义核心价值观的微传播过程中，应当重视微视频的"涵化"效果研究。实践证明，在微传播的各种方式和手段之中，视频因其方式的直观性和画面效果的视觉冲击力，往往给人以真实可信的感觉，较为容易引发受众的情感共鸣。因此，精选一些反映社会主义核心价值观内容的视频，以热点议题方式呈现于受众眼前，其传播和教育效果是十分显著的，也就是说，微视频的涵化效果较之于文字、书画、舞蹈或者其他形式的微传播方式，具有更好的"涵化"效果。而且，我们要注意利用"假寐效果"来催生"涵化"效果，通过长期的潜化教育，最终唤醒公众对社会主义核心价值观的思想认同。

把关人理论。"把关人"（gatekeeper）概念最早是由现代传播学四大奠基人之一、德裔美籍心理学家库尔特·勒温（Kurt Lewin）提出来的。勒温在《群体生活的渠道》一文中提出，在群体传播过程中，存在着一些重要信息的"把关人"，这些"把关人"筛选那些符合群体规范或不符合"把关人"价值标准的信息内容，使之进入传播渠道。相反，其他不符合群体规范或符合"把关人"价值标准的信息则会被媒体忽略或回避。一些传播学研究者发现，在新闻报道中，媒介组织是实际中的大众传播"把关人"，他们对新闻内容进行取舍，根据他们的个人偏好，决定哪些具体内容向受众推送，从而改变受众的观点和思维，影响受众的生活态度和价值选择。这一理论提示我们，在进行社会主义核心价值观微传播时，我们也应当在微传播平台中设置"把关人"，特别是互动性强的微平台，"把关人"的作用就更为重要。微平台的"把关人"来选定传播内容，让适合于对大众进行教育的信息得以公开，而不适合于传播的内容则应即时删除或隐藏，特别是那些与党的政策、国家法令、社会主义核心价值观背道而驰的内容，应使之没有出现于平台的机会，以确保微平台内容的纯净性。对用户留言的选用，也需要平台具有把关能力。在人工智能时代，我们可以运用高新技术手段来实现把关，通过对留言的内容自动识别，达到把关目的。

定位（Positioning）传播理论。20世纪70年代，美国商业竞争越来越激烈，竞争的速度、深度和广度前所未有。著名营销专家艾·里斯（Al

Ries）与杰克·特劳特（Jack Trout）提出，媒体应采用适宜大众的传播渠道和策略，把某种商品品牌的独特个性、文化内涵或差异优势转化为有吸引力的文字或视觉形象，然后精确选择目标对象，对其心智进行定位"灌输"，通过反复传播不断强化和巩固其思想意识。这样，商品品牌就可以通过大众传播把特定的概念植入消费者头脑之中，使之形成固化的消费观念和消费倾向，最终影响其消费行为。今天，随着科技的进步和社会的发展，媒体已经把消费者导入一个无所适从的世界：广播、报纸、电视、互联网、手机使得消费者对商品信息目不暇接，从耐用品到日用品，各种商品形象让人眼花缭乱，电视广告、报刊广告、广播广告、网络广告甚至街头广告、电梯广告、楼门广告无孔不入。在这样五光十色的商品世界，人们的选择虽然多元化，但实施消费行为往往无所适从。那么，定位传播的意义就非常重要。定位传播，就是要利用媒体的力量，将相关商品概念打入消费者头脑中特定的定位点上，以改变消费者心智，引导其消费行为。杰克·特劳特在《新定位》一书中，总结了消费者五大心智缺陷：（1）消费者接受的信息十分有限；（2）消费者讨厌复杂的逻辑，喜欢简单的概念；（3）消费者普遍缺乏安全感；（4）消费者一旦对某品牌形成印象，一般不会轻易改变；（5）消费者经常失去关注焦点，面临选择时容易焦虑。那么，从经营角度看，如何提升营销效果呢？定位理论认为，应以"品牌塑造"为中心，用"竞争导向"方式来影响消费者心智，改变其消费行为，这就需要大众传媒的参与。大众传播通过各种广告形式，对不同类别的消费实施不同的传播策略，注重"品牌效应"，将品牌价值、消费理念精准地传播到不同客户人群的头脑之中。通俗易懂的传播方式使大众传媒的"导向功能"得以充分发挥，公众开放性猜度的通俗心态却往往出现闭合式解读方向，最终引导受众倾向于某种特定的意涵解读。这告诉我们，在社会主义核心价值观的微传播中，我们不仅要针对不同受众设计不同的传播策略，根据受众的关注点、兴奋点来推送相关信息，而且要打造一批有影响力的品牌平台、品牌频道、品牌节目、品牌教育家来影响受众，使其关注点、兴奋点被引导到我们所设计的内容中来。我们应通过有限的信息，以尽可能直接简单的解读方式，在一个时段集中一个议题焦点，在微传播平台中来宣传社会主义核心价值观，这样就能取得良好的传播效果。

总之，在传播社会主义核心价值观的过程中，我们应当根据时代前进的步伐，借助科技进步力量，着力打造一批形式多样、手段先进、竞争力强的新型主流媒体。特别在微媒体日益兴起之际，建成一些拥有强大传播力、影响力、公信力的新型媒体集团和微传播平台，"形成立体多样、融合发展的现代传播体系"①，不断提高社会主义核心价值观传播效果。新媒体传播技术的应用，对于社会主义核心价值观微传播而言，目标在于实现在传播中引导社会舆论的发展方向，达到"魔弹效果"。我们可以通过分层传播，在新媒体传播中设置社会主义核心价值观的各种议题议程，让社会主义核心价值观在潜移默化的"涵化"中实现定位传播，同时借助"把关人理论"，引发大众参与和讨论，确保社会主义核心价值观在微传播平台中真正有效地达到教育人、鼓舞人、引导人、塑造人的目的，使社会主义核心价值观的引导效果真正有效地发挥出来。

第二节 构建科学实用的社会主义核心价值观微传播效果评价的指标体系

良好的传播效果是所有传播者的共同追求。考察和评估传播效果，必须搞清其基本要素、体系特征、指标构成、形成过程和作用因素。一般来说，考察传播效果可以从两个方面、三个层面来进行：一是按其发生的逻

---

① 《习近平关于全面建成小康社会论述摘编》，中央文献出版社2016年版，第118页。

辑顺序或表现阶段来考察，即从记忆与知识构成的变化—情感变化—行动变化三个层面来认识传播效果，也就说从个人的认识层面、心理和态度层面、行动层面三个层面来确定传播是否有效；二是从大众传媒的社会效果方面来考察，即从环境认知效果、价值形式与维持效果、社会行为示范效果三个层面来分析和研究传播效果。对社会主义核心价值观的微传播来说，同样可以从这两个方面、三个层面来考察其传播实效，即一方面按社会主义核心价值观微传播的传播阶段来考察，受众是否获得了相应的知识、是否引发了情感变化、是否改变了受众的行为方式；另一方面则要考察社会主义核心价值观微传播的环境认知变化、价值认同程度和行为示范效果等。只有全面考察这些因素，才能构建科学的社会主义核心价值观微传播的效果评价指标体系。

互联网时代，"受众"向"用户"转变。近些年发展势头正猛的新兴媒介，如微信、微博及微客户端，以其传播的即时性、便捷性、精准性和传播形式的多元化、多样性、个性化特色以及高互动率等特征，为传统广播电视和平面媒体在新媒体时代的转型升级提供了一个新的变革方向。从用户使用频度来分析，手机和平板电脑因其伴随性、即时性、交互性和信息多元性、自主选择性、观看可间断性等特征，吸引了大部分传播受众，特别是年轻一代。用户在打开网页、观看节目的过程中，其注意力能够比较集中专注于微传播平台中。这种由用户主宰的微传播平台，其信息内容和传播方式都有着很强的吸引力。但对具体信息内容而言，要留住受众，则需要努力提升吸引力。由于微平台信息的碎片化、多元化、动态化、瞬时化特征，受众兴趣转移速度较传统传媒要快得多。我们在微平台上传播社会主义核心价值观，就需要设置足够引人注意的热点议题，以鲜活的时代话语、新兴的传播手段、多元化的表现方式和适应不同社会阶层、年龄阶层、学历阶层人群思维特点的传播策略来吸引读者和观众。只有细分用户、营造热点、刺激感官、注重深度，才能让社会主义核心价值观传播适应时代要求。微客户端还可以在地铁车厢、公交站台、商场、办公楼公共区域等大众场合,在受众短期无意识阶段,以具有较强亲和力方式,向受众推送社会主义核心价值观相关教育信息,引导他们接受社会主义核心价值观。

建立一个具有权威性和实践指导价值的微传播效果评价的指标体系,对社会主义核心价值观在微平台上的传播效果做出切合实际的评估,并通过这种评估结果的认定和反馈,促进微传播平台有针对性地改进传播策略,在微信、微博及微客户端平台上取得更好的传播效果,可以有效提升社会主义核心价值观在微平台的影响力。赵彦华对传统媒体的传播效果评价体系的研究,对我们开展社会主义核心价值观微传播的效果评估具有较强参考价值。她从报业的发行、经营和广告的市场表现角度出发,用量化分析的方法构建出一套报纸的市场评价指标体系①。我们在评估社会主义核心价值观的微传播效果时,可以参考这套指标体系,并加以完善,建构一套适合于微传播平台的新指标体系。郑丽勇等人认为,媒体影响力的形成过程可以解构为接触、接受、保持和提升四个环节,其广度因子、深度因子、信度因子和高度因子是衡量媒介传播效果的重要因子,据此,他们构建了媒介传播效果的评价指标体系②。郭浩等提出基于用户消息传播范围的用户影响力量化定义,给出用户影响力的计算方法,并根据真实数据集对算法验证③。任福兵从政务微博的特点出发,在定量指标的基础上增加了一些定性指标,并对其赋予权重,建立了政务微博影响力的三级指标评价体系④。上述学者在评价指标体系的构建原则、指标选取方法,指标权重衡量和计

---

① 赵彦华:《报纸市场评价指标体系研究》,《国际新闻界》2004 年第 1 期。
② 郑丽勇、郑丹妮、赵纯:《媒介影响力评价指标体系研究》,《新闻大学》2010年第 1 期。
③ 郭浩、陆余良、王宇、张亮:《基于信息传播的微博用户影响力度量》,《山东大学学报》(理学版)2012 年第 5 期。
④ 任福兵:《政府微博影响力的评价指标体系研究》,《中共合肥市委党校学报》2013 年第 1 期。

算等方面的研究思路对本书有着重要的借鉴意义。

一 构建社会主义核心价值观微传播效果评价指标体系的基本原则

微传播公众平台的信息传播方式融互动交流、滚动曝光、细节描述和超链亲和等特征于一体,使得精准传播成为可能。我们评估微传播平台的传播效果,可以从以下四个方面入手:(1)大众与微传播平台接触的频度与深度;(2)微传播平台对传播对象的影响力度;(3)微传播平台对用户情感、认知、行为改变的程度;(4)用户对微传播平台、传播内容、传播方式的满意程度。从统计学意义上说,评价是按预定目标确定研究对象的各种属性与指标,并通过一定的测量方法和计算手段将这种属性转变为客观定量的计值或效用的行为。评价社会主义核心价值观微传播效果,同样可以从上述四个角度入手。同时,评估社会主义核心价值观微传播效果,还应当遵循以下原则。

1. 目的性原则。传播效果是经传播影响后的集体或个体思想与行动的最后状态按照传播者设定的目标被改变的程度。改变其意识、引导其行为,是实施传播的目的所在。社会主义核心价值观微传播,同样是为了改变受众意识并引导其行为,其传播目标与一般媒体传播无异。而传播效果评价体系内指标的设置和评价行为的实施,目的在于提升传播质量,扩大传播影响力,改进传播方式,增强传播效果。因此,指标体系及其权重的设计应该也必须反映并体现评价的宗旨、目的和导向。传播者在传播活动中经过努力所要达到的目的,以及衡量这一目的是否达到了的具体指标,可分为长期目标、短期目标、总体目标和个人目标等。而受众的意识和自我意识中的现有状态与应有状态之间的一种"差额",这种"差额"我们可以用以下公式进行描述。

传播效果=（思想与行动的最终状态-思想与行动的初始状态）/（思想与行动的应有状态-思想与行动的初始状态）=传播结果/传播需要

最终计算结果的数值越大，则说明效果好；反之，则说明效果差。从社会主义核心价值观微传播的角度来看，其传播目标亦可分为长期目标、短期目标、总体目标和个体目标等。确定了微传播的目标，那么目标与其实现程度之间的"差额"，就可以形成对社会主义核心价值观微传播效果的评估值。尽管这一"差额"的计算，往往受主观评估标准的影响或客观条件的限制，而难以做到精确化，但一定阈值的模糊计算结果，亦能在某种程度上反映社会主义核心价值观微传播的成效高低。而根据这一成效计算值，我们就可以调整传播方式或更新传播内容。也就是说，我们评价社会主义核心价值观微传播效果，其目的是为了提升传播效果，以达到改变受众思想并引导其行为的目标。离开了这一目的，评估本身也就变化毫无意义。

2. 方向性原则。大众传播对受众思想观念、生活习惯、价值认同产生广义上的影响，受众的思想、信仰、认识、志向、动机、行为、对新事物态度等方面的变化幅度和变化方向，就是传播效果的显现。媒介传播效果主要表现为三个方面的改变及其程度：①受众对传播媒介及特定栏目、节目和信息的注意、兴趣、情趣、理解、记忆等心理活动的反应程度；②受众主动选择接触媒体平台的频度、深度及人数的多寡；③受众对传播媒体的信任和依赖程度。对微传播平台而言，我们评价其传播效果同样要注重受众在上述方面的变化幅度和变化方向，受众的思想和行为的发展方向及其变化程度，直接反映着微传播成效的高低。在社会主义核心价值观微传播中，如果受众的意识、思想与行为能按照我们所设计的方向迈进，则表示其传播是有效的。如果背离了原定方向，就需要对社会主义核心价值观微传播的议程设置或传播内容、传播方式进行检讨，及时予以调整，确保社会主义核心价值观微传播效果是正向的、积极的、向上的。只有把准了方向,才谈得上效果。方向正确,而且受众的思想和行为改变明显,才能证明社会主义核心价值观微传播效果明显。

3. 针对性原则。在全媒体迅速发展的时代,把握分众化、差异化传播趋势,是提升传播能力的关键。西方媒体如英国广播公司等,往往将对外传播的目标受众集中于18—40岁的青年人群。他们将这一年龄阶段的受众称为"灰色群体",因为这一群体中很多人的人生观、价值观和世界观还处于形成、定型过程中,更容易接受新的信息、形成新的认识,最终使其价值观定型。传播社会主义核心价值观,尤其需要对这一年龄的受众群体有精准定位,强调传播实效。微信、微博及微客户端等新媒体使原有受众在信息终端的接受上出现了变化,受众的再次分化,要求我们精确把握不同终端用户的使用偏好,有针对性地进行社会主义核心价值观微传播。在传播内容上要把握差异化,不同受众对同一传播内容的理解往往不尽相同,以往我们常常忽略不同民族、不同年龄、不同文化程度的受众在内容理解上的差异性。在社会主义核心价值观微传播中,把握差异化特点,采用分众式传播策略,才能有针对性地把社会主义核心价值观渗透到对象头脑中,使之内化于心,外化于形。强化针对性,是提升社会主义核心价值观微传播效果的基本原则之一。

4. 可测性原则。在设计社会主义核心价值观微传播效果评价指标时,必须充分考虑指标的可测性,即运用调查、统计、测量、考核等方法手段,采集所需真实信息,对社会主义核心价值观微传播效果实态作出正确判断。对无法测量或采集的信息,尽量不列入评价指标中,以免影响评价结果的科学性。而要使社会主义核心价值观微传播效果的评价达到科学准确,必须做到:第一,指标合理。要根据评价目标与与实现目标的可能性来设定指标,使指标建立在切实可行的科学基础上。第二,繁简适度。指标的设计理应具有一定的高度和梯度,但这种高度梯度的设定必须立足于主、客观条件上，评价体系应力求做到表述清晰、通俗易懂、简便易行，尽量减少理想化因素和过于理论化、专业化的叙述，尽力将不可避免的数学计算模型化解为可测评和可比较的因素。第三，操作易行。可考虑运用复合型评价制度，分别采取媒体自评、用户评、专家评等多种评价方式进行。为使评价结果客观可靠，要有机融合平台自评、用户评、专家评和群众评等多种评价方式，并按一定比例将各种评价结果予以综合，尽可能克服主观定值，减少评价误差。

在传播效果评价方面，中央电视台曾建立一套由客观评价指标、主观评价指标和成本指标以及加权处理后的综合测评的"三个指标、一把尺子"（公式1）组成的评估体系。这种体系，其评价结论不仅关注电视节目的质量，也对电视节目传播效果进行了较为公正的测量。

公式1：综合评价指数 = 50% × 客观评价指标 + 30% × 主观评价指标 + 20% × 成本指标

这一评估体系偏重于收视率的统计和计算，中央电视台曾采用这一指标进行"末位淘汰"，依据这一评价指标体系对节目进行"一票否决"，结果在央视员工中引发争议。2010年，中央电视台再次做出调整，采取"四个指标、一把尺子"（公式2）的新评估体系。

公式2：综合评价得分 = 20% × 引导力 + 25% × 影响力 + 50% × 传播力 + 5% × 专业性[①]

这一评估体系剔除了成本指标，增加专业性评估指标。尽管只占5%的权重，相比以前的评估体系（公式1），新评估体系（公式2）更加抽象，但更成熟。我们对社会主义核心价值观微传播效果的评价，当然不能简单地套用这些公式，而应充分考虑微传播效果的复杂性：首先要考虑短期效果和长期效果的区分，不能简单地以短期效果来评判，还要全面分析其积

---

① 田甜：《电视节目跨屏传播效果评估体系的建构》，《视听》2017年第3期。

极效果、消极效果、逆反效果和中间效果,重点分析预期效果和非预期效果。但这一评估体系对于我们开展社会主义核心价值观微传播效果的研究,仍然有着十分重要的借鉴意义。

5. 整体性原则。整体性原则意指评价主体进行评价分析时,从整体上把握评价事物的各个方面及发展全过程,从全局出发了解评价事物的全貌。整体性原则要求在设计评价指标体系时,从评价目标整体性出发来筛选指标,从多个维度、多个层次、不同侧面充分考虑每一指标在整体性指标中的地位和作用,准确确定该指标应处的层次和位置,避免窥豹一斑,以偏概全。评价内容的子项之和不能大于或小于母项,必须具有外延上的周延性。如果不周延,子项之和大于或小于母项,就会造成较重大的测量失误和判断混乱。也就是说,指标体系既不能过大造成指标层次过多过细,掩盖了评价的主要问题,也不能过小造成指标层次过少过粗,从而无法反映实际情况。在观察分析各项指标、项目,选择使用评价方法、手段时,既要看到事物的一个方面,又要看到事物的另一方面,从整体上去把握矛盾的各个方面,全面处理好它们之间的关系。在全面分析的基础上做出全面的评价,才能得出客观的判断结论。陆地、陈思认为,视听节目网络满意度评估体系应当包括:网络信息抓取技术与语义分析调查技术软件系统(包括关注量、市场份额、网民满意度、网络市场满意度)和专家经验评估系统(创新能力、文化品位、社会价值、人际口碑、总体印象)[1]。将二者评价意见整合起来,就可以构成新媒体环境下的视听节目效果评价的标准体系。那么,对于社会主义核心价值观的微传播效果而言,其评价标准的构建同样也应当遵循这种多维度、多层次、多要素聚合的整体评价原则,防止以偏概全。

6. 引导性原则。评价的行为和结果对于决策者洞察下情、预见未来、

---

[1] 陆地、陈思:《新媒体时代电视节目评估体系的构建和应用》,《新闻爱好者》2013 年第 11 期。

拓展思维空间、实施科学决策，往往具有重大的理论和实践导向价值。我们评价传播效果，目的在于应用，即促进传播发展、提升传播效果，更好地引导社会行为。社会主义核心价值观传播本身肩负着政治使命，不仅要积极引导社会舆论，而且要更好地引导公众行为。习近平总书记多次要求新闻舆论工作要做得更精准有力，更有吸引力和感染力，要主动借助新媒体传播优势，抓住时机，把握节奏，讲究策略，从时度效着力，推动融合发展，适应分众化、差异化传播趋势，加快构建舆论引导新格局。只有这样，才能发挥微传播平台在弘扬社会主义核心价值观方面的引导作用。

二 构建微传播效果评价指标体系的总体思路

传统媒体的传播效果评价一般依据媒体自身特点来构建效果评价指标体系。如赵彦华在《报纸市场评价指标体系研究》中，从报业在发行、经营和广告的市场表现角度出发，用量化分析的方法构建出一套报纸的市场评价指标体系；中央电视台构建了由"引导力、传播力、影响力、专业品质"四个维度组成的评估体系，对电视节目的传播效果依据节目播出期间和播出后在观众或社会中引起的传播效应、经济效应和社会效应来进行测算；对于广播节目的传播效果的考评，我国各广播电台坚持将政策导向作为最重要评估指标，坚持以正面宣传为主的方针，牢牢把握正确的舆论导向，同时对节目定位、节目内容以及节目收听率占有率数据这三项指标作为重要评估指标，并把节目安全播出和节目编排、节目形式、节目的完整性，主持人、播音员表现，节目制作、节目音效和节目满意度等指标则作为传播效果评估的辅助性依据。一般来说，各种传播媒体在评价其传播效果时所采用的各项指标都是经过加权后计算出来的均值，再根据各项指标所占不同比例处理后得到综合评估指数。这一定量与定性相结合的立体化综合评估指数，确保了传播效果评估的科学性、客观性和公正性。

而对于新媒体的传播效果的评估，用户数量特别是活跃用户数量往往是最重要的指标。能吸引巨量的粉丝数，则能更为有效地传播相关信息。其中用户黏度是衡量新媒体影响力的重要指标。新媒体"用户黏度"，是指新媒体用户对各种平台的忠诚度、依赖度，亦即一个平台吸引新用户并留住老用户能力的大小。用户黏度越高的新媒体平台，其传播力越强。增强用户黏度的方式主要有：（1）化延时为及时。传统纸媒经常用设置编读互动栏目或通过举办读者（作者）见面会等方式，来增强用户黏度，提高读者（作者）对纸媒平台的忠诚度和依赖度。在新媒体时代，单一编读互动的方式显然无法满足用户心理要求，其延时性无法使用户得到实时回馈。但各种新媒体平台能够及时服务用户，让原本滞后的信息能在第一时间传播到客户端，让延时的消息变得及时，用户（读者、听众、观众）能够第一时间触摸到传播主体，因而大大提高了传播效率。（2）化"虚"为"实"。在传统媒体时期，传播主体即使采用了各种互动方式，但从受众角度看，传播主体始终是一个高高在上、单向传输信息的"单位"（如某刊物、某报纸、某电视台、某广播电台，甚至是某公司、某管理机构等），总之传媒不是一个有温度、可交心、生动活泼的个体，参加互动活动的人数少，且缺乏代表性。一般公众难参与，其互动带有"虚拟成分"，是媒体以自己为中心对受众进行的一种固定回复话术。而随着全媒体时代的到来，媒体的互动已经可以做到化"虚"为"实"，传播主体可以随时与用户或受众亲密接触，媒体去中心化在互动环节中越越明显。但同时，用户（受众）会因这种可随时随地参与的传播主体"触摸"感觉，滋生情感依赖，这就有效地增强了用户黏度。（3）化单向互动为多向互动。在全媒体时代，传播主体越来越注重与用户的互动，且互动活动也不再局限于纸上、网上或各种见面活动和节目参与活动，而是延伸到"点对点"的线上互动和"面对面"的线下互动，距离感因此而逐渐消失，媒体作为一个真实的存在，日益参与到用户（受众）的日常生活中来。（4）化取为予。相比于传统媒体的单纯硬广告，全媒体时代的各种新媒介更加注重先给用户"福利"，通过发送各种"福利"，来增加用户黏度。用户来了，其广告自然源源不断。全媒体时代更是流量为王，只有让"硬"广告变"软"，化取为予，才能获得大众青睐。比如流量型自媒体平台"新世相"，就不定期地策划一些送书、送票等文艺活动，来增加用户黏度。该平台还策划了很多别的活动，在其微信公众号中，每一场活动的推文都可达到"10万+"的水平，并且围绕着这些活动还衍生出了很多新的选题，随后诞生出更多的"10万+"好文。通过不停地开展活动，新世相把内容生产众包给了粉丝，他们要做的，就是把握选题。由此可见，影响传播效果的因素是多样化的。

进入新世纪以来，网络媒体发展迅速，各种新媒体和微平台更是呈井喷式发展状态。根据CNNIC（中国互联网信息研究中心）发布的第43次《中国互联网络发展状况统计报告》显示，截至2018年12月，中国网民规模已达8.29亿，手机网民规模达8.17亿。腾讯发布的《2017年微信数据报告》显示，微信公众号月活跃账号数达350万，腾讯集团高级执行副总裁、微信事业群总裁张小龙公布2017年微信月活跃用户达到9.8亿。仅自2018年2月15日至2月21日一个星期时间里，微信消息发送总量达2297亿条，朋友圈总量达28亿条，音视频通话总时长达到175亿分钟。其中，90后用户消息发送量占总量的42.5%。目前，微信公众号总量已经超过2000万个。《2017—2018年微信小程序市场发展研究报告》的调查显示，使用微信小程序用户超过4亿，意味着有一半的微信用户成为了小程序用户，小程序引流能力不容小觑。新浪微博发布的2018年财报显示，2018年微博月活跃用户数增长约7000万，12月达到4.62亿，12月的日均活跃用户数突破2亿大关。相比微博、微信用户迅速增长而言，手机APP的总量增长并不迅速，各大应用市场中都有百万款APP，但90%的用户在一台手机上下载的APP不会超过70款。2017年第四季度每个移动网民手机中平均装有40个APP。每个用户在一个月中打开使用的APP不到35款，在一周中不到 25 款。平均每天每个用户只会用到 10 款 APP。其中使用最为频繁的 APP 集中在社交、系统工具、视频、购物类。男性最爱 MOMO 陌陌，女性最爱美图秀秀等拍照 P 图类 APP，ofo 共享单车、拼多多和迷你世界在 2017 年市场渗透率同比增长均达到了 1000% 以上。王者荣耀、开心消消乐和欢乐斗地主等手游渗透率上升很快。北京微播视界科技有限公司开发的音乐创意短视频的 APP 抖音短视频日活跃用户 2017 年比 2016 年增长超过 1000 倍。就视频 APP 而言，根据比达咨询（BDR）发布的《2017 上半年在线视频市场研究报告》显示，2017 年 6 月中国在线视频 APP 月活跃用户数方面，爱奇艺以 36524.3 万人位居行业第一，腾讯视频紧随其后，达到 33345.9 万人。优酷排在第三，为 21442.6 万人。"爱奇艺出品"自制剧《卧底》《鬼吹灯之牧野鬼事 2》等依托优质 IP 和专业的影视制作团队打造精品内容，所选题材新颖时尚、充满活力，深受年轻人喜爱，播放量均达到数亿次以上。2017 年 2 月，网络视频用户数量为 5.04 亿，网民渗透率达 72.42%；手机网络视频用户数量达到 4.4 亿，用户渗透率达到 67.07%。这些数据，充分显示了新媒体的传播威力。在这些微平台中，弘扬社会主义核心价值观的平台或内容始终占据主流，也产生了良好社会效益。当然，在这些平台中，也有一些靠低俗、庸俗、媚俗方式来吸引一些受众，出现与社会主义核心价值观背道而驰的传播内容。不过，如果靠"三俗"方式吸睛可能会取得较好传播结果和经济效益，但由于与伦理法律或公序良俗相悖，这些微平台则必然会走向其反面，即遭受法律严肃惩处或遭遇大众抵制而失去传播途径。

对社会主义核心价值观微传播效果的分析还需要有实证性的分析。这一分析应基于实践调查基础的统计分析。其主要内容包括内容的普及度、认知度、认同度、践行度和再传播度。所谓普及度，指的是有关社会主义核心价值观的基本内容有多少人了解，这些人是通过什么途径获取相关知识的，其年龄与性别、知识程度、生活环境等状态等；认知度是指对社会主义核心价值观了解与掌握的程度，包括见过、记得、理解等状态；认同度则是指在接受或实践过度中对社会主义核心价值观的赞同、褒扬、对他人违反社会主义核心价值观行为的不满等等；践行度则是指受微传播影响后对个人价值观的改变、在实践中对自身行为的约束、在生活中对他人违反社会主义核心价值观行为的劝止或批评等；再传播度则是指对社会主义核心价值观的理论研究、阐释宣传、点评转发等。此外，还有一个指标也是我们应当考虑到的，那就是拒斥度问题，亦即在社会主义核心价值观的微传播过程中，有的人对社会主义核心价值观的内容存在不认同甚至反感情绪，对传播方式的不接受或不满意程度等。拒斥不仅意味着是无效传播，其客观上往往还有着较严重的负面作用。例如近年来，商业营销有多种模式，但其传播效果在很多情况下适得其反。比如电话营销，"一天下来，有的客服拨打了500多个电话，然而真正记录到工作日志中的只有5位具有购买意向，成功率不到1%。"① 也就是说拒斥率达99%，可见电话营销的传播效率是极低的。而互联网传播中，同样存在很大的拒斥率，比如浮窗广告、夸张诱导、水军点赞、捆绑销售、强制下载，甚至有各种流氓传播方式，这些商业化的微传播方式大多招人厌烦，但也有些少数平台最终赢得了较好的传播效果。尽管一些APP社会拒斥度很高，但在有着近14亿人口的中国，以及社会阶层多元化和消费观念多样化的今天，其传播方式依然能获得一定程度的经济成功。然而，这些方式本身是违背社会主义核心价值观的，有的甚至是利用法律漏洞、打法制的擦边球，为大众普遍反感。我们传播社会主义核心价值观，当然不能用这些方式来扩大影响。进行社会主义核心价值观的微传播不同于商业宣传，商业行为即使为大众所不认同，但获得了小部分用户的参与和认可。在有着近14亿人口的巨大市场（甚至包括潜在的海外市场）中细分对象，这种方式仍可能获得意想不到的

---

① 《电话营销成功率不足1%》，《合肥晚报》2016年8月30日。

成功。但社会主义核心价值观如果采用这种方式进行微传播，本身就违背了社会主义核心价值观的实践要求，其效果必然是相反的，最终会使社会主义核心价值观的正向引导作用全部消失，人们会极度反感。那么，在社会主义核心价值观的微传播中，还能不能运用内容推送方式进行传播呢？答案是肯定的，俗话说"酒香也怕巷子深"。要使社会主义核心价值观深入人心，我们当然要有主动推送方式。但必须注意的是，推送的方式不能是强制性、流氓式的，推送的内容应当是用户关心的、希望了解的，推送的时机是适当的、可接受的，绝不可搞信息轰炸、标题吸睛、耸人听闻、心理诱导等传播方式。我们应当自信的是，社会主义核心价值观是当代中国人民的共同追求，其内容与人们的心理期盼具有高度切合性。只要传播方式得当，其内容很容易引发人们的心理共鸣。即使短期内传播效果有限，但经过一段时间坚持，就能慢慢渗入受众心灵，最终产生稳固的"假寐效果"。

意见领袖的影响力是社会主义核心价值观微传播效率的又一不可忽视指标。意见领袖是在人际传播网络中经常为他人提供信息，同时对他人施加影响的"活跃分子"，他们在大众传播效果的形成过程中起着重要的中介或过滤的作用，由他们将信息扩散给受众，形成信息传递的两级传播。意见领袖大多具有特别的技术、知识、个人性格或其他特点，能对他人思想或意识产生影响，甚至左右群体情绪。社会各个阶层都有意见领袖，意见领袖大多数社交能力比较强，交游广泛，博才多学，见多识广，能对群体成员提供有益的信息和意见，在群体有较高威信，拥有较大的影响力和号召力。因此，在社会主义核心价值观的微传播过程中，拥有一批具有高知名度、高影响力、高分析力的意见领袖，就能有效提高微传播平台的吸引力，增强用户黏度。具有很强专业知识和分析能力的意见领袖，不仅能不间断地向大众转发推送高质量的社会主义核心价值观相关消息、文章、视频、动漫等，还能经常撰写有温度、有力度、有高度的相关分析文章，产生很好的社会影响。或者设置能引发共鸣的话题，让大众参与讨论，在讨论中引导舆论，让社会主义核心价值观真正渗入讨论者的脑海、心田。

就社会主义核心价值观微传播内容的影响力来看，它又受以下因素影响：一是传播主体的权威性，即传播者在传播中发挥的作用，传播者的信誉和权威对传播效果的影响十分明显。在大众中有较高声誉的意见领袖往往拥有更多粉丝，相关部门的领导、知名专家、各类明星人物的个人言行，总是被更多的人关注和模仿。在社会主义核心价值观传播中，传播平台如果能集合这些在大众中有较高社会地位、较大个人权威的意见领袖发声，则会大大提高平台的品牌力，平台的粉丝量和文章的点击率、转发数及受众参与程度都会大大提高。二是传播内容的新颖性。陈旧的内容大多不能引起客户对它的兴趣，而新颖的东西总是能勾起客户的猎奇兴趣。当然，在主体内容不可能作新的调整时，其说明内容也是可以随时更新的。只有用各种方式保持内容的新鲜度，才能有效提高微平台的用户粘度，确保媒体传播达到既定效果。内容的主题和价值取向对传播效果有着直接影响，受众对内容的取舍，最终取决于其价值偏好，大众普遍认同的观点必然会更多地得到关注和转发，影响力也就会更大。三是传播技巧的多样性。良好的宣传策略有助于传播效果的提高。新颖的标题、独特的视角、异乎寻常的表达方式总是更能引起大众更多好奇。尽管内容完全一样，改变了表现形式，人们又会再次形成对内容的兴趣。四是客户策略的精准性。不同的客户，其兴趣和需求是不尽相同的，甚至会有完全不一样的兴趣和需求。如何掌握和引导客户，并依据客户的不同兴趣和需求来满足其愿望，是点对点式的微传播效果达到最佳满意度的关键。因此，精准地细分客户，准确传递信息，并运用适宜的宣传策略和表达方式，则可以让微平台真正实现其传播价值，产生相应的传播效果。

微传播方式同样是影响社会主义核心价值观微传播效率的重要因素。24字的社会主义核心价值观，其内容表述已经形成为固定的文字形式。但其内涵极为丰富深刻，24字的背后，蕴含着民族精神的继承拓新、人类理想的普遍追求、当代中国的发展要求和全体人民的共同向往。而将这些内容表达出来，其方式可以说是千变万化、难穷其尽的。限于微传播平台及受众群体结构，其主要方式应是文字、图形、视频、动漫等。文字方式又有政策文件、领导讲话、学者解读、理论研究、实践调研、议题讨论、小说诗歌等多种方式；图片方式亦有写实图案、变形图案、具象图案、抽象图案、视觉错图案等，图案的结构还可以是单独图案、角隅图案、边饰图案、3D图案、连续图案等，其题材则有传统文化图案、现代生活图案、人物风景图案、器物文字图案、自然现象图案以及各种复合图案等；视频亦可分为影视剧集、写实摄影、舞蹈艺术、课程讲授、专家访谈等；动漫方式则通过漫画、动画结合故事情节形式，以平面二维动画、三维动画、动画特效等相关表现手法，形成特有的视觉艺术创作模式。从当前新媒体用户的个人偏好看，青少年及儿童用户对二次元表达方式情有独钟。所谓二次元表达方式，是指"二维空间"的平面表达方式，是一种对动漫、游戏等作品中虚构世界的称呼用语，是与"三次元"（即现实世界）相对立而存在的一种表达方式。也有人称之为 ACGN 文化圈，包括 Animation（动画）、Comic（漫画）、Game（游戏）、Novel（小说）等方式，用以表达"架空""假想""幻想""虚构"等意义。2015 年 1 月，漫画帮 APP 发布了《2014年度移动端二次元用户数据报告》及消费热点分析，数据显示二次元用户女性占比达到 58.3%，80 后用户占比 10.4%，90 后占据了 62.3% 的市场份额，00 后也有将近 3 成的比例，消费族群以学生为主。相较于直接传播政治性内容，二次元这种娱乐内容更易于被广大青少年接受。据伽马数据发布的《2018 年二次元游戏发展状况报告》显示，中国二次元游戏市场规模2018 年已达 190.9 亿元，用户数量 3.7 亿。从年龄分布来看，二次元用户中年龄在 18—30 岁的较多，其中 18—22 岁占比 31.9%，23—30 岁的用户占比 37.6%。男女比例基本均衡，女性占比 53.7%，男性用户占比 46.3%。女性略高于男性。从学历分布看，二次元用户学历整体偏高。高等学历二次元用户占全体二次元用户的72.6%，中等学历用户占20.1%，初等学历用户占7.4%。二次元的主力军是在校大学生，占比68%，上班族占比23.8%。从地域分布看，一线城市占比反而不是很高，仅占比18.2%，而省会城市和地级市占比超过60%。总体来说，二次元用户主要集中在二三线城市。二次元用户消费能力不足，二次元用户在二次元产品上的消费基本是一年100—1000元之间。不过，随着时间的推移，这些用户的消费潜力会与日俱增。微博用户与二次元文化的主流群体存在一定程度上的重合，呈现出有利于二次元文化与主流文化融合与发展的趋势。微博的社交媒体属性及平台声量，不仅增进了二次元文化向主流文化的传播效果，同时也不断地影响着社会大众对二次元的看法。由于该群体规模大而且年轻、学历高，如何在利用二次元方式传播社会主义核心价值观就值得我们研究。

上述各种因素都会影响社会主义核心价值观的微传播效率，而评估社会主义核心价值观的微传播效果，则需要一套科学的指标体系。只有构建科学的指标体系，才能准确分析社会主义核心价值观的微传播效率，发现其中的优点和不足，并根据分析结果，找到合理方法去优化社会主义核心价值观微传播的过程与手段。那么，我们应如何科学地建构微传播效果评价指标体系呢？我们可以用量化分析的方法，结合媒体影响力的四个因子，即广度因子、深度因子、信度因子和高度因子，来构建出一套较为科学的评价指标体系。一级指标包括品牌力、传播力、互动力。品牌力包括媒体的平台知名度、平台公信力和信息质量等二级指标，传播力则包括内容创新力、受众欢迎度、信息覆盖率等二级指标，互动力则包括用户活跃度、平台参与度及消息评转率等。诚然，从社会主义核心价值观的传播角度看，这样的评价体系会显示出其传播效果可能不如娱乐节目、社会消息、商业信息、音乐影视等大众生活内容那么有影响力，但与严肃的学术文化、知识教育、宗教宣传等内容相比，其传播效果又显得有较明显的优势。

　　社会主义核心价值观的微传播效果体现在哪些方面呢？这是评估社会主义核心价值观微传播效果的具体内容。无论平台如何先进、手段如何多样，离开了传播效果的评估内容，评估就只能是形式主义。因此，在评估社会主义核心价值观微传播效果时，我们必须弄清楚评估的具体内涵。我们认为，评估社会主义核心价值观微传播效果，最重要的关注点在于：首先是传播和分享了社会主义核心价值观的相关知识，让受众清晰了解社会主义核心价值观提出的时代背景、科学内涵、实践要求、相关政策文件、专家学者对社会主义核心价值观的理论解读、与传统文化的关系、与其他民族核心价值观的比较等，这些知识对于人们形成正确的世界观有着十分重要的意义。那么，受众对这些知识的掌握和理解程度，就是评价社会主义核心价值观微传播效果的重要方面；其次是提高和增强了受众的智慧和能力。知识是智慧产生的基础，也是能力形成的渊源。社会主义核心价值观的相关知识渗入受众的脑海心田后，一般都能转化为人生智慧和行为能力。比如，爱国、敬业、诚信、友善，这8个字所涉及的知识渗入受众脑海心田之后，必然转化为相应的人生智慧和行为能力，让受众能清醒认识到，只有做到爱国、敬业、诚信、友善，才能得到社会认同，受到人们尊重，实现人生理想，创造成功机遇。而一旦背离爱国、敬业、诚信、友善的基本要求和行为规范，即使短期内偶获成功，但其人生代价也必然是惨烈的。如出卖国家和民族利益的汉奸汪精卫，虽短期内成为日本扶植下南京伪政权的首脑，且因死得太早而逃脱了抗日战争胜利后的法律制裁，但留下的却是千古骂名，逃不过历史的审判台，甚至祸及后世。而爱国英雄们则受到人民的千古颂扬，他们的后代也受到人们尊重，甚至因此获得更好的人生机遇。而关于爱国主义的相关知识转化为人生智慧后，人们就能在涉及民族大义、国家尊严和人民利益时，做出理智的选择。而且，这些知识还会转化为行动能力。如周恩来同志的爱国理想，让他从青年时代便立下

"为中华之崛起而读书"的信念，从而让他获得极为强大的行动能力，使他在战争年代能领导南昌起义和万里长征，成为人民军队的主要创建者和伟大军事指挥家；在和平年代则兼任政务院（国务院）总理和外交部长，在经济建设、外交工作方面显示出其独特才能。这些才能，就是基于其爱国主义精神支持而形成的。没有爱国主义精神的支撑，我们很难想像周恩来同志能够获得如此伟大的人生成就。最后是促进科学的人生态度的形成。社会主义核心价值观的微传播是否有效，必然显现在强化或改变人们对社会的看法和态度方面，最终促进人们形成科学的世界观、人生观和价值观。社会主义核心价值观微传播的目标就在于凝聚社会大众的思想意识，使人们形成科学的人生价值观。24字的社会主义核心价值观，简练而集中地表达了当代中国人民的价值追求和核心目标，宣示着国家意志、民族向往和人民愿望。我们开展社会主义核心价值观的微传播，就是要形成全社会一致的价值追求，凝聚全民族的共同意志，为实现中华民族伟大复兴凝力聚神，达到万众一心，共同朝着中国梦聚智拼搏，奋力前行。如果缺乏社会主义核心价值观的追求，就可能让中国再次成为一盘散沙，使人民无信仰，国家无力量，中华民族就会再次沦为"东亚病夫"，成为任人踩躏的对象。那么，在社会主义核心价值观的微传播影响下，受众的社会态度、世界观人生观价值观转变得如何，就是其效果评估的核心内容；此外，社会主义核心价值观的微传播是手段，最终目的是要改变或约束人们的行为。凡符合社会主义核心价值观的行为都会得到人们尊重和表彰，凡违反社会主义核心价值观的行为都会受到人们唾弃和批判，一旦这样的社会风尚形成，则人们会自觉改变或约束自己的行为。那么，社会主义核心价值观的微传播在多大程度上改变和约束了人们的行为，让公众对社会规范产生敬畏意识，在行动上自觉按照社会主义核心价值观的基本要求去实践，就是我们对社会主义核心价值观的微传播效果评估的终极标准。

综上所述，构建社会主义核心价值观微传播效果评价的指标体系，就要在目的性、方向性、整体性、可测性、针对性等基本原则指导下，基于微传播平台的引导力、传播力、影响力和专业品质，以云计算和大数据技术为基础，用量化分析的方法，结合微传播平台影响的广度因子、深度因子、信度因子和高度因子，来构建出一套科学的评价指标体系，用以评估社会主义核心价值观微传播的内容与方式的科学性，反映人们在接受社会主义核心价值观微传播时的知识摄取、智慧提升、能力优化、态度形成、价值选择和行为自觉等客观效果。以此检测社会主义核心价值观微传播效果，总结其中可以推广的经验，发现其中应当改进的方面，不断优化社会主义核心价值观微传播的内容与形式，最终使社会主义核心价值观微传播效果不断提升，为提高全民族的思想素质、道德水平和行为能力服务，为实现中国特色社会主义共同理想打牢价值观基础。

三　社会主义核心价值观微传播效果评价的指标体系要素

基于上述理论分析，我们认为，评价社会主义核心价值观微传播效果的指标体系应包括以下要素。

一是对社会主义核心价值观微传播平台的影响力评估。这一评估相对容易。在今天云计算和大数据技术的支撑下，进行统计分析，可以取得较为精确的数据，辅之以专家决策系统，则分析结果可以为改进微平台的传播效果服务。其指标体系主要构成要素如下。

表4－1　社会主义核心价值观微传播平台影响力测评指标体系

一级指标	二级指标	三级指标	测量方法
1. 传播力	1.1 发布数	信息来源、信息数量、信息质量	统计数据
	1.2 阅读数	点击次数、浏览时长、阅读深度	专家打分
	1.3 原创数	原创比例、原创数量、原创质量	受众调查

续表

一级指标	二级指标	三级指标	测量方法
2. 服务力	2.1 主动评论数	评论次数、评论人数、评论质量	统计数据
	2.2 私信次数	私信次数、私信比例、讨论深度	专家打分
	2.3 回访次数	回访人数、再访比例、留言次数	统计数据
3. 互动力	3.1 被转发数	朋友圈转发数、主动收藏数	统计数据
	3.2 被评论数	朋友圈讨论人数、评论次数	统计数据
	3.3 被点赞数	好友点赞数、被推荐次数	统计数据

数据来源：作者自制。

表4-1从传播力、服务力、互动力三个方面考察社会主义核心价值观微传播的外在效果，其指标大多可以靠微传播平台统计数来确定。其中传播力包含具体信息的发布数、阅读数及原创数。这里的发布数不等于原创数。事实上，大多平台上相当数量的信息是转发而来的，有些是在转发基础上进行一定加工后的结果。那么，这样的信息传播效力要打些折扣，因为这类信息的传播力在很大程度上应归原平台。阅读数则存在不确定因素，有的信息内容因标题吸引人而被点击，但用户点击后很快发现信息质量较差而放弃阅读，因此浏览时长和阅读深度对社会主义核心价值观微传播效果就有着很重要意义。但目前大多微传播平台并未对用户在单一信息浏览时间上做统计，阅读深度更是统计数据难以完全反映出来的，那么，用户体验就有着统计学的实践意义了。采用受众调查方式，就能较为客观地反映社会主义核心价值观微传播平台的实际传播效力。在微传播平台的服务力则反映出平台对用户体验的支持程度，让用户参与讨论，甚至可以单独进行较深入探讨，使用户对具体信息表达个人感受，是微传播平台的特有功能。如视频微传播APP设置的由用户掌握的弹幕功能，就让用户对视频信息内容进行全方位、及时的交流。用户之间的交流，则有利于加深优秀信息的传播广度和深度，同时对视频信息质量的不足之处及时指出。例如，近年来经常为人诟病的"抗日神剧"，其

内容是爱国主义的主题,但在表现形式上却有过分夸张和失实之处。这样的电视剧尽管也在传播社会主义核心价值观,但其方式却让用户较为拒斥。那么,这种效果的统计分析,就可用来对影视创作和导演人员进行实践指导,以改进其编导工作。在微传播平台互动力方面,统计信息被转发次数,在转发过程中被收藏、被讨论、被点赞的情况,反映的是微传播平台的影响力。如果有关社会主义核心价值观的信息是大众比较关注,或者其研究深度超过大众的一般认知,或者研究方式新颖独特,则常常会被微传播平台用户转发,从而延伸了社会主义核心价值观信息的影响力。

二是社会主义核心价值观微传播内容与方式的接受度评估。对社会主义核心价值观微传播平台影响力的统计分析虽然能从整体上把握社会主义核心价值观微传播的效果,但其可信度仍然不够精准,特别是在比较研究中,拘泥于统计数据往往会为数据泥沼所误导。因此,在测评社会主义核心价值观微传播效果时,应当有相应的修正手段。而对社会主义核心价值观微传播内容与方式的接受度的专家评估和用户体验,则是对社会主义核心价值观微传播平台影响力评估结果的重要补充,这一评估结论对于准确分析社会主义核心价值观微传播效果有重要实践意义。其指标体系构成如下。

表4-2 社会主义核心价值观微传播信息的大众接受度测评指标体系

一级指标	二级指标	三级指标	测量方法
4. 内容接受度	4.1 文件政策	浏览次数、理解深度、认同程度	统计数据 专家打分 受众调查
	4.2 理论分析	浏览次数、理解深度、认同程度	
	4.3 新闻宣传	浏览次数、理解深度、认同程度	
	4.4 专家访谈	浏览次数、理解深度、认同程度	
5. 形式接受度	5.1 文字形式	浏览次数、理解深度、认同程度	统计数据 专家打分 受众调查
	5.2 图片形式	浏览次数、理解深度、认同程度	
	5.3 音视频形式	浏览次数、理解深度、认同程度	
	5.4 动漫形式	浏览次数、理解深度、认同程度	

续表

一级指标	二级指标	三级指标	测量方法
6. 平台接受度	6.1 微博客平台	平台知名度、意见领袖数、活跃粉丝数	统计数据
	6.2 微信公众号	平台知名度、公众号数量、转发评论数	统计数据
	6.3 APP 客户端	平台知名度、视频客户端、动漫客户端	统计数据

数据来源：作者自制。

表4-2讨论的是社会主义核心价值观的相关信息在微传播中的大众接受程度。接受程度也就是社会主义核心价值观的相关信息在微传播过程中被认同的程度。人们对于外在事物从认知到认同，是有一个过程的。外来信息是否被接受，取决于用户体验感觉。一般来说，人们对接触到的事物，都可能产生喜爱或厌恶、需要或不需要的个人感受，而这种个人感受又受个人价值观和社会环境的影响。个人价值观是可以被塑造、被改变的人生态度。社会主义核心价值观的微传播，就是要用微传播这一方式，来引导和改变受众价值观的树立，从而形成全社会高尚的道德品质和优良的社会风气。社会环境容易让人们产生从众心理，那么，一旦整个社会形成了崇尚社会主义核心价值观的风气，则社会的道德水准会大幅度提高，生活在这样环境的个体，也会为环境所塑造和改变。大量的社会主义核心价值观微传播平台的存在，或者各种微传播平台都在传播社会主义核心价值观，则在一定程度上营造了优良的社会环境。人们耳濡目染，也会在长期的环境熏陶中自觉接受和践行社会主义核心价值观。但要形成这样的社会环境，首先就是让社会主义核心价值观微传播的信息为人们所认同和接受，包括其信息内容是可接受的，表现形式是可接受的，传播平台也是可接受的。在信息内容方面，政府的政策文件能否为大众所接受和认同？专家和理论解读能否为大众所接受和认同？新闻媒体的宣传报导能否为大众所接受和认同？如果能为大众所接受和认同，则社会主义核心价值观微传播的效果是正向的，有意义的。另外，大众接受和认同的程度如何？理解深度如何？我们可依据用户调查分析来评估社会主

义核心价值观微传播的实际效果。还有,在社会主义核心价值观微传播的过程中,哪种表达形式最受用户喜爱?不同层次和类别用户的普遍偏好是什么?我们可以通过调查和统计分析来确定实施社会主义核心价值观微传播的路径策略。微博、微信、APP 客户端等适合手机和平板电脑的微传播平台各有什么优势?其传播效果扩大的主要方向在哪?我们通过对社会主义核心价值观微传播的效果评估,都可以达到提高成效的目标。而通过统计数据、专家打分和受众调查,也就可以得到社会主义核心价值观微传播一个方面的效果反映。

三是社会主义核心价值观微传播实际成效的评估。上述两类评估指标关注的重点都是社会主义核心价值观微传播的输出系统,而其传播效果是由输入方面所体现出来的。因此,检验和评估社会主义核心价值观微传播的实践成效,应当看客观效果。说到底,就是要内化于心,外化于行。如果最终不能形成大众的价值取向和行为规范,则社会主义核心价值观微传播是没有实际意义的。因此,评估社会主义核心价值观微传播实际成效,必须有实践性的调查结论,特别是受众的个人体验。这是形成良好社会风气的根源。正如前文所指出的那样,我们还应关注社会主义核心价值观微传播过程中的用户拒斥情况,因为拒斥意味着存在不足或者缺陷,这正是我们应当加以改进的方面。具体指标体系构成如下。

表 4-3　　社会主义核心价值观微传播实际成效测评指标体系

一级指标	二级指标	三级指标	测量方法
7. 内容普及度	7.1 用户比例数	年龄比例、学历比例、职业比例	统计数据 专家打分
	7.2 受众满意度	创新性、权威性、多样性	
	7.3 实际到达率	打开率、覆盖率、活跃率	
8. 受众体验度	8.1 知识扩展度	人文知识、道德知识、政策知识	受众调查
	8.2 能力提升度	智慧能力、处事能力、社交能力	
	8.3 信念改变度	世界观、人生观、价值观	
	8.4 行为约束度	他律性、自律性、律他性	

续表

一级指标	二级指标	三级指标	测量方法
9. 效果持久度	9.1 即时影响	当时感动、用心记忆、转发他人	受众调查
	9.2 短期影响	短期研究、记忆残留、软性约束	
	9.3 长期影响	终身记取、化为信仰、立为指南	
9. 用户拒斥度	9.1 平台拒斥度	忽视、退出、反感、投诉	统计数据 受众调查
	9.2 内容拒斥度	忽视、退出、反感、投诉	
	9.3 形式拒斥度	忽视、退出、反感、投诉	

数据来源：作者自制。

表4-3主要衡量社会主义核心价值观微传播的实际成效。如果说表4-1考察的主要是社会主义核心价值观微传播的外在成效，表4-3考察的则主要是社会主义核心价值观微传播的内在成效。这一量表反映了不同人群对社会主义核心价值观微传播的认知、接受、践行或拒斥程度，但与表4-2反映的接受度不同的是，表4-2是从受众个体体验角度去考察的，而表4-3的相关测评则是从整个社会的普及程度方面进行考察的，是表4-2的重要补充。在这一量表中，受众的体验度至关重要，它是由知到行的转化过程，是由"内化于心"到"外化于形"的实践检测，是社会主义核心价值观微传播实际成效的终极反映。其中一个指标应当格外受到重视，那就是行为约束度。行为约束，是我们进行社会主义核心价值观微传播的核心目标。行为约束反映在他律性、自律性和律他性三个方面。所谓他律性，就是要对社会主义核心价值观保持敬畏感，始终心存底线意识，明确一旦违反社会主义核心价值观，必然会受到法律制裁、道德谴责和大众唾弃，甚至会被送上历史审判台。因此，我们必须忠实遵守和践行社会主义核心价值观。所谓自律性，就是有自觉意识，保持良好的个人道德情操，有着高尚的思想境界，要时时当模范，处处立标杆，以高标准来要求来规范自己行动，做到慎独、慎微、慎终，始终以社会主义核心价值观的模范来要

求和反省自己。律他性，则是指在社会生活中，不仅要做到自己当表率，还要劝诫、引导、帮助他人遵守和践行社会主义核心价值观，对破坏社会主义核心价值观的言行要敢于斗争，而决不是当"老好人""和事佬""谦谦君子"，要始终坚持原则，善于斗争，决不能在大是大非问题上丧失立场、没有态度、置身事外。至于效果持久度，我们参考了英国学者戈尔丁的研究方法。他将传播效果分为四类：短期的预期效果（如短期的政治宣传）；短期的非预期效果（导致社会恐慌）；长期的预期效果（长期的政治宣传）；长期的非预期效果（大众传播在政治、经济等方面发挥作用，持久的传播活动的综合效果）。我们分出即时效果、短期效果和长期效果，以检测社会主义核心价值观在微传播中的不同时期的实践意义。根据这一研究，可以确定社会主义核心价值观微传播的频次、力度、方法及创新方向。在这一测评量表中，我们没有设置非预期效果的评价指标，但特别设置了一个用户拒斥度的调查研究。因为在社会主义核心价值观微传播的实际过程中，有的平台推送方式不受用户欢迎，或新颖性不够，或公信力不足，往往为用户所忽视和排斥，对社会主义核心价值观微传播的实际成效影响较为明显。也有一些因其内容陈旧刻板，或因表现方式不被用户喜爱，致使社会主义核心价值观微传播达不到理想的成效。这就要求我们依据测量结果来予以修正和改进，努力提高社会主义核心价值观微传播的客观效果。

◇◇第三节　社会主义核心价值观微传播效果评价模型及效果提升策略

要不断提高社会主义核心价值观微传播的实际效果，就需要强化对效果的分析。建立一套科学化、标准化、系统化的微传播效果评价体系及评价模型，有利于为实现精准化传播提供理论和方法支撑。有了这样的测评工具，我们才能科学评估社会主义核心价值观微传播的客观效果。同时，我们还应根据社会主义核心价值观微传播及时效果、中期效果和宏观效果的比较分析，来获得社会主义核心价值观微传播的最优方案。评价总是离不开定量分析，而定量分析又离不开数学工具。没有数学工具的支撑，任何定量分析都不可能得到科学的结论。因此，建立评价模型，是我们开展对社会主义核心价值观微传播效果评价的前提条件。在前文中，我们提出了社会主义核心价值观微传播效果评价的指标体系。三个量表涉及的内容众多，它们彼此间是个什么样的逻辑关系？各个具体指标应当赋予多少权重？用什么方式最终来确定社会主义核心价值观微传播的客观效果？这都要求我们必须将理论与实际联系起来，以科学的手段来解决这些问题。

一 社会主义核心价值观微传播效果评价指标的权重确定

指标权重是评价体系中各相对独立因素的评价指标重要性的比例性数量表示。科学合理的指标权重，对于提升评价质量、优化评价结果，有着决定性意义。由于指标体系中不同指标在系统测量中的重要程度各异，合理地确定指标权重是构建科学评价指标体系的核心环节和关键所在。事实上，对于测量社会主义微传播效果而言，赋予权重必须依据各指标对整体传播效果的影响程度来最终确定。我们在课题研究中，采用了 Delphi 法（德尔菲法）[①] 来赋予传播效果测量的各具体因素的指标权重。我们根据

---

① 德尔菲法：也称专家调查法，1946 年由美国兰德公司创始实行。该方法是由企业组成一个专门的预测机构，其中包括若干专家和企业预测组织者，按照规定的程序，背靠背地征询专家对未来市场的意见或者判断，然后进行预测的匿名函询方法。其大致流程是：在对所要预测的问题征得专家的意见之后，进行整理、归纳、统计，再匿名反馈给各专家，再次征求意见，再集中，再反馈，直至得到一致的意见。

实际，征求了一部分传播学领域、社会主义核心价值观研究领域的相关专家学者的意见和建议，经过反复比较，最终确定了相关指标的权重。在确定社会主义核心价值观的指标权重时，我们根据德尔菲法所做的调查，将15位专家分成3类：主管部门的专家、科研院所的研究专家、微传播平台的专家。对社会主义核心价值观微传播评价体系构成指标的重要性评分进行综合整理后，我们得到了各评价主体对社会主义核心价值观微传播评价体系构成指标重要性的评分结果。然后再通过层次分析法①进行，最终确定了社会主义核心价值观微传播效果评价指标体系中各个评价指标的权重。本书的研究以邮件形式，向在本研究领域有一定研究深度的15位专家发放调查问卷，问卷主要采用李克特五级量表②方式，由各位专家确定社会主义核心价值观微传播效果评价指标体系中各级指标的重要性。通过专家们对所有指标的分析、归纳和赋值，反复征询意见、修正评价，最终形成比较一致的观点和意见。由于获得指标权重的计算过程是一个十分专业的数学问题，本书的研究团队采用委托专家计算的方式获得了最终权重指数，而计算过程与所研究的目标问题关联意义不大，所以不录入研究内容之中。

---

① 层次分析法是美国运筹学家匹兹堡大学教授萨蒂于20世纪70年代初，在为美国国防部研究"根据各个工业部门对国家福利的贡献大小而进行电力分配"课题时，应用网络系统理论和多目标综合评价方法，提出的一种层次权重决策分析方法。该方法将与决策总是有关的元素分解成目标、准则、方案等层次，在此基础之上进行定性和定量分析，通过定性指标模糊量化方法算出层次单排序（权数）和总排序，以作为目标（多指标）、多方案优化决策。

② 李克特量表是由美国社会心理学家李克特于1932年在原有的总加量表基础上改进而成的区间测量变项尺度表。该量表由一组陈述组成，每一陈述有"非常同意""同意""不一定""不同意""非常不同意"五种回答，分别记为5、4、3、2、1，每个被调查者的态度总分就是他对各道题的回答所得分数的加总，这一总分可说明他的态度强弱或他在这一量表上的不同状态。

1. 社会主义核心价值观微传播平台影响力评估的指标权重如下。

表4-4　社会主义核心价值观微传播平台影响力评估指标权重

一级指标	二级指标	三级指标	测量方法
1. 传播力 0.425	1.1 发布数 0.448	信息来源、信息数量、信息质量 0.022、0.074、0.094	统计数据 专家打分 受众调查
	1.2 阅读数 0.512	点击次数、浏览时长、阅读深度 0.128、0.038、0.053	
2. 服务力 0.312	2.1 主动评论数 0.328	评论次数、评论人数、评论质量 0.026、0.034、0.042	统计数据 专家打分
	2.2 私信次数 0.425	私信次数、私信比例、讨论深度 0.059、0.042、0.032	
	2.3 回访次数 0.247	回访人数、再访比例、留言次数 0.024、0.031、0.023	统计数据
3. 互动力 0.263	3.1 被转发数 0.375	朋友圈转发数、主动收藏数 0.048、0.051	统计数据
	3.2 被讨论数 0.247	朋友圈讨论人数、讨论次数 0.039、0.026	统计数据
	3.3 被点赞数 0.378	好友点赞数、被推荐次数 0.054、0.046	统计数据

数据来源：作者自制。

2. 社会主义核心价值观微传播信息的大众接受度的测评指标权重如下。

表4-5　社会主义核心价值观微传播信息的大众接受度测评指标权重

一级指标	二级指标	三级指标	测量方法
4. 内容接受度 0.476	4.1 文件政策 0.184	浏览次数、理解深度、认同程度 0.025、0.034、0.029	统计数据 专家打分 受众调查
	4.2 理论分析 0.323	浏览次数、理解深度、认同程度 0.042、0.053、0.059	

续表

一级指标	二级指标	三级指标	测量方法
4. 内容接受度 0.476	4.3 新闻宣传 0.265	浏览次数、理解深度、认同程度 0.035、0.048、0.043	统计数据 专家打分 受众调查
	4.4 专家访谈 0.228	浏览次数、理解深度、认同程度 0.038、0.025、0.046	
5. 形式接受度 0.256	5.1 文字形式 0.351	浏览次数、理解深度、认同程度 0.041、0.020、0.028	统计数据 受众调查
	5.2 图片形式 0.214	浏览次数、理解深度、认同程度 0.021、0.013、0.021	
	5.3 视频形式 0.327	浏览次数、理解深度、认同程度 0.042、0.015、0.027	
	5.4 动漫形式 0.108	浏览次数、理解深度、认同程度 0.011、0.009、0.008	
6. 平台接受度 0.268	6.1 微博客平台 0.378	平台知名度、意见领袖数、活跃粉丝数 0.032、0.041、0.028	统计数据 受众调查
	6.2 微信公众号 0.426	平台知名度、公众号数量、转发评论数 0.043、0.025、0.046	统计数据 受众调查
	6.3 APP 客户端 0.196	平台知名度、节目浏览量、粉丝互动量 0.016、0.022、0.014	统计数据 受众调查

数据来源：作者自制。

3. 社会主义核心价值观微传播实际成效测评的指标权重如下。

表 4-6　社会主义核心价值观微传播实际成效测评指标权重

一级指标	二级指标	三级指标	测量方法
7. 内容普及度 0.326	7.1 用户比例数 0.263	年龄比例、学历比例、职业比例 0.022、0.031、0.033	统计数据
	7.2 受众满意度 0.420	创新性、权威性、多样性 0.048、0.052、0.037	专家打分

续表

一级指标	二级指标	三级指标	测量方法
	7.3 实际到达率 0.317	打开率、覆盖率、活跃率 0.041、0.032、0.030	统计数据
8. 受众体验度 0.425	8.1 知识扩展度 0.187	人文知识、道德知识、政法知识 0.016、0.032、0.031	受众调查
	8.2 能力提升度 0.214	智慧能力、处事能力、社交能力 0.029、0.035、0.027	
	8.3 信念改变度 0.232	世界观、人生观、价值观 0.024、0.029、0.046	
	8.4 行为约束度 0.367	他律性、自律性、律他性 0.039、0.071、0.046	
9. 效果持久度 0.249	9.1 即时影响 0.152	当时感动、用心记忆、转发他人 0.011、0.020、0.007	受众调查
	9.2 短期影响 0.321	短期研究、记忆残留、软性约束 0.023、0.028、0.029	
	9.3 长期影响 0.527	终身记取、化为信仰、立为指南 0.036、0.047、0.048	
10. 用户拒斥度 -2	10.1 平台拒斥度 -0.732	忽视、退出、反感、投诉 -0.111、-0.162、-0.204、-0.255	受众调查 数据统计
	10.2 形式拒斥度 -0.472	忽视、退出、反感、投诉 -0.065、-0.092、-0.116、-0.199	
	10.3 内容拒斥度 -0.796	忽视、退出、反感、投诉 -0.104、-0.158、-0.233、-0.301	

数据来源：作者自制。

我们根据社会主义核心价值观微传播效果的理论研究设置了三大量表体系，每一量表又有若干一级指标、二级指标和三级指标。三大量表中每个量表的一级指标之和为1（表4-6的一级指标之和为-1，前文对此已作说明），一级指标之下每一指标在细分二级指标时，二级各具体指标权重之和为1，而三级指标之和则对应一级指标。其中表4－6的指标权重设计不同于表4－4和表4－5，主要区别在于我们设计了负值。用户的拒斥程度直接影响了社会主义核心价值观的微传播效果。根据专家建议，我们在设置本量表时，将内容普及度（指标7）、受众体验度（指标8）和效果持久度（指标9）的权重阈值之和设计为1，而将用户拒斥度（指标10）的权重设计为－2。其理由是，如果用户只是忽视或退出，其负面影响较小，而出现反感情绪甚至进行投诉，则其负面影响是明显的。如果其所有用户在方方面面都进行投诉，则说明其负面影响达到了极端状态。

需要说明的是，我们对专家函询时，专家们对具体指标的构成及其权重赋值的意见往往出现较大差异。对于专家咨询的结果，本课题研究采用了以下几个统计参数进行分析。

1. 用 $i = 1, 2, \cdots, 15$ 表示专家，$j = 1, 2, \cdots, 10$ 表示一级指标。并记第 i 个专家对第 j 个一级指标的评价等级为 C_{ij}，则 C_{ij} 的取值为1至5。令 M_j 为所有专家对第 j 个一级指标意见的集中程度，则：

$$M_j = \frac{1}{15} \sum_{i=1}^{15} C_{ij} \quad (4-1)$$

如果要求所有专家对所有一级指标意见的集中度，只需在上式基础上对 j 取平均即可，即：

$$M = \frac{1}{10} \sum_{j=1}^{10} \left(\frac{1}{15} \sum_{i=1}^{15} C_{ij} \right) \quad (4-2)$$

专家对 j 个一级指标意见的离散程度用指标重要程度等级的均方差进行描述，其表达式为：

$$\sigma_j = \sqrt{\frac{1}{15} \sum_{i=1}^{15} (C_{ij} - M_j)^2} \quad (4-3)$$

这里因为样本量很小，所以使用的是统计上的无偏样本标准差。该表达式反映的是每一位专家对第 j 个一级指标的意见与平均意见的离散程度，该值越小,表明专家对该指标的评价意见越集中。

3. 专家对 j 个一级指标意见彼此之间的协调程度,用变异系数 V_j 表示,表达式为:

$$V_j = \frac{\sigma_j}{M_j} \quad (4-4)$$

需要说明的是,统计学上的变异系数通常记为 CV,即 coefficient of variation,其计算公式为:样本标准差/样本均值。我们通过 15 位专家对 3 个量表所包含的相关指标进行第一轮函询,然后根据专家的总体意见对相关指标进行调整和合并,再通过第二轮函询,则专家们的意见基本趋于一致。我们所确定的指标权重值就是根据第二轮专家函询结果的平均值认定的。

二 社会主义核心价值观微传播效果评价模型的构建

社会主义核心价值观微传播效果的测评,是一个较为复杂的统计工程。传播效果是指信息通过媒体传播后所产生的直接或间接影响。这种影响既有客观性的一面,即传播后必然引起大众不同程度的关注;但也有主观性的一面,即信息传播的效果往往体现在受众的脑海,并形成观念和行为。这种客观与主体相混杂的影响力测评,很难做到极其精准的测评。而且,信息经传播后,大多需要经过一定时期的回荡后才能逐步反映出来。特别是社会主义核心价值观的传播效果测评,更需要经过较长时期传播后,才能产生充分显示出它的效果和意义。通过对专家的访谈和对受众的调查,我们对社会主义核心价值观微传播效果进行跟踪分析和即时、短期和长期效果比较,结合相关传播理论的效果测评分析,我们构建了一套用于测评社会主义核心价值观微传播效果的数学模型。

清华大学计算机系的李军、陈震、黄霁崴等研究者根据 Google 创始人拉里·佩奇(Larry Page)和谢尔盖·布林(Sergey Brin)提出的网页信息影响力评价方法,即利用网页的超链接结构确定网页的重要性。如果网页 v 的一个链接指向了网页 u,那么就认为 v 是投了 u 一票,网页影响力排名系统就会根据网页 B 收到的投票数量来评估 u 网页的传播效果。他们用下述计算公式来计算 u 网页影响力[①]:

$$R(u) = c \cdot \sum_{v \in B(u)} R(v)/N(v) \qquad (4-5)$$

其中,u 和 v 表示不同的两个网页,$R(u)$、$R(v)$ 表示 u 和 v 的 PR 值,$B(u)$ 是 u 网页所有反向链接数量(也就是由外部网页指向 u 网页的链接的数量),$N(v)$ 是 v 网页的所有正向链接的数量,C 则是规范化因子,是网页 PR 值的常数。该计算公式是一个递归公式,网页统计的等级值一般会均匀地分配给它的每一个正向链接,这表明 PR 值是所有网页的分布概率,最终计算的所有网页 PR 值之和应该等于 1。从另一方面看,网页显示出来的好友数量之多少,也是网页用户影响力评价的一个重要指标,好友数量越多,则网页影响力越大,也就越容易影响到大众,而其所花费的代价也会越小。

从微博客传播的特征看,微博客的影响力可以用来表征为用户消息发布并传播给其他用户的能力,也就是微博客的影响力。微博客影响力的量化值,可以通过该用户微博影响力与其他所有用户在微平台范围内排名得分加以计算得出。其计算方法是[②]:

$$r = dAr + \frac{(1-d)}{|v|} e \qquad (4-6)$$

这里,r 指的是该微博影响力的得分向量,d 则是随机跳动的概率,A

[①] 李军、陈震、黄霁崴:《微博影响力评价研究》,《信息网络安全》2012 年第 3 期。

[②] 李军、陈震、黄霁崴:《微博影响力评价研究》,《信息网络安全》2012 年第 3 期。

是转移矩阵。我们运用这一公式，也可以计算出在微博客中涉及社会主义核心价值观相关内容的传播效果的排名得分。换言之，涉及社会主义核心价值观内容的信息在微博客平台上传播效果如何，在这一平台中的排名情况如何，是可以较为精确地测算出来的。

在微信公众号中涉及社会主义核心价值观内容的信息传播效果同样可以进行测算。自微信公众号开设以来，其信息影响力不断扩大。据统计，2017年我国移动流量消耗中，微信占总额的34%，远高于Facebook占北美移动流量消耗的14.1%。而微信公众号注册总量2017年超过2000万个，活跃公众号超过350万个，微信公众号所占移动流量消耗13.6%以上，订阅人数不断上升。① 就单个微信公众号而言，其影响力可以根据总阅读数、最高阅读数、平均阅读数、头条阅读数和总点赞数五个指标来进行综合能力评估，这五项指标涵盖整体指标、优异指标、质量指标、主动预判指标和互动指标。从近年微信公众号影响力排名来看，包含较多社会主义核心价值观内容的微信公众号往往能获得大众青睐而名列榜单前列。据北京清博舆情指数2019年6月的统计显示，排名前十的公众号有人民日报、央视新闻、新华社、环球时报、人民网、共青团中央、中国反邪教网共7家主流媒体公众号，其中人民日报公众号长期居于榜单最前列，而且其阅读数、点赞数一直遥遥领先。在这些权威公众号发布的信息中，涉及社会主义核心价值观内容相关的信息传播效果大多居于前列，像学习进行时、人民日报等公众号的涉及社会主义核心价值观内容的相关信息有较大部分保持着"10万+"的点击率和阅读率。北京清博舆情监测中心提供的微信传播指数（Wechat Communication Index，WCI V13.0）从"整体传播力""篇均传播力""头条传播力""峰值传播力"四个维度进行评价，其指标体系和计算

---

① Morketing:《微信2018影响力报告》，2018年5月14日，中文互联网数据资讯网，http://www.199it.com/archives/725398.html。

公式如下①。

表 4-7　　　　北京清博舆情监测中心微信传播指标体系

一级指标及权重	二级指标	二级权重	标准化得分
整体传播力 O（30%）	日均阅读数 R/d	85%	$O = 85\% * \ln(R/d + 1) + 15\% *$
	日均在看数 Z/d	15%	$\ln(10 * Z/d + 1)$
篇均传播力 A（30%）	篇均阅读数 R/n	85%	$A = 85\% * \ln(R/n + 1) + 15\% *$
	篇均在看数 Z/n	15%	$\ln(10 * Z/n + 1)$
头条传播力 H（30%）	头条（日均）阅读数 Rt/d	85%	$H = 85\% * \ln(Rt/d + 1) + 15\% *$
	头条（日均）在看数 Zt/d	15%	$\ln(10 * Zt/d + 1)$
峰值传播力 P（10%）	最高阅读数 $Rmax$	85%	$P = 85\% * \ln(Rmax + 1) + 15\% *$
	最高在看数 $Zmax$	15%	$\ln(10 * Zmax + 1)$

数据来源：北京清博大数据科技有限公司、清博指数榜单公式 WCI 测算 13.0，2017 年 7 月 1 日，http://www.gsdata.cn/site/usage。

其中 R 为评估时间段内所有文章（n）的阅读总数；Z 为评估时间段内所有文章（n）的在看总数；d 为评估时间段所含天数（一般周取 7 天，月度取 30 天，年度取 365 天，其他自定义时间段以真实天数计算）；n 为评估时间段内账号所发文章数；Rt 和 Zt 为评估时间段内账号所发头条的总阅读数和总在看数；$Rmax$ 和 $Zmax$ 为评估时间段内账号所发文章的最高阅读数和最高在看数。用这一公式评估某一时段某一微信公众号平台在传播社会主义核心价值观传播效率，的确具有较强指导意义。

社会主义核心价值观的微传播特点既有与一般微博客、微信公众号及其他 APP 平台信息传播的共同特征，也因其内容的特定性而具有不同特征。因

---

① 北京清博大数据科技有限公司：《清博指数榜单公式》，http://www.gsdata.cn/site/usage。

此，其传播效果的评估可以借鉴上述评估方式，但又不能照搬一般微博、微信公众号的评估方式。社会主义核心价值观的微传播本身要借助微博、微信及其他 APP 平台，但由于其内容固定地指向思想教育和行为引领，目标是将受众的个体价值观引向积极向上的社会主义核心价值观。这种影响受众价值观的信息，在实际微传播中不可以等同于娱乐信息或技能性的教育信息，其实际成效大多是潜移默化的。前者只计算信息的到达率，而社会主义核心价值观则需要计算到观念改变、行为约束、思想引领等深层次问题。因此，上述的计算方式对社会主义核心价值观的微传播效果的计算只有参考借鉴意义，而决不可能代替社会主义核心价值观的微传播效果的评估。同时要指出的是，社会主义核心价值观的微传播因涉及价值、理念、行为等难于用数值表达的内容，其评估将无法获得精准的阈值，运用模糊数学方法来研究和处理这一模糊性现象应当是较为科学的评估手段。统计数学将数学的应用范围从确定性领域扩大到了随机领域，即从必然现象到随机现象，而模糊数学则是把数学的应用范围从确定性的领域扩大到了模糊领域，即从精确现象到模糊现象。现代计算机的计算速度及储存能力达到了无与伦比的程度，它不仅可以解决复杂的数学问题，还能够接受模糊语言与模糊信息，并能做出符合客观实际的正确识别和范围判断。模糊数学能够对现实中许多界限不分明的问题进行数学分析，利用模糊集合工具和模糊逻辑思维方法，可以很好地处理类似于社会主义核心价值观传播效果等无法精确的模糊问题。

在本书中，我们首先利用 15 位专家调查结果，采用模糊 Borda 数分析法确定社会主义核心价值观微传播评价体系构成指标的权重系数，其基本流程是：（1）专家评分；（2）确定隶属优度；（3）作模糊频数统计表；（4）计算模糊 Borda 数；（5）归一化处理得到单一原则下的相对权重；（6）计算组合权重。具体操作过程如下。

1. 设第 k 类专家对一级指标 U_i 的重要程度打分为 $B_k(U_i)$，其中专家分为 n 类，$k = 1,2,\cdots,n, i = 1,2,\cdots,15$，并做出打分表。

2. 确定隶属优度

在第 k 类专家的打分中,求出每一被评指标 U_i 相对于"最重要"的那个指标 $\overline{U_i}$ 的隶属优度 D_{ki},其计算公式为:

$$D_{ki} = \frac{B_k(U_i)}{\max_i \{B_k(U_i)\}} \qquad (4-7)$$

3. 做模糊频数统计表

模糊频数 f_{ki} 的计算公式为:

$$f_{ki} = \sum_{i=1}^{5} \delta_{ki}^{h} \cdot D_{ki} \qquad (4-8)$$

4. 计算模糊 Borda 数 $F_B(D_{ki})$

记指标 U_i 的隶属优度 D_{ki} 在优序关系中排第 h 位的得分为 Q_h,令 $Q_h = \frac{1}{2}(n-h)(n-h+1)$,则:

$$F_B(D_{ki}) = \sum_h \frac{f_{ki}}{ki} Q_h ; \qquad (4-9)$$

5. 归一化处理,得到单一准则下的相对权重:

$$W_i = \frac{F_B(D_{ki})}{\sum_i F_B(D_{ki})} ; \qquad (4-10)$$

6. 计算组合权重

以上计算得到的只是所有二级元素或三级元素相对其上级指标的权重。为了得到测算所需全部元素的绝对权重,还需把对述计算结果进行适当的组合计算,合成组合权重的计算,二级或三级指标的组合权重的计算公式为

$$W_{ij} = W_i \cdot W'_{ij} \text{。} \qquad (4-11)$$

因其计算过程十分复杂,本书只描述其研究方法,而且具体计算过程是由专业人员完成的,我们只取其最终计算阈值,而不将研究过程纳入书中。计算问题是数学工具,只是用来完成本研究工作的一项分析工具,而不是研究的内容。权重赋值过程主要描述指标权重的相对性,因为这类研究本身是不可能绝对精确化的。事实上,我们得到的社会主义核心价值观

微传播效果各指标权重是由专家打分的算术平均最小贴近值所决定的。

那么,三大量表应如何计算其分值呢?由于权重指数已经确定,输入各量表第三级指标之值与权重的乘数,再计算累加,其和则为最终计算数。如表4-8。

表4-8　　社会主义核心价值观微传播平台的影响力测评量表

一级指标	二级指标	三级指标	测量方法
1. 传播力 U_1 0.425	1.1 发布数 B_1 0.448	信息来源 f_1、信息数量 f_2、信息质量 f_3 0.022、0.074、0.094	统计数据 专家打分 受众调查
	1.2 阅读数 B_2 0.512	点击次数 f_4、浏览时长 f_5、阅读深度 f_6 0.128、0.038、0.053	
2. 服务力 U_2 0.312	2.1 主动评论数 B_3 0.328	评论次数 f_7、评论人数 f_8、评论质量 f_9 0.026、0.034、0.042	统计数据 专家打分
	2.2 私信次数 B_4 0.425	私信次数 f_{10}、私信比例 f_{11}、讨论深度 f_{12} 0.059、0.042、0.032	
	2.3 回访次数 B_5 0.247	回访人数 f_{13}、再访比例 f_{14}、留言次数 f_{15} 0.024、0.031、0.023	统计数据
3. 互动力 U_3 0.263	3.1 被转发数 B_6 0.375	朋友圈转发数 f_{16}、主动收藏数 f_{17} 0.048、0.051	统计数据
	3.2 被讨论数 B_7 0.247	朋友圈讨论人数 f_{18}、讨论次数 f_{19} 0.039、0.026	统计数据
	3.3 被点赞数 B_8 0.378	好友点赞数 f_{20}、被推荐次数 f_{21} 0.054、0.046	统计数据

数据来源:作者自制。

那么,社会主义核心价值观微传播平台的影响力 F 的计算方法是:

$$F = 0.425U_1 + 0.312U_2 + 0.263U_3$$
$$= 0.022f_1 + 0.074f_2 + 0.094f_3 + \cdots\cdots 0.046f_{21}$$

在表 4-8 中，一级指标和二级指标已经赋予明确的指标权重，而这些指标权重又分解到具体的三级指标之中了。此时计算的难度在于，如何确定三级指标的具体权重赋值？根据量表，我们设置了三种赋值方式：统计数据、专家打分和受众调查。这种数据统计、专家打分和受众调查之间的数值差异会极大，当然会导致最终数据计算出现极大偏差，从而使得到的结论不符合客观实际。因此，对于三级指标的每个具体指标，我们设计为总值为 1，即按百分比方式计算数值。例如，信息来源 f_1 主要考察其权威性和可信度，采用专家打分方式赋值，其赋值过程类同于指标权重的计算，采用李克特五级量表方式最终确定计算总值，其计算总值与原值的除数，即为该指标值 f_1（$0 \leq f_1 \leq 1$）；信息数量 f_2 为统计数据，其原值可能极大，而且还在不断增加。比如福建宁德的几位志愿者在全国率先注册的微信公众号"学习大军"在宣传社会主义核心价值观方面的发文数量就很大，2014 年成立后仅一年多时间发文数就多达 500 多篇，累计 50 多万文字，阅读量数亿人次，其与社会主义核心价值观相关的文章达 150 篇以上。新华网"学习进行时"公众号 2016 年共发 318 篇原创文章，平均转载量 376 次，单条文字稿件转载量最高达 800 余次，而其原创性文章在各种移动端的累积阅读量达到 8500 万次以上，微信传播指数高达 452.65。其中内容涉及社会主义核心价值观的原创文章达 40% 以上①。相比人民日报微信公众号和新华网微信公众号而言，上述两个微信公众号的传播力显然欠缺一些。因此，在选择信息数量 f_2 的原值时，我们采用各微平台与人民日报微信公众号在社会主义核心价值观发文数量之比值为原值 f_2（$0 \leq f_2 \leq 1$）。信息质量 f_3 我们采用受众调查方式进行，其原值计算亦采用信息来源 f_1 原值获得的类同方法，但对受众的选择则应分布于各种社会阶层、各种年龄、各种学历、各种行业，其中青少年一代（12—35 岁）应居主体，在样本选择中要求达到

---

① 数据来源：在"清博大数据舆情系统"检索关键词"社会主义核心价值观"查询获得。

50%。因为他们对信息接受的敏感性最强,且是社会主义核心价值观受教育主体。尽管专家或年龄偏大的成年人对内容质量的判断更有高度,但他们往往忽视青少年的接受度。同上,信息质量 f_3 的原值亦为 $0 \leqslant f_3 \leqslant 1$。在这一量表中,其他指标的原值获取均参照上述方式。然后按影响力 F 的计算公式来获得社会主义核心价值观微传播平台的影响力评估值。单篇文章的影响力也可以参照这一公式进行计算。

对于表4-2,即社会主义核心价值观微传播信息的大众接受度的测评,我们也采取类同于表4-8的计算方法。

表4-9 社会主义核心价值观微传播信息的大众接受测评量表

一级指标	二级指标	三级指标	测量方法
4. 内容接受度 U_4 0.476	4.1 文件政策 B_9 0.184	浏览次数 f_{22}、理解深度 f_{23}、认同程度 f_{24} 0.025、0.034、0.029	统计数据 受众调查
	4.2 理论分析 B_{10} 0.323	浏览次数 f_{25}、理解深度 f_{26}、认同程度 f_{27} 0.042、0.053、0.059	
	4.3 新闻宣传 B_{11} 0.265	浏览次数 f_{28}、理解深度 f_{29}、认同程度 f_{30} 0.035、0.048、0.043	
	4.4 专家访谈 B_{12} 0.228	浏览次数 f_{31}、理解深度 f_{32}、认同程度 f_{33} 0.038、0.025、0.046	
5. 形式接受度 U_5 0.256	5.1 文字形式 B_{13} 0.351	浏览次数 f_{34}、理解深度 f_{35}、认同程度 f_{36} 0.041、0.020、0.028	统计数据 受众调查
	5.2 图片形式 B_{14} 0.214	浏览次数 f_{37}、理解深度 f_{38}、认同程度 f_{39} 0.021、0.013、0.021	
	5.3 视频形式 B_{15} 0.327	浏览次数 f_{40}、理解深度 f_{41}、认同程度 f_{42} 0.042、0.015、0.027	
	5.4 动漫形式 B_{16} 0.108	浏览次数 f_{43}、理解深度 f_{44}、认同程度 f_{45} 0.011、0.009、0.008	

续表

一级指标	二级指标	三级指标	测量方法
平台接受度 U_6 0.268	6.1 微博客平台 B_{17} 0.378	平台知名度 f_{46}、意见领袖数 f_{47}、活跃粉丝数 f_{48} 0.032、0.041、0.028	统计数据 受众调查
	6.2 微信公众号 B_{18} 0.426	平台知名度 f_{49}、公众号数量 f_{50}、转发评论数 f_{51} 0.043、0.025、0.046	统计数据 受众调查
	6.3 APP客户端 B_{19} 0.196	平台知名度 f_{52}、节目浏览量 f_{53}、粉丝互动量 f_{54} 0.016、0.022、0.014	统计数据 受众调查

数据来源：作者自制。

社会主义核心价值观微传播信息的大众接受度 A 的计算公式如下：

$$A = 0.476U_4 + 0.256U_5 + 0.268U_6$$
$$= 0.025f_{22} + 0.034f_{23} + 0.029f_{24} + \cdots\cdots 0.014f_{54}$$

在表4-9中，除了各平台自动统计的指标数据外，其余指标原值均采用受众调查方式获得。各种指标数据原值计算方式与表4-8相同，且阈值均处于0和1之间。需要说明的是，有的微平台设置了禁止转发、禁止评论或选择性留言等限制手段，也有一些微平台采取了删贴方式进行管理，则此时对指标的原值计算采取专家打分和受众调查相结合的方式进行，以确保指标原值的客观性。

表4-10是本书研究的关键所在。其具体内容直接指向社会主义核心价值观微传播的客观成效。在这一量表中，内容普及度描绘了社会主义核心价值观在微传播平台的推广程度，受众体验度反映的是受众在接受微平台中社会主义核心价值观教育后对个人知识、能力、信念和行为的改变情况；效果持久度则显示出社会主义核心价值观微传播客观效果在不同时期内的保质状态。而用户拒斥度则从另一角度反映用户对社会主义核心价值观微传播的接受状态。不过，用户拒斥度的计算方式不用于受众接受度，反映

的问题也不完全是接受度的另一面。社会主义核心价值观微传播实际成效测评计算方式与上述表 4-8 和表 4-9 有明显区别。

表 4-10　社会主义核心价值观微传播实际成效测评量表

一级指标	二级指标	三级指标	测量方法
7. 内容普及度 U_7 0.326	7.1 用户比例数 B_{20} 0.263	年龄比例 f_{55}、学历比例 f_{56}、职业比例 f_{57} 0.022、0.031、0.033	统计数据 专家打分
	7.2 受众满意度 B_{21} 0.420	创新性 f_{58}、权威性 f_{59}、多样性 f_{60} 0.048、0.052、0.037	
	7.3 实际到达率 B_{22} 0.317	打开率 f_{61}、覆盖率 f_{62}、活跃率 f_{63} 0.041、0.032、0.030	
8. 受众体验度 U_8 0.425	8.1 知识扩展度 B_{23} 0.187	人文知识 f_{64}、道德知识 f_{65}、政法知识 f_{66} 0.016、0.032、0.031	受众调查 专家打分
	8.2 能力提升度 B_{24} 0.214	智慧能力 f_{67}、处事能力 f_{68}、社交能力 f_{69} 0.029、0.035、0.027	
	8.3 信念改变度 B_{25} 0.232	世界观 f_{70}、人生观 f_{71}、价值观 f_{72} 0.024、0.029、0.046	
	8.4 行为约束度 B_{26} 0.367	他律性 f_{73}、自律性 f_{74}、律他性 f_{75} 0.039、0.071、0.046	
9. 效果持久度 U_9 0.249	9.1 即时影响 B_{27} 0.152	当时感动 f_{76}、用心记忆 f_{77}、转发他人 f_{78} 0.011、0.020、0.007	受众调查
	9.2 短期影响 B_{28} 0.321	短期研究 f_{79}、记忆残留 f_{80}、软性约束 f_{81} 0.023、0.028、0.029	
	9.3 长期影响 B_{29} 0.527	终身记取 f_{82}、化为信仰 f_{83}、立为指南 f_{84} 0.036、0.047、0.048	

续表

一级指标	二级指标	三级指标	测量方法
10. 用户拒斥度 U_{10} −2	10.1 平台拒斥度 B_{30} −0.732	忽视 f_{85}、退出 f_{86}、反感 f_{87}、投诉 f_{88} −0.111、−0.162、−0.204、−0.255	受众调查数据统计
	10.2 形式拒斥度 B_{31} −0.472	忽视 f_{89}、退出 f_{90}、反感 f_{91}、投诉 f_{92} −0.065、−0.092、−0.116、−0.199	
	10.3 内容拒斥度 B_{32} −0.796	忽视 f_{93}、退出 f_{94}、反感 f_{95}、投诉 f_{96} −0.104、−0.158、−0.233、−0.301	

数据来源：作者自制。

我们在研究中，将社会主义核心价值观微传播实际成效 E 测评公式定义为：

$$E = (0.326U_7 + 0.425U_8 + 0.249U_9) - U_{10}$$
$$= (0.022f_{55} + 0.031f_{56} + 0.033f_{57} + \cdots 0.048f_{84}) -$$
$$(0.065f_{85} + 0.092f_{85} + 0.116f_{87} + \cdots 0.301f_{96})$$

在表 4-3 中，指标原值 U_7、U_8 的取得，即从 f_{55} 到 f_{75} 的原值，除由平台自动统计的数据外，均应由受众与专家共同打分确定，打分方式均按李克特五级量表方式最终确定，专家和受众打分的比例各占 50%。而表 4-3 的最后一栏，即用户拒斥度 U_{10} 的计算方式可以依据受众调查和数据统计完成，但计算其原值时，应以拒斥用户占全体用户的比例来计算。例如，在阅读人民网关于社会主义核心价值观的头条内容时，设若某一时段登录人民网的用户为 100 万人，没有点击涉及社会主义核心价值观头条内容的人数为 5 万，则忽视一项的原值为 0.05。在此只能计算为头条内容的信息数，因为用户对头条推送的内容点击率最高，而排在其他位置的信息，用户选择太过复杂而无法计算，则容易形成数据泥沼。据清博舆情监测系统 2019 年 3 月 9 日的监测报告，微平台上拒斥社会主义核心价值的总体比例约为

1.3%，亦即拒斥度为0.013，而认同度则为96.20%，充分说明社会主义核心价值观已深入人心，符合人民群众的心理期待（如图4-1）。

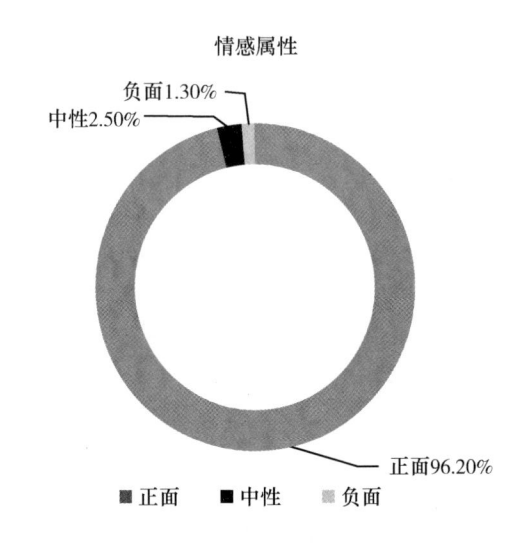

情感属性

- 负面 1.30%
- 中性 2.50%
- 正面 96.20%

■ 正面　■ 中性　■ 负面

图4-1　社会主义核心价值观微传播的社会认同度调研结果

数据来源：根据清博舆情监测系统2019年3月9日监测报告数据制成。

在计算社会主义核心价值观微传播效果时，表4-8、表4-9与表4-10是什么关系呢？从理论上说，表4-10是本书所需要的结论。但平台影响力和大众接受度从另一方面显示了社会主义核心价值观的传播成效，补充说明了社会主义核心价值观在微传播中的优势与不足，从而与表4-10形成了相互印证和补充的关系。这三个量表的综合运用或独立运用，可以用于评估不同对象的传播效果。例如，不同微平台的社会主义核心价值观的传播效果、单一信息的微传播效果、平台综合传播效果、对不同对象的宣传效果、不同方式宣传社会主义核心价值观的时效，等等。那么，在计算社会主义核心价值观微传播效果时，表4-8所得的值 F 与表4-9所得的值 A 是用来校正表4-10所得计算值 E 的分布偏差的。在实际评估过程中，由于选择每一次样本不可能实现绝对标准化，因而在计算过程中会产生一些分布偏差。那么，我们在进行定量分析时，被分析样品的真值，即我们希望得到的准确测定值，与实际测定值之间必然存在一定误差。在这种情况下，我们一般采取被分析样品多次分析测定的均值来替代真值。而每次分析测定结果与多次分析测定结果的均值就会形成一个差值。另外，由于计算诸元属性的差异及其权重赋值的偏差，最终在计算社会主义核心价值观微传播效果时也必然出现一定的计算偏差。只要这种计算偏差保持在合理范围内，我们就可以采用这些计算值来为提升社会主义核心价值观微传播效率服务。计算这一偏差的方法如下：

绝对误差（R）＝测量值（x_i）－真值（t）

相对误差（r）＝绝对误差（R）／真值（t）×100%

由于真值是未知的，那么，我们对社会主义核心价值观微传播的效果测算就需要以一定方式来确定计算值的标准偏差，以此尽可能提高对社会主义核心价值观微传播效果测算的准确度。根据三个量表的某一次测算得到的值（x_i），可以确定在多次测算的平均值（$\bar{x}$），则其标准差 S 的计算公式为：

$$S = \sqrt{\frac{\sum (x_i - \bar{x})^2}{N-1}} \qquad (4-12)$$

其中 $i=1,2,3\cdots\cdots N$，x_i 为第 i 次样本测定值，$\bar{x}$ 为多次测定值的算术平均数，N 为分析测定次数。我们通过采用评价定量分析测定结果的重复性和再现性的精确度来表示定量分析测定结果的好坏，从而得到测定社会主义核心价值观微传播效率的标准差值 S。那么，在表4-8、表4-9和表4-10之间，我们可以用这一标准值来平衡测算偏差，从而得到某一微传播平台在具体传播社会主义核心价值观行为中传播效率的相对阈值 $E(t)$，其计算方法如下：

$$E(t) = \frac{1}{3}\sqrt{\frac{F \times A \times E}{\sum (x_i - \bar{x})^2}} \pm S \qquad (4-13)$$

有了这一计算公式，我们可以对某一微传播平台在具体的社会主义核心价值观信息传播效果进行测算。尽管这一阈值还具有一定的模糊性，但对于我们把握其基本状态、掌握其基本规律，从而进一步提高社会主义核心价值观的微传播效果，则有着重要的指导意义。

三　提升社会主义核心价值观微传播效果的对策

自社会主义核心价值观被提出以来，中国共产党就依靠各种传播媒体大力宣传和弘扬社会主义核心价值观。据清博舆情监测系统2019年3月9日的监测报告，微信公众号仅2019年2月就有109217篇文章涉及社会主义核心价值观。其次是微博53254篇、各种网页96228篇、各种客户端49075篇、报刊8705篇、各种论坛3510篇。各种媒体2019年2月共发文319992篇涉及社会主义核心价值观。从数据上看，微信公众号占比34.1%，微博占比16.6%，各种客户端占比15.4%。换言之，微传播平台在传播社会主义核心价值观方面已经占各种原创和转发文章总量的66%，居绝对主导地位。因此，在传播社会主义核心价值观方面，忽视微平台的建设显然是不明智的。而且，从当前青年一代接受信息的来源渠道看，智能手机已经是他们不可或缺且占绝对优势的信息渠道。在社会主义核心价值观的教育中，青年一代是至关重要的人群，因此，加强社会主义核心价值观的微传播，是当前开展社会主义核心价值观教育的重中之重。然而，我们也注意到，以社会主义核心价值观命名的微信公众号仅有6个，而且其传播指数也不高，说明上述两个微信公众号平台的传播效果不佳。清博舆情监测系统显示，其中影响力最低的一个公众号的微信传播指数WCI仅为1.36，而人民日报微信公众号传播指数WCI则高达1086，二者之间的传播效果差距之大，有如鸿沟。

对于用户体验来说，对不同平台传播社会主义核心价值观的感受也有着极大差别。如某高校研究生认可校园文化、社会实践在培育社会主义核心价值观方面的作用影响力，特别是像校园公众号、校园微博客、校园抖音号等新媒体在培育社会主义核心价值观方面的作用显著。我们进行"最愿意接受的社会主义核心价值观教育方式"调研发现,社会实践(62.31%)、教育网络新媒体(53.16%)、校园文化宣讲(37.47%)居前3位,是比较受学生欢迎的方式。进行"互联网、微信、微博、APP等新媒体平台传播的信息对你价值观的影响"调查时,认为影响非常大(34.7%)和影响比较大(40.58%)的比例总计超过75.2%[①]。在这一方面,传统媒体的微信公众平台作为传统媒体传播渠道的一个分支,其自身积累的受众和已经形成的社会影响力成为微信平台发展的基础。也就是说,传统媒体依靠微信公众号,同时借助其传统知名度为自身获得了广泛关注,并在此基础之上进一步扩大传统媒体在新媒体平台上的影响,因而在传播社会主义核心价值观方面有着天然优势。例如,位于湖北十堰市的湖北医药学院因其地理位置较偏且学校在全国的知名度不太高,其校报、校刊、校园广播甚至校园网站的影响力较为有限。过去,他们进行社会主义核心价值观培育的活动虽然也很有成效,但传播并不广泛,社会影响较小。而在2017年新生入学军训期间,该学院组织新生在国庆节庆祝会上集体表演24字社会主义核心价值观的排列组合舞蹈,因其表现形式新颖,在网络上特别是在微信朋友圈中引起了很大反响。而这一表演视频通过学院微信公众号和师生微信朋友圈进行扩散,在社会上产生了很广泛影响。学生们普遍认为,看到这一舞蹈表演后,他们对社会主义核心价值观的具体内容记忆更为深刻,可以说会终生不忘。可见,微信公众号在传播社会主义核心价值观方面确有独特功效。首先,这一类微平台信息来源和内容具有权威性,是吸引受众关注度的重要依据;其次,这一类微平台信息的数量和质量比较专业和严谨,内容具有品质保证。传统媒体的强大公信力,使其新媒体平台在传播社会主义核心价值上有着极其明显的优势。其新媒体在信息阅读过程中同时具

---

① 吴宁宁、张颖、于伟:《研究生教育文化与社会主义核心价值观培育研究——基于全国高校调研数据的实证分析》,《思想政治教育研究》2018年第6期。

有互动、社交等多种个性化需求，栏目设置和个性化功能有着较大差异性，自由发挥的空间很大，技术创新度和内容集成度能够较好地满足受众对信息的需求，特别是在理论传播方面还能够动员一批权威专家或者重要领导进行阐释，因而在传播社会主义核心价值观方面具有很好的传播效果。

对于一般性的微平台而言，我们又如何来提升社会主义核心价值观微传播效果呢？我们可以从以下几方面入手。

一是要准确把握舆情、科学分析舆情。要有效提升社会主义核心价值观传播效果，做好"舆情分析"是前提性要素。只有全面地认识和了解受众，把握引导对象，科学分析舆情，我们才能有针对性地引导舆论，使社会主义核心价值观的微传播按照我们所设计的传播策略进行下去，真正达到深入人心的目标。及时而准确地把握舆情，是任何社会管理者都不能忽视的重要方面。而从事社会主义核心价值观的微传播，同样不能忽视社情民意。由于"舆情"表达方式灵活多样，变动不居，人们的情绪、意愿、态度和意见多种形式，具有"非常大的随意性，常常与社会的非主流文化相结合，甚至'同流合污'"[①]。这就要求我们在进行社会主义核心价值观方面要科学引导社会舆论，必须密集关注舆情发展和变化的方向，及时把握和引导舆情。从当前一些舆情分析机构对舆情分析的情形来看，他们常常是对一堆庞杂的数据进行结构化处理而得到最终数据和结论。对于我们利用微平台传播社会主义核心价值观来说，就涉及怎样运用舆情分析数据并进行科学分析和处理的问题。舆情分析机构在舆情分析的实际操作中，大多是从五个维度构建分析指标体系，并对舆情进行统计分析的："1. 时间维度：反映某一议题的舆论在不同时间点上的变化情况（具体表现在某一议题每天呈现的信息文本的总数变化）；2. 数量维度：反映某一议题信息文本的多少（总数和平均每天的数量）；3. 显著维度：反映某一议题信息文本在

---

① 喻国明主编：《中国社会舆情年度报告（2012）》，人民日报出版社2012年版，第126页。

论坛总信息文本中的比例；4. 集中维度：反映某一议题；5. 意见维度：反映某一议题信息文本各种不同意见的分布情况。"① 在划分五个维度后，我们再将每一项统计因素具体赋值，其赋值比例如下②。

表 4–11　　　　　　　　　网络舆情指数赋值标准

	一级指标	指标赋值	二级指标	指标赋值
网络舆情指数	舆论稳定性	20%	时间维度	20%
	舆情的分布	20%	意见维度	20%
	舆情的强度	60%	数量维度	20%
			显著维度	20%
			集中维度	20%

数据来源：作者自制。

在社会主义核心价值观微传播过程中，我们同样可以依据这些指标和赋值比例，来计算出围绕社会主义核心价值观具体内容传播的舆情指数，并依据舆情指数的最终计算值来设计强化社会主义核心价值观微传播效果的应对策略。

二是要合理设置议题。我们要结合传播学中的"议程设置"理论，主动选择议题，将社会主义核心价值观的相关内容设置成公众乐于关注的焦点，使之在公众中形成广泛的讨论议题，实现合力效应，达到主导舆论、引导舆论、影响舆论的目的。议程设置理论之父马尔科姆·麦库姆斯和唐纳德·肖认为，议程设置是"大众传播的一种客观产生的传播功能，不是传媒自身的主观的传播功能。一旦把传媒的议程设置视为人为的和有

---

① 喻国明主编：《中国社会舆情年度报告（2012）》，人民日报出版社 2012 年版，第 13 页。
② 喻国明主编：《中国社会舆情年度报告（2012）》，人民日报出版社 2012 年版，第 13 页。

计划的、想设置什么就设置什么、想怎样设置就怎样设置，就与这一理论假设提出的初衷相悖了"①。在"主动选择议题"过程中，我们应该充分考察和分析什么问题是最需要引导，而不能单凭自己的主观经验来主动选择议题。针对社会主义核心价值观微传播而言，我们要引导舆论，还需要合理设置议题，使社会主义核心价值观"议题"能够对引导对象产生积极作用和影响。只有按"导向需求"设置议题，才能让议题具有引导公众的"魔力"。麦库姆斯明确提出："新闻议程及其各种客体的一个重要组成部分就是记者在思考和谈论每个客体时心中想到的属性，这些属性后来也相应存在公众心中"②。麦库姆斯还将新闻议程框架简单地"定义为一种主导角度，利用这个角度可以区分两种属性：中心话题与方面"③，即"一类是每条信息中的中心话题，一类是散见于句子和段落中的各种属性"④。其中的"中心话题"实际上就是议程属性设置过程中被选中、被突出和被强调的种种属性，而"方面"则是这一议题众多属性除去"中心话题"之后剩下来的那部分属性。也就是说，舆论引导者对某一社会问题进行讨论时，要扩大传播影响力，就需要设置议题去引导公众舆论。那么，设置议题就不能只有"主导角度"或者"中心话题"，还需要围绕该社会问题详尽地介绍其他"方面"的信息。因为缺少其他"方面"的信息，"主导角度"或者"中心话题"也就不能成立了。另外，在"合理议题"设置过程中，我们还应当关注"情感要素"。在现实舆论引导活动中，引导

---

① 陈力丹：《"主动设置议题"有悖议程设置论本意》，《民主与科学》2012 年第 5 期。

② 喻国明：《中国社会舆情年度报告 (2012)》，人民日报出版社 2012 年版，第 83 页。

③ 喻国明：《中国社会舆情年度报告 (2012)》，人民日报出版社 2012 年版，第 108 页。

④ 喻国明：《中国社会舆情年度报告 (2012)》，人民日报出版社 2012 年版，第 108 页。

者所选择的议题或者设置的议题属性可能无法吸引引导对象,甚至会遭到引导对象或者公众舆论的排斥与拒绝。"因为公众思考这些问题的方式既包括认知的成分,也包括情感的成分。"① 在现实舆论引导活动中,公众或媒体的任何意见和态度都是基于自身价值观的选择而表达出来的,这就意味着,议题设置的"框架"中应当包含着价值观要素。社会主义核心价值观微传播平台要合理设置议程引导舆论,除了诉诸媒介间互动、社会规范和新闻传统之外,还必须注意自身的价值观、关注公众的价值观。也就是说,我们在针对与社会主义核心价值观相关的特定舆论事件,建构社会舆论引导内容时,除了设置合理的社会主义核心价值观认知、情感要素外,也要体现科学的价值观要素。我们只有在社会主义核心价值观微传播中合理设置议题,才能引导公众"怎样想""如何做",才能实现社会主义核心价值观微传播引导效果的强化与提升。

三是要科学策划传播路径,把握引导方向。传播路径的策划关系着社会主义核心价值观微传播的信息内容能否准确无误地成功传递或推送到引导对象那里,是实现社会主义核心价值观微传播引导效果的关键要素。从传播学角度看,社会主义核心价值观微传播平台要将自己建构的议题传播到公众中去,可以通过"中介式互动"或者"中介式准互动"来与社会公众建立联系,并进行交流互动来引导社会公众。所谓中介式互动是指"借助媒介而进行的人际沟通,比如书信、固定电话和移动电话以及基于互联网的电子邮件往来和网络论坛"②;而"中介式准互动"则是指"并非面对特定个人,而是为了范围不定的潜在接受者生产制作,带有单向流动性质,难有即时反馈的大众传播"③。换言之,我们对社会主义核心价值观微传播

---

① 喻国明:《中国社会舆情年度报告(2012)》,人民日报出版社2012年版,第115页。
② 转引自许静《舆论学概论》,北京大学出版社2009年版,第201页。
③ 转引自许静《舆论学概论》,北京大学出版社2009年版,第201页。

的传播路径策划可以设计为人际传播路径和大众媒介传播路径。其中人际传播路径面对的是"个体公众",我们在传播中能够比较及时获得被引导对象的各种反馈信息,从而较明确地获得社会主义核心价值观的传播效果。而大众传播路径所面对的一般是一个不确定的社会群体,尽管其传播范围较广,但在多数情况下我们难以从平台中直接获取受众的反馈信息,因此,改善和优化传播策略设置具有盲目性、主观性和随意性,甚至无所适从。对此,西方传播学者通常会参考民意调查的数据结论,或者依靠微传播平台的议题反馈信息分析总结来加以弥补。对社会主义核心价值观微传播而言,要解决新型大众传媒在信息反馈上的缺陷,应当发挥各种新兴传播技术作用,积极探索微传播路径的科学反馈机制。

首先,我们要依托传统主流媒体打造新型微传播路径。传统主流媒体一般坚持"正面宣传"为主,由于其历史影响力较强大,因而传统媒体设置的微传播平台所报道和关注的大多也是重大的常规性新闻,这对于传播社会主义核心价值观有着重要意义。微平台因具有传统传媒的历史影响力而能够自动获得相当数量的受众青睐,其粉丝数是一般新兴传媒在短期内难以企及的,如人民日报的公众号就有着一般新兴传媒无法比拟的影响力。这种影响力传达着权威性的正面信息,对于社会主义核心价值观而言,这种权威性的影响力是十分重要的。其次,我们要依托主流门户网站建立微传播渠道。如网易、搜狐、腾讯等主流门户网站,影响力强大,其传播方式与"中介式准互动"模式完全不同,而可以发展成为舆论的领导者,用来传播各种正面议题,扩展传播渠道以满足公众对信息数量、质量的追求,并可以凭借这些主流网站APP或公众号设置的反馈机制来获取大众反馈信息,甚至可以成为公众宣泄情绪的渠道。当社会出现"政策议题"与"公众议题"差异和冲突时,门户网站可以成为二者之间的"缓冲地带",担当起社会舆论的"安全调节阀"作用。这些情绪宣泄如果引导得好,就能在一定程度上消解大众的不满情绪;反之,如果不加以正面引导，任由这些负面情绪扩散，则可能酿成社会群体性事件。在社会主义核心价值观传播过程中，我们依靠主流门户网站打造一批新兴微传播平台，对相关信息进行报道和设置讨论，也可以从中获得大众信息反馈，然后再依据这些反馈信息对公众进行情绪引导，或者依据大众认知来调整传播策略。再次是依托网民自发形成的微传播渠道来扩展社会主义核心价值观的传播，主要是微信群、QQ群以及其他自媒体方式。与前面两个传播路径相比，网民自发形成的传播渠道往往具有鲜明的"临时聚合性"：它往往由社会突发事件所激发，由一些意见观点相近的网民在分散的网络中临时聚合而成，他们用各种博文、发帖、跟帖等形式进行讨论和质疑。一般情况下，在相关突发事件平息后，这种临时聚合的网民舆论场也就适时消失了。对这种传播渠道，我们应更加谨慎，要强化舆论引导方式，增强引导的时效性，防止正确的思想议题为网民的娱乐化所曲解。此外，还有依托微博、微信等网络意见领袖所形成的微传播路径。网络意见领袖是以公共知识分子为主体的消息灵通人士，他们大多熟悉相关政策法规，有着较丰富的社会阅历，具有较高文化水平，思想敏锐而视角独特，大多通过个人博客、个人公众号和个人网站、公共论坛等形式，以网络"人际传播"方式来影响和引导社会舆论，是我们不容忽视的一条重要的传播渠道。每当重大社会事件发生后，很多网民会首先看这些"名人"是怎么看的，他们有什么新消息，有什么新观点。因此，很多人会迅速在网上搜索这些意见领袖的个人博客、论坛，了解意见领袖在这一事件中的观点、言论、消息，并以此为参考来发表自己的意见。因此，网络意见领袖是政府舆论引导者与社会公众之间的重要交流中介。我们传播社会主义核心价值观，也需要借助这一舆论引导渠道，积极利用微信、微博和微客户端与公众进行直接交流和互动，打造有影响力的意见领袖，来引导舆论。特别是发生与社会主义核心价值观相对立的突发性社会事件时，用意见领袖来引导舆论意义更重要。可见，打造有影响力的意见领袖对于弘扬社会主义核心价值观的重要性。同时，我们还需要根据不同的议题、媒体的不同性质进行传播策划。因为"不同媒介介入我们感官的程度不同，因此我们基于不同媒介所产生的对事物的认知和体验也有所不同，媒介特性对个人认知的影响是显在的"①。这也就是说，只有科学策划传播渠道，才能综合发挥传播媒介的舆论引导效果。社会主义核心价值观的微传播过程，就是要综合发挥各种微传播平台的作用，共同提高社会主义核心价值观的微传播效果。

在策划社会主义核心价值观传播引导过程中，我们还必须牢牢把握主流舆论的引导方向，达到和实现提升社会主义核心价值观效果的目的。在现实社会中，大多数热点事件都是因涉及社会公共利益而引发的，否则，这些事件和问题难以引起公众的足够关注。因此，我们要有效传播社会主义核心价值观，还要首先解决和处理好相关热点事件背后所存在的社会公共利益问题。只有正确处理和解决了这些社会公共利益问题，舆论的引导方向才能做到"以我为主"，朝有利于社会发展的方向良性运动，才能使符合社会主义核心价值观的社会舆论朝我们策划的方向发展。在具体事件发生后，我们要及时准确地发布相关信息，满足公众对突发事件或社会问题信息获取的需要，否则在信息匮乏时，公众就会特别容易选择轻信谣言、传言和流言。发生突发事件后，我们就需要抓住第一时间发布相关信息，及时公布相关事件真相与处理结果，同时抢占议题设置权，"尽早讲、持续讲、准确讲、反复讲"②，充分借助意见领袖的舆论引导力量，牢固把握正确的舆论引导方向。另外，我们还可以通过一些宣传活动的科学策划，来促成社会主义核心价值观在微媒体的舆论场中有效传播。在社会主义核心价值观的舆论传播环境中，公众不仅会受到身边人物、意见领袖的影响，

---

① 许静：《舆论学概论》，北京大学出版社2009年版，第200页。
② 曹猛：《提升宣传思想工作有效性的四个着力点》，《人民论坛》2020年第18期。

更会受到社会群体、大众传媒、新兴媒体的影响,同时还会受到社会组织、公共机构和政府部门的影响和制约。特别是公共机构和政府部门的正面舆论宣传,可以为社会主义核心价值观微传播营造出有利的议题传播环境。突发事件发生后,我们可根据议题传播形势的发展变化,顺势调整议题,以提高议题的说服力和引导力,引导公众进行意见交流互动,同时在充分吸收公众意见的基础上,对相关事件所涉及的社会管理政策进行调整。而且这一经过符合大众意愿而调整过的议题,由于充分吸收了公众意见,也就能更加容易地被公众接受和理解,从而有利于公众对社会主义核心价值观的接受和理解。

四是要健全社会主义核心价值观宣传引导的领导机制,始终牢牢掌握大众舆论的引导权,把握意识形态工作的主导权。舆论引导的领导机制、传播机制、监测机制、预警机制、反馈机制、问责机制在强化社会主义核心价值观微传播中具有不可替代的制约作用。在微传播时代,网络、手机、平板电脑乃至各种穿戴设备的广泛使用,使大众舆论由普及趋于分散,现实生活中的每一个人都成为舆论的制造者,人人都是麦克风,人人都在舞台上。而在这样嘈杂的舆论场中,庞杂信息中虽不乏真知灼见,但大量的不良信息、垃圾信息也同样充斥其中。如果任由各种不良舆论随意传播、肆意蔓延,我们不主动掌握和引导舆论,不及时出击和回应不良舆论,不用正面的积极消息来引导舆论,就会扩大不良社会舆论的随意性和破坏性,从而造成社会主义核心价值微传播的负面舆论环境。因此,把握社会主义核心价值观传播与引导的"主动权",就需要我们提高用社会主义核心价值观引导大众舆论的水平,提升应对各种突发事件和舆情危机的能力。如果出现与社会主义核心价值观相违背群体性事件、突发事件,我们应主动设置相关议题,积极发布信息,努力提高大众舆论引导的公信力。党管意识形态是坚持党的领导的一个基本原则,我们在任何时候都不能动摇。在社会主义核心价值观微传播过程中,我们就应当"强化把关人作用,建立完善监测机制,强调有关人员和系统对网络舆情的内容、走向、价值观等方面进行密切关注,将最新情况及时反映到有关部门"①。今天,各种BBS论坛、微信公众号、博客、QQ群、新闻跟贴转贴等,因其具有虚拟性、发散性、渗透性、隐蔽性和随意性等特点,网民通过这种几乎不受控制的渠道来表达观点、传播思想日益常态化,如果监控、管理和引导不善,负面舆情可能会对社会安全造成危害,产生化解社会主义核心价值观的负面效果。因此,准确掌握社会舆情,强化舆情监测,不仅是社会治理能力提升的关键之举,也是弘扬社会主义核心价值观的必然要求。在微平台中,不断加强网络舆情监管的制度建设,用科学的监管模式代替封锁性管制思维,积极掌握最新网络舆情,及时消除各种谣言和误解,就可以有效促进社会主义核心价值观的广泛传播。另外,还必须建立舆论引导问责机制,对社会主义核心价值观在微平台"失语""失实"和"失度"等现象要强化问责意识。我国舆情研究学者喻国明认为:"许多领导干部对当前网络传播的规律和机制理解程度不深,还存在依靠'宣传部把关'的路径依赖,对信息的管理手段还是'原始的乃至野蛮的'——'捂''拖''删''压'等方式,结果常常导致'小问题引发大热点'"②。一些单位,特别是各级各类高校,如果在社会主义核心价值观微传播方面引导不力,则应对其主要领导者、建设者、教育者进行问责,追究其在社会主义核心价值观方面引导失语、失实、失度的责任。同时,还要让各级领导充分运用社会主义核心价值观微传播效果的测评工具,经常性地检测其微传播成效,根据检测结果及时调整传播策略。只有这样,我们才能真正把握弘扬社会主义核心价值观的主动权,使社会主义核心价值观在微传播平台中有效占领阵地,提升传播效果。同时,我们还要主动运用各种微平台去发现群众关心的具体问

---

① 刘春波:《舆论引导论》,武汉大学博士学位论文,2013年5月。
② 喻国明主编:《中国社会舆情年度报告》(2012),人民日报出版社2012年版,第8页。

题，倾听他们的心声，解决他们的问题，破除他们的思想疑虑，防止敌对势力乘虚而入误导公众，才能把弘扬社会主义核心价值观落到实处，让人民群众对社会主义核心价值观真信真懂、践行落实。

第五章

社会主义核心价值观微传播的对策建议

随着全媒体时代的到来，社会主义核心价值观微传播面临着诸多机遇与挑战，需要从组织管理、宣传教育、媒体融合、生态净化等方面，有针对性地研究对策。具体而言，需要切实做好以下四方面的工作：一是在组织管理方面，做好顶层设计。制定社会主义核心价值观微传播长远规划，建立联合协作机制，建立现代管理模式。二是在宣传教育方面，推进亲和力建设。密切联系"微民"，梳理传统文化资源，打造有温度有思想有品质的作品，建设社会主义核心价值观"故事"库。三是在媒体建设方面，打造融合传播格局。打造具有品牌效应的新型传播平台，构建整体互动传播模式，创建主流传统媒体与网络媒体内容资源开发与合作机制。四是在执法执纪方面，净化信息生态系统。构建舆论预警与快反机制，加强微民的媒介素养教育，建立和完善微传播的法律法规体系。通过以上战略举措，实现社会主义核心价值观微传播在管理理念、内容形式、方法手段、政策保障等方面的守正创新，推动社会主义核心价值观微传播的质量和效率更上一个台阶，以更好适应新时代文化建设的发展需要。

◇ 第一节　做好顶层设计

顶层设计，原本是工程学术语，是指从全局视角，运用系统论方法，对体系建设涉及的各要素、各方面、各层次进行统筹规划，从而正确高效利用资源、确保体系目标实现。如今随着我国对国外政治学、传播学、管理学等学科的引入，而广为国人熟悉。社会主义核心价值观微传播的顶层设计，就是按照"以终为始"的原则，制定社会主义核心价值观微传播的整体规划，明确传播活动的指导思想、战略目标、主要任务，把实现目标的关键要素和主要任务排列出来，再根据传播目标去组织管理，进行配置资源，形成一个规范的文件，并让各个层级的管理者按照文件上的具体要求有计划、有步骤地执行，从而避免因传播系统内各要素各自为政而造成社会主义核心价值观传播混乱、无序、低效的局面。总之，只有在组织管理层面做好顶层设计，把握传播的大局方向，把社会主义核心价值观微传播看作一个整体，实现资源共享、统一协调，构建上下纵向衔接、左右横向贯通的传播体系，形成传播合力，才能弘扬主旋律，壮大主流舆论，引领社会思潮，进一步提高传播领域治理水平和国家文化软实力。

一 制定社会主义核心价值观微传播长远规划

习近平总书记指出："要利用各种时机和场合，形成有利于培育和弘扬社会主义核心价值观的生活情景和社会氛围，使核心价值观的影响像空气一样无所不在、无时不有。"[①] 因此，从中央到地方各级党委和政府要充分认识培育和践行社会主义核心价值观的重要性，在网络普及的新时代，要把社会主义核心价值观微传播摆在重要位置，在中央顶层设计的基础上，把握发展方向，切实负起政治责任和领导责任，制定社会主义核心价值观微传播的长远规划。通过顶层设计，切实提高领导的科学性，提升工作的预见性，明确各自权责，形成传播合力，将社会主义核心价值观微传播当作一项长期性系统性工作，探索有效形式、创新方式方法、形成制度规范。

---

① 《习近平在中共中央政治局第十三次集体学习时强调 把培育和弘扬社会主义核心价值观作为凝魂聚气强基固本的基础工程》，《人民日报》2014年2月26日。

第一,建立健全社会主义核心价值观微传播的领导体制和工作机制。从中央到地方各级党委和政府要加强领导与组织实施,建立社会主义核心价值观微传播的领导机构,用于统筹协调本地区微传播的各项工作,用于督促落实本地区微传播的任务落实,提高微传播的科学化水平。一般来说,社会主义核心价值观微传播的顶层设计,按行政层级划分,可分为中央和地方两大层级。中央层面的顶层设计,是最高层面的顶层设计,具有鲜明的统领性,主要运用发展的理念,对未来5年或更长时间社会主义核心价值观微传播提出整体规划和宏观把握。例如,2013年12月中央颁发的《关于培育和践行社会主义核心价值观的意见》,就是中央层面、最高级别的顶层设计,也是对社会主义核心价值观微传播的全面谋划与整体布局,目的在于实现社会主义核心价值观微传播的全覆盖,使社会主义核心价值观的教育理念渗透到公民道德教育、学校教育教学、社会主义精神文明建设和党员干部学习教育等各项活动之中。2016年中办国办印发《关于进一步把社会主义核心价值观融入法治建设的指导意见》,提出"把社会主义核心价值观的要求体现到宪法法律、法规规章和公共政策之中,转化为具有刚性约束力的法律规定"①。通常,地方层面的顶层设计主要包括省、市、县多个层级。在传播实践中,地方层面的顶层设计应当涵盖社会主义核心价值观微传播明确的工作目标、工作思路、工作举措、责任单位、三级责任人等方面。地方层面的顶层设计强调协同性,要求同一层级的顶层设计在目标任务等方面,必须保持一致;下级与上一级要实现无缝衔接,同时为下一级顶层设计留有接口,让他们能够联系自身实际,把社会主义核心价值观微传播活动同各地方各部门各单位的实际工作融为一体,争取做到两不误,积极、主动、有效开展社会主义核心价值观微传播,并使培育社会主义核

---

① 中办国办印发《关于进一步把社会主义核心价值观融入法治建设的指导意见》,2016年12月26日,人民网,http://politics.people.com.cn/n1/2016/1226/c1001-28975240.html。

心价值观成为各地区各部门各单位开展工作活动的制度保障和刚性约束。

首先，各级党委宣传部门要切实担负起组织指导、协调推进社会主义核心价值观微传播的重要职责，推动并督促微传播的各项任务落到实处。其次，在各级党委和政府统一领导下，党政各部门、工会、共青团、妇联等工作团体，要成立相应机构，制定具体方案并努力开展微传播的各项工作，把对社会主义核心价值观微传播管理同各地区各行业的行政管理、行业管理和社会管理结合起来，形成开展社会主义核心价值观微传播的良好局面。再次，各级党委和政府要加强同本地教育界、知识界的联系，积极支持这些部门成立专门机构，采取有力措施，引导广大知识分子自觉自愿投身社会主义核心价值观微传播工作当中。最后，各级党委和政府要充分发挥民主党派和工商联的重要作用，支持他们利用自身的政治优势与独特条件，开展社会主义核心价值观微传播的各项工作，并建立表彰机制，对组织宣传开展微传播成绩突出的单位与个人进行表彰。

第二，通过政策的扶持、资金的支持，打造新型主流媒体。客观而言，在媒体宣传中，对诸如"社会主义核心价值观"此类偏严肃性政治主题的宣传压力和经营压力，远远大于娱乐性、趣味性等轻松性主题。媒体不是商业机构，应把对媒体体制机制的改革，作为国家战略规划的一部分。从政策、资金等层面入手，切实增强支持力度，建设强大的党管新媒体平台终端，帮助党媒共同应对"市场化"对新兴媒体组织的各种冲击。新型主流媒体，"其实就是移动端的党报、党刊、党台、党网"①。党管理媒体与资本管理媒体，二者存在本质区别。新媒体的第一逻辑是讲政治，商业平台的核心逻辑是逐利。国家支持、扶持党控新媒体平台的真实目的，就在于不让外来技术、商业资本掌控新媒体的内容生产，以确保主流媒体的权威性和引导力。为此，要在全国支持一批媒体在新媒体平台上保持影响力，

---

① 梅宁华、支庭荣主编：《中国媒体融合发展报告（2019）》，社会科学文献出版社2019年版，第43页。

并使此类政治传播活动上升为国家重要战略。首先，推动政策供给与新型主流媒体的发展需求有效衔接。抓好中央政策的政策落实、周密部署，使新型主流媒体享有更多"实弹支持"，能够获取专项资金的支持。其次，在优惠政策方面，建议为新型主流媒体降本减负，减免增值税，减免社保费用，返还部分税收，免收国有资产收益，形成有利于社会主义核心价值观传播的良好政策导向及利益引导机制。最后，鼓励媒体与政府开展全方位合作。推动政府部门与主流媒体密切合作，着眼于新型主流媒体的痛点、难点和堵点，提高政府"办到位""马上办"的执行力，做好实实在在的政务服务。

第三，构建有利于社会主义核心价值观微传播的管理环境。推动社会主义核心价值观微传播既要靠良法，也要靠善治。中国自1994年正式接入互联网以来，一方面网络社会蓬勃迅猛发展；另一方面由于准入门槛低，管理较为滞后，导致乱象丛生，信息过剩，价值冗余甚至滋生各种网络违法犯罪问题。进入2009年，随着自媒体、移动终端媒体的勃兴，我国管理水平、法制化建设的速度与移动媒体的繁荣图景显得相形见绌，远落后于网络发展的现实需要。在自媒体快速发展的新时代，我们面对前所未有的管理难题和时代挑战。"比如，微信公众号的数量无从限制。又如，爱奇艺登录大屏平台，要不要许可呢？"① 在信息高速公路上，各种媒体纷至沓来，一旦为数众多的微媒体在同一时间关注同一议题，或者传播同一内容，就可能引发巨大的舆论风暴，甚至引起人心浮动、社会动荡。近年来几次大的舆论风暴皆是由于传播不当、传播无序引发，并导致事态逐步升级，比如2008年的网民抵制家乐福事件。这就内在要求采取硬性规则、刚性约束，加强严格管控，努力构建有利于社会主义核心价值观微传播的管理环境。为此，首先，营建公平、公正、透明的新媒体发展环境。要加强对网络新

---

① 梅宁华、支庭荣主编：《中国媒体融合发展报告（2019）》，社会科学文献出版社2019年版，第52页。

技术新应用的管理，从中央到地方各级党委和政府应当做大做强社会主义核心价值观微传播平台，通过网络文化、网络宣传、网络服务，使社会主义先进文化占领网络阵地，有效引导网民树立正确的价值观念。其次，维护原创版权，反对各种侵犯知识产权的行为。要全力保护内容的原创性，倡导创作创新创意型的优秀作品，组织一批人才创作适用于新媒体传播、格调健康的社会主义核心价值观网络作品。与此同时，打击各种网络侵权行为，依法保障原创作品，切实保证网络专职人员的创作积极性。最后，加大对自媒体、微媒体的管控和惩罚力度。由于自媒体违法、违纪成本低，取证难度较大，肆意传播的虚假内容时常淹没主流媒体的声音。对此，要依法进行网络监督，规范网上传播秩序，推进自媒体、微媒体的法制建设，预防并及时制止低俗庸俗媚俗信息和涉及淫秽色情内容的发布，严厉打击网络谣言传播，整治网上违法犯罪行为，使网络空间清朗起来，形成良好的社会主义核心价值观微传播舆论环境。

第四，建立人才储备机制和人才奖励机制。建立一支专业化的传播人才队伍是开展社会主义核心价值观微传播的关键。为此，需要把更多的投入、奖励、激励用在人才身上。首先，必须设法引进一批既有技术优势又有理论优势的专业人才，发挥其专业所长，对社会主义核心价值观微传播进行总体设计，全面布局，精心构思。其次，建立储备人才机制。教育界、知识界应重点培养社会主义核心价值观宣传教育的骨干精英，学校要综合运用教育教学资源，在课堂教学、社会实践、校园文化等方面，利用制度保障、研究宣传等方式，把社会主义核心价值观微传播落实到学校工作各环节各过程，覆盖到所有受教育者，不仅使学生本人相信和积极践行社会主义核心价值观，而且让学生自觉担当宣传员，成为传播宣传社会主义核心价值观的后备力量。再次，建立人才奖励机制。对于专家型人才，对于创意型人才，应当采取有力度、有吸引力的激励政策，给予可观的物质激励和精神激励，使其充分施展创作才华，集中精力做好主流文化的创意设计和传播工作。最后，必须组织动员全体党员干部积极参与社会主义核心价值观的微传播。全体党员干部特别是领导干部应在核心价值观微传播工作中，发挥党员干部的表率作用，以上率下、以身作则、率先垂范，以人格力量感召群众、引领风尚。

二 建立社会主义核心价值观微传播联合协作机制

开展社会主义核心价值观微传播，需要加强沟通，密切合作，集合力量，形成社会主义核心价值观微传播的协同阵地。这个阵地需要搭建组织，明确目标，综合运用行政、法律、文化、教育、科技等手段，推进纸质端和数字端媒体共同参与，内容人员、技术人员、运营人员和监管人员四方协作，政府、社会、学校、家庭四方参与的社会主义核心价值观微传播联合协作机制，使社会主义核心价值观全面融入社会成员生活之中，成为全体人民共同奋斗的思想道德基础，并努力践行之。

第一，建立纸质端和数字端媒体共同参与的社会主义核心价值观微传播联合协作机制。社会主义核心价值观微传播是一项系统工程，既要抓住数字端媒体的基本特性，既讲究形式、创意和情怀，也要抓住纸端媒体的基本要求，即规范严谨。具体来说，在形式上，要求采取多元化发布、多维度呈现，力求做到极致，吸引人的眼球；在创新上，要有新意有流量，力求同质化程度低，打造爆款产品；有情怀，要求传达向上向善向好的文化内容，引领正确的价值导向。对纸媒而言，不论是流程内容，还是经营管理都是规范严谨的。总体来看，纸质端和数字端媒体共同参与的社会主义核心价值观微传播联合协作机制，本质上是传统媒体文化基因与新媒体样式的结合，通过扬长避短，发挥各自优势，提高社会主义核心价值观微传播的本领和能力。

第二，建立内容人员、技术人员、运营人员和监管人员四方协作的社会主义核心价值观微传播联合协作机制。要充分发挥媒体独有的群众路线优势，增强团队之间的协作性，从整体观的视角加强内容的策划生产、配套技术的支持、运营的保障性以及各级监督部门对不良信息的管控。值得重视的是，"内容＋渠道＋运营＋互动"常态化的传播方式要求内容生产人员、技术人员、运营人员和监管四方力量应一起协同创新，密切配合，使社会主义核心价值观传播工作宛如齿轮组一般高效咬合，产生强大的助推力。内容生产作为核心竞争力，内容人员应当坚持做内容主业，创作优质高端作品，努力借助文字稿、图片、视频、音频、特效、动漫等丰富手段，进一步传播弘扬主流价值观，并拓宽主流价值观在互联网中的发展新空间。技术是重要支撑，技术人员应不断提升应用新技术新平台的能力，多采用新媒体的流行语言做微媒体产品，提高对媒体的技术布局。运营是主要任务，运营人员应当增强与受众的交流互动，在信息分发上契合用户的多样需求，在服务功能上不断拓展空间，强化日常生活场景的应用体验。监管作为必要保障，监管人员应当加大对传播不良信息分子的打击力度，堵塞有害信息的传播渠道，畅通社会主义核心价值观微传播的渠道，让社会主义核心价值观深入广大微民心中，以发挥其独特的教育、约束效能。

第三，建立政府、社会、学校、家庭四方参与的社会主义核心价值观微传播联合协作机制。社会主义核心价值观微传播需要依赖多部门多主体齐心协力推进，如果缺乏有效的设计，必然导致各部门权责不明，互相推诿，工作难以有效衔接和高质量开展。应通过顶层设计以及出台科学政策，建立核心价值观微传播联合协作机制，形成"政府领导、部门联合、多方参与、密切协作"的有机整体。既强化在思想政治教育中进行社会主义核心价值观的传播，也要抓好在法律、政策、人文教育、文化活动和社会实践中进行高效传播；既注重传播内容的系统性，又要避免传播内容的同质性。对此，政府应加强社会主义核心价值观微传播的领导与管理，树立"应该管、管得了、管得好"的理念，发挥牵头作用。社会各级组织、各个部门应当明确职责分工,积极搭建高效的微平台,并成为传播联合中必不可少的"发声筒"。学校应当切实发挥传播中的智库贡献和理论传播作用,向受众多传播当代中国的主流价值观。家庭成员应当发挥以身作则的示范作用,展现积极向上的精气神,并通过微信朋友圈、亲人QQ群营造爱国爱家充满正能量的氛围。总之,通过建立纵向横向联系,内外助推"四级协同"传播体系,形成传播的强大合力。

三 建立社会主义核心价值观微传播现代管理模式

社会主义核心价值观微传播是一项极为复杂、应变性强的活动,在这项复杂活动中,通过顶层设计对各种资源进行高效整合、联合、融合,建立现代化管理模式,实现社会主义核心价值观微传播管理的高效化、科学化。如若能科学发挥现代管理模式的作用,社会主义核心价值观微传播无疑能避免因重复传播、低效传播导致资源浪费的现象,从而优化传播资源,全面提高传播效率,促使社会主义核心价值观微传播活动变得更为科学规范。

第一,打破传统媒体"小而全"的模式,采用市场化集团化的管理模式。在管理模式上,传统媒体与市场脱节,各种弊端日益显现,有时明明一个月就能解决的技术难题,在体制内的某些单位拖个半年多还未必能解决。对此,必须要有壮士断腕的改革勇气,打破传统媒体运营"小而全"的管理旧模式,破除万事"走程序""按流程""没签字,不办事"的硬约束,通过市场化、集团化的管理模式,向行业、向部门要效率,吸引社会资本的投资,使资源更加优化,达到市场化、集团化的传播效果。例如在2010年上海世界博览会报道中,电视、广播与互联网、手机等新媒体一起,组成了世博会宣传团队。上海电台、黑龙江电台等开辟上海世博会专栏,将上海世博会的精彩,通过广播网站传递到各地,实现跨媒体信息共享,多向互动。又比如，第16届广州亚运会开创的"广东模式"传播方式，是由当时全国45家广播联盟成员台进行协商而组成的，全称为"中国广播联盟亚运报道新闻中心"，通过统一规划选题，采访报道合作开展，把各成员台的独特优势以最高效方式整合起来，实现了资源共享和一体化运营，开创了合作新模式。

第二，打破封闭运营、自行管理的现状，实行合作共赢的管理模式。长期以来，传统媒体存在着封闭运营、自行管理的陈旧方式，对此，要秉持开放理念，充分利用传媒行业内外两种资源、两个市场，打破传统媒体陈旧管理模式，促使新媒体与传统媒体联手，通过优势互补，实现合作，发展壮大组成传播集团，达到共赢共享。两大媒体在IP领域、在线教育、新媒体技术、大数据、影视文化、数字出版、游戏娱乐等方面，已深入开展跨界合作，实现了经营模式多元化。例如，2018年3月，在深圳市腾讯大厦，四川广播电视台与腾讯公司签订了战略合作框架协议，共同推进广播电视事业和产业的转型升级，双方协议开展深度合作，侧重在云服务、内容开发等方面强化合作。再如中国国际电视总公司与阿里巴巴集团的联合，2018年4月，双方签订了技术合作协议，明确规定的合作范围主要是云平台、移动客户端、大数据、信息化平台建设等方面。这种跨领域合作共赢的现代管理模式，已成为一种发展潮流，必将为媒体各自的长远发展提供重要保障。

第三，突破业态界限，实行跨媒体、跨行业、跨地区的管理模式。单一的内容生产以及"单枪匹马"的传播模式，使社会主义核心价值观传播不论在规模还是在效果上都大打折扣。对此，要打破传统媒体之间、新媒体之间以及传统媒体与新媒体间的业态界限，树立"全国一盘棋"思维，实现跨媒体、跨行业、跨地区的管理模式，多渠道多路径与用户建立有效连接，在传播内容、方法、介质、渠道等方面进行融合，实现资源的高度聚拢与优化。在新媒体时代，社会主义核心价值观微传播应通过融合方式，采取先进传播技术，包括数字技术、无线宽带、互联网、移动通讯等，集中开发手机媒体、户外视频新闻网、移动数字阅读等特色项目，尽快抢占新媒体信息的制高点。当前伴随着智能化技术深度落地并迅速引领产品服务，我国媒体融合进程进一步加快，技术优势正在转变为传播优势，媒体融合在内容领域正进一步发力，这就更为需要破除各种人为梗阻，以智能技术为驱动，实现跨媒体、跨行业、跨地区的媒体大联合，激发融合活力，使各大媒体依据用户诉求与市场需要，实现创意与价值相连接。

总之，社会主义核心价值观微传播的现代管理模式，体现了顶层设计者的谋略和智慧，旨在通过细化分工建立联合协作机制，形成传播的合力，使我国的价值理念、文化观念的传播成效更为显著。

◇第二节　推进亲和力建设

亲和力是一种情感信息的传达，是社会成员在相处时呈现出的亲近行为、积极心态、情感力量，它是人格魅力的重要载体。一个具有亲和力的人，容易与别人建立良好关系，自然别人也愿意接受他（她）传播或宣传的内容。在当前环境下，推进亲和力建设直接关系到社会主义核心价值观能否深入广大微民心中，并影响到他们的信息获取、价值选择及行为遵循。根据传播学理论，亲和力的核心要素主要包括：传播内容是否贴近生活，传播方式是否丰富多彩，传播时语言是否真诚风趣，相互互动是否平等开放等系列指标，为此，必须通过密切联系微民、梳理传统文化资源、打造有温度有思想有品质的作品、建设社会主义核心价值观故事库等举措，真正提高传播的温度热度，增进社会成员对社会主义核心价值观的情感依附，使其欣然接受社会主义核心价值观的宣传教育，并在社会实践中自觉践行社会主义核心价值观。

一 密切联系微民

推进社会主义核心价值观微传播亲和力建设,必须紧密联系微民。微博、微信等信息产品传播速度快,每个微民既可以成为别人的粉丝,也可以拥有自己的粉丝。随着互联网的快速发展和迅速普及,社会成员的生活方式发生了前所未有的深刻变化,互联网成为社会成员生活中不可或缺的一部分,特别是青年人"机不离手",达到了须臾离不开网络的地步。其结果就是传统主流媒体已难以垄断话语权,更无法强制网民尤其是微民接受某种主流价值观。互联网极大地影响了微民的价值观念,普通微民已经成为互联网真正的主体,它们拥有自主选择权,不仅可以选择看什么、不看什么,选择什么时间看、什么时间不看,选择哪些可以传播、哪些不愿传播,而且可以主动参与发布消息、发表评论、表达观点。由此可见,普通微民,这些微小而卓越的力量具有广泛的动员力、超强的渗透力和强大的舆论引导力。随着智能手机的广泛普及,每个智能手机的拥有者都可以同时扮演多个角色,既是记者,又是评论员、传播者等,这极大冲击了传统的主流话语体系。由于网络为各种非主流价值观的传播提供了平台,许多不法分子利用这些平台传播否定马克思主义、否定社会主义价值观的错误信息,甚至用心险恶地传播反动信息、违法犯罪信息,加上网络游戏中的暴力倾向、社交平台存在的欺诈现象,这些势必造成社会主义核心价值观微传播的事倍功半。针对上述情况,为实现战略性突破,消除各种负面影响,必须把社交媒体作为重要的"传播战场"。

第一,主动了解微民的思想动态与现实需要,把握好微民的兴趣点、泪点、笑点、"怼点"和痛点。社会主义核心价值观微传播者要克服自大心态,放下"高高在上、唯我独尊"的姿态,主动了解微民的思想动态与现实需要,坚持以问题为导向,主动迎着问题交谈,包括日常生活中一些不和谐问题、青年人的价值多元问题、社会主义道德体制建设、社会主义法治建设、社会主义精神文化建设等诸多内容。长期以来，中国的社会主义核心价值观教育传播明显滞后于经济建设。目前社会主义核心价值观微传播虽然传播很广，接触到的人也比较多，但往往呈现短期效应和突击效应，究其原因，最为关键的一条就是部分微民感觉"事不关己"，并非真心去学习、去传播。对此，必须把握好时机和话题，注重从微民关心的难心事、烦心事、高兴事、乐呵事等方面寻找突破口，以发展性和建设性眼光寻找解决方案，与此同时，有力回应社交媒体上的负面信息、各种谣言，让社会民众接触和感受到国家前进和努力的方向，逐步提升社会主义核心价值观的感召力和认同度。

第二，多在柔性话题上下功夫，改变"傲慢式""自说自话式"传播风格。鉴于第二章实证案例研究部分的启示，微传播应当亲民、接地气，不能"高、远、冷"，要改变"傲慢式""自说自话式"传播之风，改变"侮辱网民智商"的思维模式，改变"违背生活经验"的表达方式。多从健康知识、文化旅游、休闲度假、自然科普等"柔性话题"上下功夫，强力吸引微民的学习热情。相反，如果过多强调政治化色彩、经济学理念、意识形态属性，则会显得十分"生硬"，容易引发受众的心理排斥，影响传播的效果。因此，亲和力是提升社会主义核心价值观微传播效果的必然要求，要从人性的角度出发讲故事，多谈百姓事、日常事，呈现中国民众的人生百态，拨众生信仰之迷障，感化受众之心灵，引向人生之正途，真正在舆论场中实现"龙头压阵"的目标。

第三，注意使用贴近受众生活化、幽默亲民的传播语言。从传播话语的角度看，微空间作为新兴的话语空间，微民的自主性与话语权得到了极大的释放，不仅重塑了话语的权力结构，还促使话语体系向多元化转变。而作为一种科学理论，社会主义核心价值观的表达具有高度的凝练性、逻辑性、系统性，只有24个字，其话语体系也显得相对抽象。对此，应充分考虑不同年龄人群的身心特点和话语表达习惯,应将社会主义核心价值观抽象的语言表达转化为社会成员乐于接受、能够理解的微语言,力争做到雅俗共赏,从而拉近与微民的关系,增进与微民的心灵沟通、价值观碰撞和情感交流。

二 梳理传统文化资源

中华优秀传统文化是涵养社会主义核心价值观的重要源泉。我们可以在丰富的中华优秀传统文化库中,追溯社会主义核心价值观产生的历史渊源和原始资源。比如,我国优秀传统文化中的"家国情怀""天下为公""以和为贵""孝道""诚信""敬业""友善"等内容,都蕴含了社会主义核心价值观的主题内容。习近平总书记高度重视对传统文化资源的梳理和挖掘,强调"系统梳理传统文化资源,让收藏在禁宫里的文物、陈列在广阔大地上的遗产、书写在古籍里的文字都活起来"[①]。2014年9月24日,在纪念孔子诞辰2565周年国际学术研讨会上,习近平总书记从传承中华优秀传统文化的重要性出发,郑重提出:"优秀传统文化是一个国家、一个民族传承和发展的根本,如果丢掉了,就割断了精神命脉。"[②] 2017年1月25日,中共中央办公厅、国务院办公厅联合制定并印发了《关于实施中华优秀传统文化传承发展工程的意见》,主要目的就是深入发掘我国传统文化资源,弘扬中华优秀传统文化,传承中华文明。中华优秀传统文化是中华民族的精神命脉,是取之不尽用之不竭的文化宝库。它为社会主义核心价值观微传播储备了文化资源,提供了思想宝库。因此,社会主义核心价值观微传播可以通过梳理传统文化资源、寻根溯源,从中探寻社会主义核心价值观的优秀文化基因,并联系实际,合理发挥其现代导向功能、育人功能。

---

① 《习近平谈治国理政》第一卷,外文出版社2018年版,第161页。
② 《习近平谈治国理政》第二卷,外文出版社2017年版,第313页。

为此，必须正确处理以下四种关系。

第一，要正确处理传承与创新的关系。社会主义核心价值观微传播之创新，理当是"守正创新"。所谓"守正"，即恪守正道、弘扬正气、抱持正行，确保文化建设、文化发展的正确方向。所谓"创新"，就是要始终保持"敢为天下先"的政治勇气和文化自觉，确保中国文化始终屹立于时代潮头，为实现中华民族伟大复兴的"中国梦"提供强大精神动力和智力支持。为此，要运用"马克思主义唯物史观梳理中华民族5000多年悠久文明的历史、近代以来170多年中华民族发展历程"①、中华人民共和国70多年伟大奋斗史和改革开放40多年的持续探索史，在守"道"之基础上，把握时代脉搏，深耕内容生产，深化文化内容创新、传播创新、品牌创新，形成底蕴深厚、内涵丰富、充盈时代气息的传播理论，从而提高社会主义核心价值观传播的延展力和吸引力。

第二，要正确处理实质内容与表现形式的关系。时代是思想之母，梳理中国传统文化不能食古不化，更不能作茧自缚，既要考察其历史作用，又要研究其现实价值，使其能服务于当前我国经济社会发展和思想文化建设。要自觉礼敬本民族的历史，实事求是地整理挖掘，以确认哪些文化确实应当保留传承，哪些文化应当着力批判、改造甚至创造性地转换不合时宜的内容。客观地说，在更好满足大众深入了解传统文化的需求方面，传统平台略显不足。对此，要坚持继承传统文化的精神实质与改造落后形式相结合，既要守住方向立场和根脉底线，又要大胆解放思想，与时俱进，改变表现形式，实现从"讲说形态"到"综艺形态"，成功激发受众对传统文化的兴趣。例如，与现代传播平台，微博、微信、QQ、APP、直播等结合，利用"微介质"，通过"微课堂""微讲座"等进行微传播，则能将中华优秀传统文化"活化""火起来"，覆盖到人们的"微生活"中，极大凝

---

① 吴潜涛、艾四林主编：《社会主义核心价值观研究前沿问题聚焦——社会主义核心价值观协同创新上海峰会文萃》，人民出版社2018年版，第6页。

聚共识，增加文化认同。

第三，要正确处理不忘本来与面向未来的关系。习近平总书记指出："牢固的核心价值观，都有其固有的根本。"① 优秀传统文化是中华民族的"根"和"本"，如丢失了这个"根""本"，社会主义核心价值观将会被割断命脉，失去丰厚的文化滋养。对此，要坚持古为今用，推陈出新，借鉴吸收传统文化中的有益成分，并赋予其时代内涵，展现中华优秀传统文化的时代价值与时代魅力，坚决反对历史虚无主义的错误倾向，坚决抵制传承与创新过程中的各种官僚主义、形式主义，竭力克服在市场经济条件下的实用主义、功利主义的价值倾向。与此同时，以理性的精神和建设性的心态科学对待外来文化。通过夯实根基，使微文化的主阵地能反映当代中国人的价值追求和精神风貌。

总之，中华优秀传统文化是中国文化的"生存之本"，是中华文明的"硬核"。开展社会主义核心价值观微传播，要深入挖掘中华优秀传统文化中蕴含的爱国情感、人文精神、道德作风、行为规范等优良资源，全面梳理中华传统文化中"讲仁爱""尚和合""重品行"等思想，充分运用传统文化中"守诚信""重民本""崇正义"等道德教化资源，深化爱国主义教育、孝老爱亲教育、诚实守信教育、勤劳节俭教育等，感受中国优秀传统文化的亲和力。只有增强中华优秀传统文化的生命力、亲和力，更好地运用到社会主义核心价值观微传播中，才能向受众提供更具人性化、更具本土化的价值导向作用。

三 打造有思想有温度有品质的作品

进行社会主义核心价值观微传播，大力推进亲和力建设，必须按照

---

① 《习近平在中共中央政治局第十三次集体学习时强调　把培育和弘扬社会主义核心价值观作为凝魂聚气强基固本的基础工程》，《人民日报》2014年2月26日。

习近平总书记在党的新闻舆论工作座谈会上的要求,"努力推出有思想、有温度、有品质的作品"①,提升社会主义核心价值观微传播的成效。自此,"有××"体成为了网络热词。从微传播的载体形式研究,"有思想"是指注重涵养和深度,对真理、正义、诚信等价值观具有深刻认识和独立思考的作品。"有温度"主要指注重情怀表达和让人感受到"温情脉脉"的作品;"有品质"主要指注重内容质量和效果的作品。实践证明,只有传播有思想、有温度、有品质的作品,才能为实现中华民族伟大复兴的中国梦凝心聚力、汇智聚才。

第一,打造有思想的作品。首先,通过创新社会主义核心价值观微传播的内容和形式,遵循传播规律,多传播高举旗帜、引领方向、围绕中心、服务大局的作品。社会主义核心价值观微传播者的角色不仅是国家政策方针的传播者、时代进步的推动者、社会动态的记录者、公平正义的见证者,同时是社会主义核心价值观微传播作品的创作者。我国正处于向"两个一百年"中第二个百年奋斗目标奋进的关键时期,社会主义核心价值观微传播要提升到治国理政、定国安邦的高度,要为实现中国梦奠定思想基础。其次,在社会主义核心价值观微传播中要宣传习近平新时代中国特色社会主义思想,要阐释新时代党的路线方针政策,要反映广大人民伟大实践和精神风貌。社会主义核心价值观微传播者要增强"四个意识",做到"两个维护",在思想上政治上行动上同党中央保持高度一致,做到爱党、护党、为党,时时刻刻胸怀大局,关注大事,心系人民,做到思想上不松懈、工作上不放松。再次,要坚定"四个自信",用丰富的精神文化产品陶冶性情,用社会主义核心价值观塑造灵魂,要坚持做好正面宣传,加强正面引导,坚持正确的舆论导向,增强传播的吸引力、感染力;要牢固树立五大发展理念,积极宣传和推动四个全面战略布局与"五位一体"总体布局的

---

① 《习近平在党的新闻舆论工作座谈会上强调 坚持正确方向创新方法手段 提高新闻舆论传播力引导力》,《人民日报》2016年2月20日。

落实。最后，要积极展示中国共产党人和中国人民良好的精神风貌，讲好中国故事，传播好中国声音。

第二，打造有温度的作品。首先，要传播团结人民、鼓舞士气、成风化人、凝心聚力的作品。社会主义核心价值观微传播聚焦的对象是人民，民心是最大的政治，人民在哪里，传播的重点就应该在哪里。从源头上看，温度来自对人民的感情，社会主义核心价值观微传播者要深深扎根于人民的广袤沃土之中，扎根的深度决定事业的高度，把工作之基深深融进人民的伟大实践，融入的程度决定情怀的温度。只有真切感知人民的酸甜苦辣，社会主义核心价值观微传播才能有滋有味；只有深入触摸广大人民的冷暖凉热，社会主义核心价值观微传播才能有成效。其次，社会主义核心价值观微传播者要不断提高传播的质量和水平，巩固主阵地，弘扬主旋律，占领主流意识形态阵地，壮大主流思想的影响力，振奋人心，激发全社会团结奋进的精气神。再次，必须发挥社会主义核心价值观教育人、鼓舞人、激励人的作用，要善于表达，敢于表达，说群众想说的话，讲群众能懂的话，要让人民爱听爱看、产生共鸣，通过打造有温度的作品来团结人、说服人、感染人。最后，必须坚持理论联系实践，深入到基层、到一线、到群众中去，获取第一手材料，真实了解国情，切实体察民情，真情感悟生活的真谛，了解时代的发展，改变那种仅靠开大会、看材料、听汇报来获取情况的现象。真正把社会主义核心价值观转化为群众的自觉行动，丰富社会成员的精神世界，增强社会成员的精神力量。

第三，打造有品质的作品。首先，需传播内容高尚、内涵丰富、情趣高雅、打动人心的作品。社会主义核心价值观微传播要找准切入点和着力点，牢牢把握社会主义核心价值观的实质，主动借助新媒体传播的优势，构建传播新格局，探寻传播的新思路、新方法，生动准确传播社会主义核心价值观。其次，要直面对社会主义核心价值观的误读、曲解以及与主流价值观相背离的丑恶现象，准确描述事实，作出科学判断，坚持正面宣传，形成正确思路,不为权势所驱动、不为利益所诱惑、不为资本所绑架,打造出有内涵、有质量的传播作品。对政治原则、政治方向、政治立场等大是大非的问题,必须掌握主动权,增强预见性,打好主动仗,帮助社会公众划清是非界限、澄清各种模糊认识。最后,掌握科学方法,借助辩证唯物主义和历史唯物主义观世界,大胆除旧布新,大力剔恶扬善,客观、公正地反映世界。要坚持求真务实,俯下身、沉下心去研究事物,防止浮光掠影、走马观花、浅尝辄止。总之,要通过社会主义核心价值观微传播起到和风细雨、润物无声的效果,让社会主义核心价值观微传播者真正成为满腔热忱的讴歌者。

四 建设社会主义核心价值观故事库

进行社会主义核心价值观微传播,大力推进亲和力建设,必须建设社会主义核心价值观故事库。社会主义核心价值观故事库,既是社会主义核心价值观信息汇集的中心,也是"内容生产""价值链接"的中心。社会主义核心价值观故事库创建的基本原则是,以受众的角度为出发点,以社会主义核心价值观的主题内容为切入点,提供不同层次、不同方面、不同风格的新媒体资源,把涉及国家、社会、个人三个层面的价值要求融为一体,通过新闻、评论、视频等方式,统筹构建社会主义核心价值观故事库,讲好中国共产党治国理政的故事、中国人民圆梦斗争的故事、中国坚持和平发展合作共赢的故事,使各种正能量题材故事整合碰撞,形成传播共振,从而让世界更好了解中国。

第一,深入挖掘优秀"中国故事",浓墨重彩宣传主旋律。从传播能力看,故事库建设是一项庞大的系统工程,需要专业人做专业事,让具有专业传播学、社交媒体知识的人员去完成,最大限度发挥其优势,确保故事的采集质量、传播效果。众所周知,由于传播渠道的复杂性和多样性,社会成员对社会主义核心价值观的相关理解迥然不同，令人眼花缭乱，出现大量不同层次、不同水平的信息资源，导致资源不易管理和利用。对此，应安排评审专家承担传播管理的重要使命，按照故事评价的核心指标，对挖掘的各种故事进行严格审核、筛选、优化和整合，并做好分门别类，为优质资源入库做好必要准备。再利用成熟的大数据技术，高效精准将单个或批量资源存入故事库，在入库时要结合受众体验和阅读习惯，对故事属性、报道主题进行仔细核对校验，确保故事库中资料的科学性、规范性。在此基础之上，借助社交平台的技术优势，对相关资源进行二次加工，增加视听的亮点，丰富传播的形式，打造内容丰富、运行稳定、操作简便、共享性能良好的社会主义核心价值观故事库，浓墨重彩宣传主旋律。

第二，加大内容选题的策划，与时俱进打造具有深度原创性的故事。在"去中心"的微传播模式中，话语权力被下放，受众不再处于信息流通的最底层，要把握"用户视角"，加大内容选题的策划，包括从什么角度切入、以什么视角阐述、讲什么内容故事等，这些方面变得尤为重要。首先，要围绕社会主义核心价值观的主题表达，从专业媒体人的视角审核内容创意，预判故事内容的传播效果，百分之百用心打造具有深度的原创性内容，贡献有说服力的观点，增添社会主义核心价值观的传播吸引力，力争做到"微言大义"。其次，根据"一带一路""人类命运共同体""新发展理念""抗疫精神"等新概念新提法，与时俱进打造具有深度原创性的故事作品，诠释和传播社会主义核心价值观。最后，根据目标群体，确定不同的故事选题，选用不同的表达形式。具体来看，故事选题既包括高层动态、严肃性硬话题，又包括百姓生活、趣味性软话题等，比如历史民俗、爱国教育、科学技术、逸闻趣事、感人故事等；表达形式既要适合儿童、青少年，也要适合各年龄段的成年人。创作角度既有国内经典故事，也有国外典型案例。叙事背景既有古代，又兼顾近现代。

第三，针对海外受众，加大生产力度，创作蕴含"中国精神""中国元素""中国价值"的故事。要打破固有思维习惯，开拓国际视野，积极拓展海外受众的辐射圈，提高国际传播影响力，既是对"西强我弱"传播现状的有力回应，也是中国主流媒体的使命所在。针对海外受众的文化习惯和信息消费习惯，进行缜密策划运营，进一步加大蕴含"中国精神""中国元素""中国价值"创意故事的生产力度，在思想观念、内容方法、手段机制等方面展开全方位的创新，宜精不宜粗，宜专不宜泛，巧妙增强海外受众对中国特色社会主义核心价值观主题信息的接收和理解，体现人文关怀、吸引眼球、激起共鸣，实现海外传播工作的事半功倍。

◇◇第三节 打造融合传播格局

推动传统媒体和新兴媒体的融合发展，是新时代主流传统媒体应对激烈竞争的挑战、提升整体实力和核心竞争力的必由之路。历史来看，媒体融合是传统媒体与新媒体在各个层面的全面融合与变革，是不断演进、动态、复杂的系统工程。2014年堪称中国媒体融合的元年，也是中央对媒体融合作战略规划、绘制蓝图的关键一年。这年8月，中央全面深化改革领导小组第四次会议审议通过了《关于推动传统媒体和新兴媒体融合发展的指导意见》，2016年2月，在党的新闻舆论工作座谈会上，习近平总书记对加快传统媒体与新兴媒体的融合，提出了新使命新要求，要求从相"加"迈向相"融"阶段，形成"你中有我，我中有你"的媒体融合新高度。2019年1月25日，习近平总书记明确提出："推动媒体融合向纵深发展，做大做强主流舆论，巩固全党全国人民团结奋斗的共同思想基础，为实现'两个一百年'奋斗目标、实现中华民族伟大复兴的中国梦提供强大精神力量和舆论支持。"[①] 上述重大会议精

[①] 《习近平在中共中央政治局第十二次集体学习时强调 推动媒体融合向纵深发展 巩固全党全国人民共同思想基础》，《人民日报》2019年1月26日。

神和习近平总书记重要讲话都为我们清晰掌握媒体融合的基本逻辑提供了实践遵循,指明了明确路径。

从实践的逻辑看,中国媒体融合以2014年为开端,先后历经了"我是我,你是你"的初级融合1.0时代、"我中有你,你中有我"的中级融合2.0时代、"你就是我,我就是你"的深度融合3.0时代,共三个发展时期。2017—2018年,是我国媒体融合由相"加"到相"融"的历史转折期,新旧媒体的区分不再泾渭分明,而是因彼此间的"化学反应"逐渐从形式融合、内容融合迭代升级为体制机制融合。总之,统一协同管理,充分发挥传播平台的"链接"属性,打造现代融合传播格局,建成以平台、内容、渠道、经营、管理诸要素为内核的共生模式,确立"报—台—网—端—微""五脏俱全"的传播架构,并在共生逻辑基础上构成命运共同体,正成为传播领域的新发展观。

一 打造具有品牌效应的新型传播平台

从一定意义上讲,在传播内容、传播形式实现创新之后,传播平台创新无疑成为关键。要切实加强融媒体传播的品牌建设,让融媒体平台变成内容丰富、传播力强、"强力吸粉"的新型传播平台,并逐渐成为社会主义核心价值观建设的响亮品牌,以实现社会主义核心价值观传播的"明星效应"。

媒体融合是"我国主流媒体掀起的一场内容供给侧结构性改革,以超级商业平台和品牌自媒体为竞争对象、赶超对象"[①]。由此可见,要战胜品牌自媒体,首先主流媒体自身必须足够强大,具有一定的知名度和号召力。进入新时代,要进一步推动思想政治教育传统优势与"高精尖"传播技术、

---

① 梅宁华、支庭荣主编:《中国媒体融合发展报告(2019)》,社会科学文献出版社2019年版,第2页。

传播载体的高度融合，着力推进主流意识形态的教育传播，打造社会主义核心价值观的传播矩阵。实践证明，加强品牌建设，提高辨识度和知名度，打造有影响力的新型传播平台，是提高社会主义核心价值观传播效率的最有效方法。社会主义核心价值观新型传播平台通过彼此联动、协同创新，旗帜鲜明地坚持正确的政治方向、舆论导向、价值取向，实现快、全、深、广的传播覆盖，积极地引导舆论，能够引发强烈的社会反响。

一方面，塑造兼具社会效益和经济效益的社会主义核心价值观传播品牌。新型传播平台为社会主义核心价值观有效传播提供了一个开放性好、参与度高、互动性强的新阵地。新兴传播平台要遵循传播规律，打破传统传播的内容局限和方法局限，在传播内容、方式方法、人际沟通等方面开创新局面，赢得好口碑。例如，湖南广电集团旗下的芒果TV除了运用传统的电视宣传制作弘扬社会主义核心价值观的特别节目之外，还经常同步在广播、微信公众号、微博、APP推出讲述普通百姓奋斗的感人故事，弘扬社会正能量，成为业界认可度高的品牌媒体平台。为此，社会主义核心价值观传播平台既要顺势而为，又要深化改革，通过推动线上、线下传播方式的开发与合作，推动传统媒体、新兴媒体的深度合作，加快各种传播手段、生产要素的有效整合，打造全媒体融合传播格局，推动传播内容、渠道、平台、经营和管理等多方面真正形成深度融合，逐渐塑造极具社会效益和经济效益的核心价值观教育品牌，以实现社会主义核心价值观传播教育的专业化、系统化，使社会主义核心价值观能直抵人心，产生持久影响。

另一方面，多创作"现象级""史诗级"的正能量作品。品牌不单单是文化产品，还是一种用来区分"我"和"他"的文化符号，更是一种实现隐性传播的有效途径。"美国市场营销协会（AMA）认为：品牌的识别是品牌传播的基础，最主要的识别元素便是品牌标志（Logo）。"[①] 国家主流媒体

[①] 张翠玲编著：《品牌传播》，清华大学出版社2016年版，第120页。

传播战略就非常注重自身的品牌管理,切实提升品牌的知名度,壮大主流舆论。比如,由共青团中央冠名的微信公众号、微博、抖音等新平台,聚焦创作"现象级"作品,构建青少年的精神世界;打造"挑战赛""好友赛""错题本""排行榜""我的勋章"等爆款栏目,提高青少年的参学热情和竞争意识。参学者只需通过简单的按键操作或鼠标点击就能完成知识学习、理论交流、专题考试,使平台拓展延伸为"学习加油站""理论之家""心灵港湾",使数量庞大的粉丝在新型传播平台中欣然接受试题中潜藏的各种观点、立场和方法,在这里,社会主义核心价值观逐渐内化为个人的意志信念、精神追求,"富强、民主、文明、和谐;自由、平等、公正、法治;爱国、敬业、诚信、友善"这12个关键词、24个字不只是宣传口号,更是知行合一的生动实践。

二 构建整体互动传播模式

从系统论的角度,切实通过推进"N微N端"的多媒互动、国家与省市县之间的多级联动、工具理性与价值理性的共融互动,构建整体互动传播模式。

第一,推进"N微N端"的互动传播。"两微一端"是指微博、微信及新闻客户端,它曾是热门的信息传播形式。随着4G、5G网络和WiFi的普及以及移动智能终端微视频的快速发展,"两微一端"逐步向"N微N端"发展迈进。其中,"N"微主要指微博、微信、微视频,以及"无微不至"的穿戴媒体小程序;"N"端主要指报端、电台端、TV端、PC端、移动客户端、OTT[①]端等客户端。下一步,推进社会主义核心价值观"N微N端"

[①] Over The Top 的缩写,是指通过互联网向用户提供各种应用服务。这种应用和目前运营商所提供的通信业务不同,它仅利用运营商的网络,而服务由运营商之外的第三方提供。目前,典型的 OTT 业务有互联网电视业务、应用商店等。

的传播互动应以"融媒体中心"为总指挥部,进一步推进"策采编发"全流程互动、内容的多方协同发布、人员多能岗位的交流。要注重发挥融媒体中心宏观的传播设计、传播指挥的功能。融媒体中心应以集成化技术为支撑,以全新高效的机制激发信息采集员、记者编辑的工作潜能,正确理顺宏观传播设计与微观传播要素践行的关系,集中统筹"策采编发"全流程运营,推动传播各项工作有序进行,将"线索、选题、处理、报道、呈现、投放到反馈舆情信息"①,纳入智能化、科学化、程序化的传播轨道。例如,《人民日报》依托原有资源,另辟新路,以人民网作为媒体融合的重要突破口,采取"信息一次采集—融媒体中心多种产品生成—渠道多元传播给用户"的模式,向全国进行"报(台)网端微"的传播扩张,逐渐形成了社会主流舆论传播的全媒体矩阵,极大地增强了主流媒体的传播力和影响力。

第二,推进多级联动,特别注重打通基层"最后一公里"。从传播战略的角度研究,媒体融合传播要注重推进多级联动,整合连接中央、省市县报纸、广播、电视、网站、微博、微信公众号等媒体资源的力量。对此,社会主义核心价值观融媒体中心应通过整合中央、省市县级报纸、广播、电视、网站、微博、微信公众号等媒体资源,建立起内容丰富、载体多样"网—报—端—微—视—屏""六位一体"的现代传媒传播体系,构建"省—市—县—街道分站"四级联动的传播矩阵,力求让受众更加便捷、高效地接受社会主义价值核心观的传播教育,真正领会并践行之。从传播战术的角度研究,打通基层"最后一公里",抓好区县级融媒体中心建设至关重要。区县级融媒体中心是政治敏感度较低、公众认同度较高的区域。2018年8月,在全国宣传思想工作会议上,习近平总书记强调,要抓好县级融媒体中心建设。这一重要指示体现了中央决策部署基层融媒体中心建设的重

---

① 梅宁华、支庭荣主编:《中国媒体融合发展报告(2019)》,社会科学文献出版社2019年版,第4页。

大决心和战略意图。但在具体实践中，一些区县级单位在工作中存在"上热中温下冷"的现象，责任担当传导逐层弱化，很多应变求变的举措在"最后一公里"拖了后腿。对此，要着力打通基层"最后一公里"，有效弥合区县级单位与上级单位在整体传播互动中的工作分歧、价值分歧。推进我国党报、党刊、党台、党网等主流媒体更深入地向区县级基层单位拓展，切实提高传播内容的服务性和针对性，把更丰富的信息文化服务和精神文化产品送到农村等偏远地区，更好地满足广大基层群众对高质量精神文化生活的需求，从而提高社会主义核心价值观微传播的适用性和实用性。

第三，注重在融合传播中推进工具理性与价值理性的共融。随着全媒体时代的到来，5G技术将引发新一轮媒体格局的剧变。对此，要掌握融合传播的基本逻辑和价值取向，充分发挥价值理性和规范意识的功效，以价值理性、道义力量引领工具理性、规范传播行为。习近平总书记曾强调："各级党报党刊、电台电视台都要讲导向，都市类报刊、新媒体也要讲导向。"[①] 不可否认，政治传播的道义基础，既源于对政治传播工作的整体有序推进，也来源于各传播要素、传播工具背后的价值取向、机制治理。面对融合传播的快速发展，各种媒体都应当坚持正确的舆论导向，在内容生产、分工协作中凸显"党的喉舌"这一价值理念，对迅猛发展的高科技力量进行积极、有效的人工干预，切实推进工具理性与价值理性的有机统一，防范化解各种传播风险，将社会主义核心价值观有效融入传播工作，自觉在刚性约束、法律框架内实行理性传播、规则之治，引导融合传播平台更好履行宣传主阵地之功能。

---

① 《习近平在党的新闻舆论工作座谈会上强调 坚持正确方向创新方法手段 提高新闻舆论传播力引导力》，《人民日报》2016年2月20日。

三 创建主流传统媒体与新媒体内容资源开发与人才合作机制

传统媒体与新媒体进行开发与合作，必须抛弃"单打独斗"的思维，突破各种人为桎梏，改变媒体资源"各归各管，各归各用"的现状，应当借助新技术新应用的研发，发挥各自不同优势，以内容建设为根本，向纵深阶段推进，努力构建内容资源开发与人才合作机制，实现体制机制的深度融合。

第一，打通传统媒体与新媒体之间的内容生产平台。在当前信息高度泛滥的时代，各种信息良莠不齐、真假难辨，优质内容供给明显不足。与此同时，社会成员的信息消费习惯不断发生新变化，越来越多的人以"电子阅读"取代"纸质阅读"，用"快阅读"代替"精阅读"，"浅阅读"替代"深阅读"，造成其感性冲动往往跑到理性反思之前，失去汲取深度内容、深度思想的机遇和体验，更不用提触及受众灵魂的深处，潜移默化接受正确的价值观。对此，传统媒体与新媒体的融合发展应以新技术、新应用为引领，树立"以内容为王"的理念，打通传统媒体与新媒体之间的内容生产平台，使社会主义核心价值观微传播在内容层面保有优势，从而增强传播效果和影响力。首先，在内容生产时效上，应达到"7×24"小时无间断、全天候式进行优质内容的生产，打破过去白班、夜班分班管理、限时间、限容量编辑内容的生产习惯，确保内容资源的可观容量，以实现24小时滚动发布新闻内容。其次，推动新媒体技术手段与传统媒体的内容建设有机融合，实现内容开发从可读到可视、从静态到动态、从一维到多维，糅合文字、图片、视频、动画、音乐、弹幕等多样化新媒体形式，全方位提高受众的感官刺激和心理体验。最后，以用户的实际需求为牵引。利用新媒体的用户画像系统、传播效果追踪系统等先进手段，深化与用户的互动，捕捉用户深层内容需求，精准研发、制作高端化内容；并注意加强媒体与受众之间的及时互动,提高在报道重大事件和突发新闻上的快速反应力和影响力,能在众声喧哗中发出宣传社会主义核心价值观的"响亮声音"。

第二,提高内容信息嵌入意识形态和社会价值的能力。客观而言,"传统媒体在内容开发、产品研发和运营管理方面的经验和观念偏弱,对新闻传播社交化、互动化、分众化、多样化的认识不够深刻"①。进一步淡化媒体的边界,探求并加强传统媒体与新媒体在技术、管理、文化等多层面的共生、融合,能够帮助传播媒介寻找新的经济增长点,更为重要的是,可以构建一个高效的价值传输、价值共创系统,以实现单个传播平台无法实现的传送功能和协同价值创造。因此,要重新审视传播内容的精细规制和系统设计,提高内容信息嵌入意识形态和社会价值的能力。事实证明,当前社会主义核心价值观传播平台"内容+"强链接的能力不足,正在成为制约社会主义核心价值观传播效率、传播效果的重要因素。为此,要掌握社交平台"内容+"的基本属性,坚持"以内容为王"的理念,把握传播的发力点和关键点,打造"有深度"的传播内容。首先,借用鲜活教材,比如新冠肺炎疫情中涌现出的奉献故事,进行"内容+价值观"的连接,培育受众报效国家、奉献担当的价值导向。其次,利用特定时期的热门公众议题,比如明星微博、名人日记,进行内容的延伸拓展,实现"内容+道德观"的连接,培树受众崇尚劳动、尊重劳动的道德导向。最后,借用节假日、重要纪念日,比如国家安全教育日、中国烈士纪念日,进行"内容+文化观"的连接,达到以文化人、以文育人的目标。

第三,深化人才合作机制。融合是术,关键在人才。传统媒体与新兴媒体之间的融合,是一个人才合作、智能匹配的过程,需要聚焦优势资源,深化人才合作机制。传统媒体的优势在于历史悠久,公信力较高,在广大

---

① 梅宁华、支庭荣主编:《中国媒体融合发展报告(2019)》,社会科学文献出版社 2019 年版,第 4 页。

社会成员心目中地位稳固,大多数人习惯于从传统媒体获取信息。传统媒体,比如报纸、收音机、广播、电视等,都对信息的收集、过滤、利用和发布制定了严格的规章制度,往往在信息发布之前,把关严格,对不符合标准的内容严禁发布,这些有效确保了信息的有效性、真实性。因此,传统媒体呈现给受众的信息能最大程度避免虚假以及负面效应,社会成员通常相信传统媒体发布信息的权威性和公信力。在实践中,传统媒体还形成了一套严格的监管机制,从事传统媒体的工作人员往往经过严格的考核录用,具有较高的政治素养和专业知识,具有较强的社会责任感,愿意付出并积极承担社会义务。长期以来,传统媒体人训练有素,不忘媒体人的使命担当,是主流意识形态的"拱卫者",是原创内容的"主打方",整个网络舆情的核心。总体来看,传统媒体人才济济,具有明显的人才优势,同时还有政策扶持、资金支持。与传统媒体发布严格限制相比,新媒体发布机制较灵活。新媒体信息发布者打破了传统媒体老式套路(专业的发布人员),发布人员可以是任何网络用户,不再是专业发布人员。每个网络用户在遵守网络规定的前提下,可以自由编辑、发布相关信息,可以自由发表言论,可以自由分享信息,每一个网络上普通群众都由被动接受者转变为主动参与者。另外,要把传统媒体的内容生产优势与新媒体信息发布的速度和广度优势相结合,充分发挥传统媒体在信息采集核实、分析解读等的优势,在内容信息处理上,统一采集、加工、编辑,在信息制作与传播上,要综合运用文字、图表、动漫、音视频等各种形式,积极开发新产品,面向多媒体多终端多用户进行推送,并且第一时间在新媒体进行传播。最后,依托精品内容吸引新媒体用户眼球的优势,为用户开发便捷实用的生活服务产品。融合发展,是社会主义核心价值观传播发展的必然趋势,也是新时代媒体发展的必然趋势。传统媒体与新媒体的融合传播不能只限于"两张皮",社会主义核心价值观传播的逻辑绝不能只停留在平台建设层面,忽略了深化人才合作这一事实,因为真正的核心竞争力是人才,必须从根本上扭转新媒体人才流失严重、留人很难的状况，发挥专业人才在产品开发中的潜力和优势。

总之，通过媒体资源在信息内容、人才合作、管理手段等方面实现共融互通，实现资源共享，转型升级，真正打造一批具有强大影响力、竞争力的新型主流媒体，适应全媒体发展需要，逐渐建成几家在传播力、公信力、影响力等方面具有强大实力的新型媒体集团。

◇ 第四节　净化信息生态系统

生态系统的概念最早于1935年，由英国学者坦斯利提出，本意指生物与其生存环境以及生物与生物之间在一定时间和空间内相互作用，通过物质循环、能量流动和信息交换等方式形成的一个不可分割的自然整体。信息生态系统是生态系统在互联网上的延伸，主要指"以信息的生产、传递、组织、利用为目的，由信息人、信息技术和信息环境相互作用而形成的具有特定结构的统一整体，内部存在信息流转、共享等信息行为"[1]。从概念解析中，可以窥见信息生态系统具有显著的动态性、开放性、人为性等特征。从宏观层面看，信息生态系统具体由信息、信息主体、信息技术、信息环境四大要素构成。信息主体通常扮演多重角色，既是信息的生产者，又是信息的传播者，也是信息的消费者。他们借助信息技术的支持，以兴趣、地缘、业缘、学缘为依托，通过信息的流动和相互作用，不断与信息环境发生碰撞、影响，将彼此的生活、社交、情感紧密相连，从而形成一个信息共享系统。

正如生态系统会因为遭受严重的自然破坏、环境污染、人为干扰等而

---

[1] 张海涛、闫奕文：《政务微信信息传播机理及效果评价》，中国书籍出版社2019年版，第26页。

导致功能紊乱、生态失衡，信息生态系统也会因信息超载、信息环境污染、信息垄断和各种信息违法犯罪行为而造成信息生态失调现象。互联网在传播社会主义核心价值观的同时也带来了信息碎片化、表达情绪化等问题，带来了大量的非主流意识，如不能及时清除这些不良信息和有害信息，其结果就是鱼龙混杂、混淆视听，甚至泛滥成灾，直接冲击社会主义核心价值观的有效传播。众所周知，传播的生命力主要取决于传播内容的含金量，如果含金量越高，传播越快越广，效果就越好，优质上乘的信息资源才能最大程度地达到传播的预期目的。响应国家治理体系和治理能力现代化的呼唤和需求，就要净化信息生态系统，让社会主义核心价值观在互联网中绽放出强劲的生命力，在社会成员心中生根开花结果。为此，在信息生态系统的运行中，要在构建舆论预警与快速反应机制、加强微民的媒体素养教育、建立和完善微传播的法律法规三个方面，努力践行。

一　构建舆论预警与快速反应机制

网络被称为"第四媒体"，是社会成员表达观点意见、反映社会舆情的重要载体。网络舆情是指通过网络传播，社会成员对各种社会问题的发生、发展和变化表现出来的具有一定倾向性和影响力的想法、态度、意见和情绪的总和，它是社会舆情在网络空间中的直接反映。网络舆情的特点是隐蔽突发、直接多元、偏差随意，对社会影响巨大。根据《中国互联网发展报告2019》，随着入网门槛的进一步降低，截至2019年6月，我国网民规模达8.54亿，互联网普及率为61.2%，超过六成，较2018年底提升1.6个百分点。随着智能手机的普及，99.1%的网民通过手机接入互联网，信息出现爆炸，信息传播与意见交互更加快捷明了，社会成员在网络舆论上的表达诉求也日益多元化。政府主管部门如果不加强监管，进行正确引导，负面的网络舆情就会趁机而入，蛊惑人心，直接威胁到国家观念的一致性和政治秩序的稳定性，由此，网络舆情预警机制便应运而生。

所谓网络舆情预警机制是指政府主管部门借助网络信息监测平台，对网络上各种舆情信息进行收集、分析、辨别、处理，及时察觉可能导致危机的信息，采取手段进行预先防范和警示。该机制是从出现危机征兆至危机造成可感知损失的相应时间段内，政府主管部门化解和应对危机所采取的相关举措。针对可能出现的危机事件，政府主管部门应在事前制定比较详尽的预警方案，打有准备之仗，一旦危机出现，必须在第一时间掌握事态，按预案实施，不至于措手不及，努力将负面信息第一时间扼杀在摇篮中，及时疏导网民情绪，并对症下药。在信息社会，网络信息内容多且量大、真实度参差不齐，建立网络舆情预警机制与快反机制，政府能够充分了解和把控事态发展，及时掌握各种信息，根据信息及时采取有效的措施，防止不利信息进一步传播和扩散。这些措施能够起到及时疏导网情、塑造政府公信力的作用，也能为社会主义核心价值观微传播打造良好的信息生态系统。可见，构建舆论预警与快反机制极其重要。

构建网络舆情预警机制，主要分为三步。第一步，搜集舆情。要借助舆情监测软件，在第一时间搜集各种舆情信息，及时全面掌握情况，并通过软件进行舆情预警设定，初步确定舆情的等级。第二步，研判舆情。根据掌握信息的实际情况，缜密地进行舆情研判，也可以利用软件的分析功能，对舆情中涉及的新闻媒体情况、发生地段路况、参与人群特征等信息进行分析，有针对性提出分析报告，并对相关人员在舆情中的责任进行明确划定。第三步，及时应对。既可以采取"堵"的方式，也可以采取"疏"的方式，还可以采取"围魏救赵"的方式。"堵"，在这里主要指屏蔽信息源，"堵"的方式有时会造成网民的逆反心理，加剧信息的多种方式传播，导致事态的升级；"疏"的方式，即出面进行正面公告、情绪疏导、化解矛盾，此种方式能优化网络舆论环境，降低不良社会影响，赋予公众民意表达的权利，易于被大众所接受。"围魏救赵"的方式，主要通过其他活动或突发事件,转移关心这一事件网民的注意力,借此弱化对此事件的关注度,从而具有足够的缓冲时间对预警的信息进行回应。该方式有助于降低行政成本,提高政府处置事件的效率和能力(见图5-1)。

图5-1 网络舆情预警机制表

图片来源:作者自制。

政府主管部门除构建舆论预警机制之外,还需要构建快速反应机制。所谓快速反应机制是指突发性、不确定性的危机一旦发生,政府主管部门要尽可能快速做出果断决策,迅速调动相关部门,动用各种资源,争分夺秒控制危机,减少危机造成的负面影响,恢复社会秩序。美国战略学家博伊德创造性提出了一种OODA指挥控制模型,即观察(Observe)、判断(Orient)、决策(Decide)、行动(Act)(见图5-2),为我们应对各种舆情风暴、政治危机提供了一种很好的思路。诚如毛泽东同志指出的那样:"指挥员的正确的部署来源于正确的决心,正确的决心来源于正确的判断,正确的判断来源于周到的和必要的侦察,和对于各种侦察材料的连贯起来的思索。"[①] 为此,我们要全面运用大数据技术,建构观察—判断—决策—行动(OODA)快速反应机制,消解社会主义核心价值观认同的负面能量、

---

① 《毛泽东选集》第一卷,人民出版社1991年版,第179页。

外在阻力,营造清朗的网络空间,打造良好、稳定运转的信息生态,以实现国家的长治久安。

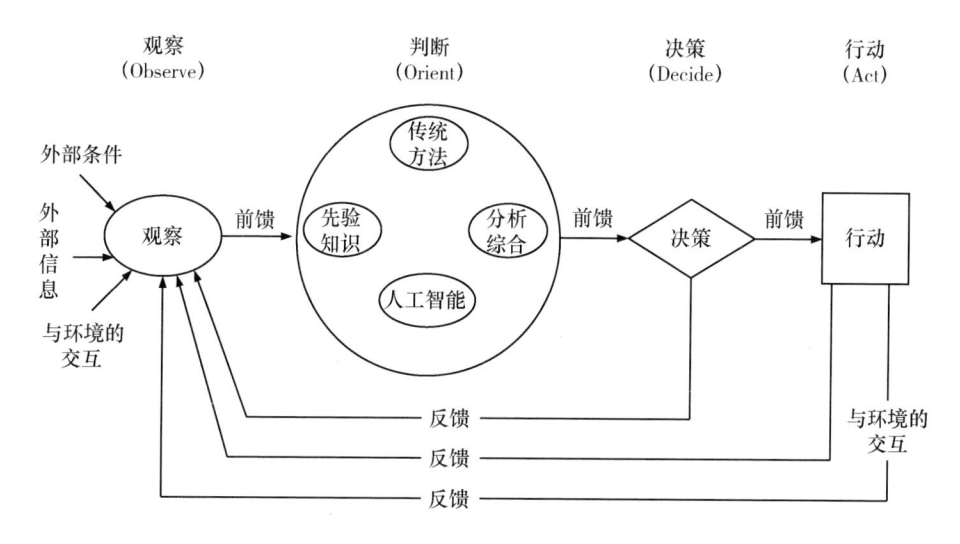

图 5-2　OODA 指挥控制模型

图片来源:陈琳、薛青、张传海:《信息化条件下我军作战指挥的决策环模型》,《指挥与控制学报》2017 年第 3 期。

第一,清醒感知信息安全态势。数据就是社会规律的载体。这种社会规律,往往支配着整个社会的发展。谁掌握了这一规律,谁就可以把握社会发展脉搏,甚至预测未来。我们应掌握的最重要数据,就是民意。民意体现着社会发展规律,"水能载舟,亦能覆舟",人民群众的愿望,就是社会发展的指向。习近平总书记曾指出:"网民来自老百姓,老百姓上了网,民意也就上了网。"① 通过大数据,我们可以更加全面了解百姓所思所想所愿,清晰掌握民意。同时也可利用大数据技术了解其他国家或势力的发展动向。发挥大数据技术的政治作用,利用云平台充分挖掘我们应当掌握的

---

① 《习近平主持召开网络安全和信息化工作座谈会强调　在践行新发展理论上先行一步　让互联网更好造福国家和人民》,《人民日报》2016 年 4 月 20 日。

重要数据和敏感信息，依靠数据挖掘获得实践启示，有效感知国内外的信息安全态势。

第二，准确评估信息安全风险。网络时代的信息无缝链接和瞬时传播，导致社会信息安全的系统性风险更加脆弱易变和复杂多元，这给执政者带来了前所未有的新考验。然而，执政者也可动员国家各部门和社会各种力量，凭借大数据技术的支持进行信息安全的风险评估，及时准确识别各类意识形态风险和政治"陷阱"，特别是在暴恐活动、分裂活动和宗教极端活动等高风险领域，大数据技术的分析能力是完全有用武之地的。

第三，科学把握信息安全治理。信息安全治理的关键在于科学决策，我们要"在基于广泛、大量数据的基础上进行模块化分析和政策模拟，为决策提供更为系统、准确、科学的参考依据，更为全面、可靠的实时跟踪"①。网络给我们带来了很多生活和生产上的便利，但各种威胁也随之而来。维护公民、社会组织和国家各种信息数据的安全，已成为国家战略责任。当前，我们缺乏完全自主可控的信息硬件体系和操作系统生态，信息安全问题十分突出。因此，我们要努力建设强大的现代国家信息能力，汇聚各方面能量，构建严密的信息安全体系。在信息安全决策过程中，我们应始终以人民群众的需求为导向，依靠科学技术力量的支持，坚持问计于民，聚智于民，充分发挥技术专家的智力支持作用，努力提升决策的科学化水平，不断改进调整党和政府信息安全工作，强化信息安全治理的可靠性。

第四，合理处置信息安全危机。社会个体有着多样化诉求，这种诉求最终汇聚为信息数据。我们在把控各类信息安全危机时，就要分清主次，同时分阶段、分类别、分规模地精准处置，实时响应，消除政治危机。当前特别是要妥善处理好人民内部各种矛盾，并将人民内部矛盾与敌我矛盾区分清楚。同时要及时关注和跟踪世界局势的变化，严密掌握网络数据世

---

① 刘月明、赵晗：《大数据推进政府"治理革命"》，《湖北日报》2018年2月11日。

界的变化态势，判明风险，采取措施，消除隐患。总之，"通过信息安全的态势感知—风险评估—治理决策—危机处置等外部防范系统的良好运行，全面解构影响我国信息安全的外部威胁、负面能量，筑牢信息的铜墙铁壁，营造安全有利的外部环境"①。

二 加强微民的媒介素养教育

从哲学层面的"客体"来看，不论是在传统媒体时代还是新媒体时代，媒介素养皆是一项基本的能力素质，是一项重要的社会技能。"媒介素养"这一概念最早于 20 世纪 30 年代由英国学者利维斯和汤姆森提出。整体来看，学界对媒介素养概念的界定，因时代的跃迁、信息生产的差别、传播模式的迥异而不断变化更新。具体来看，在传统媒体时代，基于对大众媒介的传播特点和规律的认识，媒介素养被界定为"人们面对各种媒体信息时的选择能力、理解能力、质疑能力、评估能力、创造、制作能力以及思辨的反应能力"②。进入新媒体时代，数字技术、人工智能技术不断打造微博、微信、短视频、网络直播等新信息产品样态，重塑微传播新生态，在此背景下，微传播新生态呼唤微民应当培树和具备新的媒介素养。新媒介素养，是"由听觉、视觉以及数字素养相互重叠共同构成的一整套能力与技巧，包括对视觉、听觉力量的理解能力，对这种力量的识别与使用能力，对数字媒介的控制与转换能力，对数字内容的普遍性传播能力，以及轻易对数字内容进行再加工的能力。"③ 从构成要素看，新媒介素养主要包括

---

① 徐霞、邵银波：《大数据背景下国家政治安全机制研究》，《学校党建与思想教育》2018 年第 7 期。

② 张玲：《媒介素养教育——一个亟待研究与发展的领域》，《现代传播》2004 年第 4 期。

③ ［英］大卫·帕金翰、宋小卫：《英国的媒介素养教育：超越保护主义》，《新闻与传播研究》2000 年第 2 期。

"媒介文化素养、媒介学习素养、媒介交互素养和媒介安全素养"① 四个维度。这就为开展微民的媒介素养教育指明了清晰的培养目标和教育要求。

中国的媒介素养教育起步于 20 世纪 90 年代，与波涛汹涌信息浪潮的冲击、形形色色传媒的重重包围形成强烈反差的是，我国媒介素养理论研究和教育实践尚处于起步阶段，目前尚未形成立足中国国情、具有中国特色的媒介素养理论体系，研究成果多体现为对西方媒介素养的理论引进、教育实践的推介，研究范式过于依赖西方学术路径。对此，必须进行系统规划、整体设计。媒介素养教育的对象是全体微民，包括国家与政府、政党、社会共同体、专业传播组织、个人。教育的根本目的是让受众具备正确获取媒体信息、理性传播媒体信息、科学判断媒体信息的能力，从而能在使用新媒体的过程中趋利避害，更好地驾驭媒体信息，不但使自己能够根据有效信息、真实信息做出明智的决策，而且能为他人形成正确的价值观念提供有益参考。总体来看，新媒体传播环境下，只有微民的媒介素养教育得以加强与提高，才能有利于社会主义核心价值观信息传播的生态化建设。

第一，培养微民的信息辨别能力。微媒体既是信息生产、信息发布的平台，也是重要的社交平台。新媒体使传播的广度、深度、速度远超于传统的大众媒介，信息愈来愈碎片化，传播速度愈来愈快捷，加上"把关人"的匮乏，社会成员几乎每日接受海量信息的狂轰滥炸，时常因信息超载而深感身心俱疲。据相关统计，当前用户每天接收到的信息量相当于 20 年前一个月甚至更长时间所接收到的信息总量，这其中包括垃圾信息、负面信息、干扰信息、虚假信息、错误信息等。此外，由于新媒体时代的信息不对称、传播机构的逐利性等原因，客观上加剧了信息判断的难度，致使"不明真相"、缺乏辨别力的受众盲目相信虚假信息、网络谣言，网络社群的非理性极易酿成突发性群体事件。另外，在公共交流平台中，微媒体信

---

① 常松等:《微博舆论与公众情绪的互动》，社会科学文献出版社 2018 年版，第 248 页。

息的生产、传播、交流植入了多样的价值观、意识形态。各种价值取向、道德观念、意识形态隐藏于公众与媒介互动实践过程之中，正是由于媒介传播过程中所隐含的价值性、意识形态性，微民更加需要加强和提高自身的媒介素养，以甄别、识破种种传播表象掩盖之下的价值观。对于媒介素养教育来说，最为关键的是培养微民对于背后隐含意义的解读能力，从而辨别媒介话语当中所隐藏的价值立场。新媒体具有极强的虚拟性、泛娱乐化性，它对社会成员的学习方式、生活方式都产生了极大的影响，尤其对涉世不深的青年学生，诱惑更大、影响更深，由于他们缺乏鉴别能力，加上自律能力又差，极容易为虚假信息误导、迷惑，直接影响他们树立正确的世界观、人生观和价值观。简而言之，对于个人用户，尤其是青年用户而言，培养信息的辨别能力最为重要的是，能在第一时间识别信息的真假，并能由表及里判别信息传播背后的价值取向。

第二，培养微民养成理性、冷静的处事态度。"新媒体文化的核心是大众狂欢的娱乐性。"① 微传播为网民情绪发泄、娱乐狂欢提供了工具，为思想自由化、不良价值观、错误社会思潮提供了舞台。微民基于共同的利益诉求在微媒体的技术联结下，结成不同的信息茧房。微民近乎沉迷于茧房中的每一次爆料，产生不同程度的情绪亢奋，这其中只要涉及安全生产事故、公权力腐败、社会突发事件等信息内容，均能快速引发各种网络聚合、网络围观、评论和转发，在微传播强大的动员功能之下，很快形成声势浩大的网络舆论，甚至于在一定条件下，线上的政治动员可迅速演变成线下的实质性行动。为此，必须培养微民养成理性、冷静的处事态度。从本质上分析，媒介素养具有内隐性的特征，通常综合表现为驾驭媒体的能力、应对媒体的策略、情绪表达的理性。在传统媒体时代，社会成员阅读图书期刊、报纸杂志、广播电视等，仅需要掌握基本的听说读写能力就可以了。

---

① 陶雪玉：《新媒体文化特征研究》，华南理工大学硕士论文，2010年6月。

进入微传播时代，新媒体内容繁杂、形式多样，对社会成员的媒介素养提出了更高的标准和要求。媒体素养教育的一项重要任务就是培养社会成员对待新媒体的科学态度，应当具备成熟的政治心态、高尚的道德情操，理性冷静的处事方式，从而积极主动传播真实健康文明的信息，使格调低下、虚假的信息没有传播市场。

第三，培养微民信息生产、内容创作的能力。相较而言，传统媒体时代的信息生产表现为由上而下单向性的生产方式，而在新媒体环境下，信息生产方式发生深刻改变，呈现出点到面、点对点、上到下、下到上等多元化且高互动性的特点，公众可以直接参与信息内容的生产。"'参与'成为新媒介素养与传统素养相区别的最重要因素。"[①] 为此，需要切实培养微民生产高质量信息、创作高端化内容的能力。调查显示，我国网民媒介素养参差不齐，能力差别较大，尤其是未成年人缺乏相应的信息判断能力、选择能力、信息分析能力，更不用说信息生产、制作能力。"当前我国未成年人网民规模达1.69亿，未成年人互联网普及率达89.7%，未成年人主要用于娱乐游戏、硬件知识、网络学习等基本素养相对缺失。"[②] 必须正视这些现实，对微民的媒介素养提出更高的要求。应掌握微媒体的传播规律，政府部门可以组织开展微媒体学习培训活动，使社会大众掌握微媒体的运营技巧和方法，提高微媒体"硬核内容"的创作能力、写作技巧，结合当前网络流行元素，学会各种"微表情""微语言"表达技能，弄通视频、动漫、图片等多种信息表现手法，既能实现与其他用户建立良好的沟通和互动，也能提高发布信息的吸引力、生动性。

---

① 常松等：《微博舆论与公众情绪的互动》，社会科学文献出版社2018年版，第231页。

② 朱永新：《加强未成年人网络素养教育》，《人民日报》2020年4月17日。

三 建立和完善微传播的法律法规体系

微传播的兴起和快速发展为广大微民表达自我、交换认知，寻求身份认同提供了便捷服务，但与此同时，微空间作为一种公共场域，充斥各种无底线传播、无规则传播、无原则传播，汇聚网络谣言、隐私侵犯、信息泄露等五花八门违法犯罪行为，这些问题容易激化社会矛盾，损害微民的合法权益，破坏网络秩序和公共利益，甚至威胁国家信息安全和政治安全。"依法治网"，尽快建立和完善微传播的法律法规体系已成为一项刻不容缓的任务。由于目前我国相关法律、法规建设不够完善，缺乏明确社会法规及政策的规范、治理，因而对社会主义核心价值观的传播也造成极为不利的影响。"一些敌对势力、持不同政见者或对社会不满者，往往利用微平台传播不实信息，传播扭曲的价值观和偏激观点，对社会稳定造成一定影响，冲击社会主义核心价值观的培育和社会主义建设。"[①] 毋庸讳言，联系我国社会主义核心价值观微传播法律法规建设现状，不仅有"无法可依"的问题，而且有"执法不严""司法不公"的问题。对此，应当从科学立法、严格执法、公正司法、全民守法等层面对微传播的渠道、内容、主体、受众，进行系统、规范的法律规范建设，从而健全社会主义核心价值观微传播的监管体系，依法加强网络信息保护，明确微民及运营单位在微传播中的法律责任，为社会主义核心价值观微传播打造一道过滤有害信息的防火墙，形成有利于培育践行社会主义核心价值观的法治环境。

第一，通过科学立法，完善社会主义核心价值观微传播法律法规。科学立法是切实保障和有效推进核心价值观微传播的必要前提。在维护信息

---

① 李文汇：《"微时代"核心价值观培育与践行路径》，《光明日报》2014年4月23日。

生态安全方面，中国现已划定了互联网管理机构的分工原则，建立了以工业和信息化部为行业主管部门，其他各职能部门分管各自专项领域的互联网管理体制。近年来，公安部、国务院新闻办公室、文化部、广电总局等部门从加强法制入手，相继出台了引领性政策和相关管理法规，为网络治理指明了清晰方向，为社会主义核心价值观传播营造了宽松、和谐的环境。具体包括《互联网新闻信息服务管理规定》《互联网 IP 地址备案管理办法》《电子签名法》《互联网论坛社区服务管理规定》《信息网络传播权保护条例》《互联网电子邮件服务管理办法》《互联网跟帖评论服务管理规定》《移动互联网应用程序信息服务管理规定》《互联网视听节目服务管理规定》《互联网著作权行政保护办法》等一整套被实践证明行之有效的管理法规，以及《中国互联网行业自律公约》《文明上网自律公约》等重要文件，涵盖网民的传播权、隐私权、知识产权等多种权利的保护。这些政策法规进一步拓宽了互联网的监管范围，明确了互联网的监管责任，提供了互联网的监管依据。

为全面治理新媒体发展中出现的新问题，中国政府密集出台了相关法规，较为有影响的主要有以下几部：《互联网信息服务管理办法》（2000 年国务院出台）、《关于办理利用信息网络实施诽谤等刑事案件适用法律若干问题的解释》（简称《两高解释》，2013 年由最高人民法院、最高人民检察院颁布）、《即时通信工具公众信息服务发展管理暂行规定》（2014 年网信办出台，简称"微信十条"），值得注意的是，2014 年 2 月 27 日，由习近平总书记担任组长的中央网络安全和信息化领导小组正式成立。2015 年微信公众平台推出《微信朋友圈使用规范》，2017 年 6 月实施的《网络安全法》第十二条规定，不得从事传播暴力、淫秽色情信息，编造、传播虚假信息扰乱经济秩序和社会秩序，以及侵害他人名誉、隐私、知识产权和其他合法权益等活动。2017 年 9 月 7 日，国家互联网信息办公室公布《互联网群组信息服务管理规定》（简称"群组新规"），2019 年 1 月 1 日，我国正式实施了《电子商务法》。总之，我国政府积极应对微媒体的迅猛发展，始终坚持以问题为导向，及时开展相关政策、法规的制定与推广，从"十条""微信十条""约谈十条"到"群组新规"等，立法进程相对较快，管控力度逐步加大，为净化微环境、畅通我国社会主义核心价值观微传播秩序扫清了障碍。

随着微传播技术的深入人心和用户规模的急速增长，我国迫切需要立法部门整体谋划，统筹兼顾，加快推进微传播相关立法工作的进程，建立健全社会主义核心价值观微传播的法律法规，并将依法治网纳入法治国家、法治政府、法治社会建设的全过程。首先，在平衡管理的基础之上，加速推进新法律、新法规的修订完善，颁布实行，将适用范围扩大，弥补管理不力造成的"法律漏洞"，提高微传播治理的法治化水平。尽管我国政府为保障网络安全，维护网络空间国家安全、社会公共利益，先后颁布了众多"微治理"的通知、法规，比如，《全国人大常委会关于加强网络信息保护的决定》（2012年）、《国务院关于授权国家互联网信息办公室负责互联网信息内容管理工作的通知》（2014年）、《国务院关于积极推行"互联网+"行动的指导意见》（2015年）、《中华人民共和国网络安全法》（2016年），这些法律法规力图为推进网络空间安全、信息发布推广保驾护航；但在具体的案件处理中，仍不能完全实现"有法可依"，原因在于一些现行法规责任认证、追究制度不够完善，未能真正发挥震慑的作用，给了一些网民"以身试法"的机会。建立完善核心价值观微传播的法律规制是确保国家网络安全与信息安全建设的内在要求。社会主义核心价值观微传播作为网络媒体传播的重要构成部分，理当纳入国家网络安全与信息安全的建设战略中来，服务服从于国家层面的网络建设战略实施。其次，加强对现有适用于社会主核心价值观微传播管理的法律法规的延伸和司法解释工作，严格规范信息传播制度。关于微传播，我国尚无独立的法律部门和针对性的法律法规来进行规制、调节，目前主要以宪法为最权威的依据，参照行政法、民商法、社会法、刑法等法律规范中对相关文化关系及互联网案例的管理规范进行具体法规制定。宪法仅对文化传播的国家责任、文化多样性的保护以及公民基本的文化权利等内容作出了原则性的规定。由于缺乏相应具体细分的法律法规，所以目前我国对微平台的版权维权存在一定盲区，直接导致微空间中信息抄袭、恶意营销、歪曲标题原意和篡改信息内容等侵权行为比比皆是。尤其是，在国内互联网日益普及"内容付费""知识付费"的背景下，各种盗版、盗播、抄袭"付费内容"的行为更为猖獗，难以禁绝。即便是著作权人、网络信息制作人、原创内容制作人有时也无力保护自己作品的版权。版权保护作为知识产权的重要组成部分，亟待解决。对此，要下大力气开展整顿工作，进一步廓清、界定侵权行为，保护内容创新和版权所有。最后，要真正落实社会主义核心价值观微传播相关企业的法律责任，加强相关企业内部自律机制的建设，强化用户的法律责任，全面推进手机实名制管理、网络域名和 IP 地址管理，真正做到信息传播有据可查、谁传播谁负责。同时还需要经常性对网络治理与监管的相关法律规定开展系统审查，对其中滞后的内容及时进行修正、补充、完善，确保做到有章可循、有据可查。

第二，通过严格执法与公正司法，依法严厉打击和惩处各种破坏、阻挠、妨碍社会主义核心价值观微传播的言行。严格执法、公正司法是切实保障和有效推进核心价值观微传播的关键所在。法律的生命力在于实施，实施的关键在于执法。当前我国对社会主义核心价值观微传播的管理办法和法律法规建设一直滞后于现实的发展需要。既存在"无法可依"的问题，又存在"执法不严""司法不公"的问题。近年来，我国在涉及微媒体类案件处理上，主要存在着相关法律法规实施艰难、起诉过程漫长、举证繁琐、维权成本极高而违法成本极低等突出问题。例如，微传播中的版权诉讼问题。传统媒体时代，版权诉讼案一般根据《侵权责任法》中第 36 条的规定，即网络服务提供者和网络用户按照各自侵权行为承担相应的侵权责任。

适用标准模糊,不太细化,不易操作,根本无法解决微传播环境下的侵权责任认定。因此,在2000年,《最高人民法院关于审理涉及计算机网络著作权纠纷案件适用法律若干问题的解释》,明确规定了网络转载报纸作品的问题;2006年,国务院又通过制定《信息网络传播权保护条例》对网络传播中的相关问题作了进一步的规定。在此基础之上,2014年《最高人民法院关于审理利用信息网络侵害人身权益民事纠纷案件适用法律若干问题的规定》虽然在许多方面又作了补充性规定,但仍未达到现实需求,存在界定模糊或界定过宽的问题,维权举证难,使许多执法人员无所适从。因此,某些微传播案件中存在执法不严、司法不公现象,增强了制度运行的阻力。坚持严格执法与公正司法,正是抓住了问题的关键。严格执法、公正司法是推进社会主义核心价值观微传播的一项关键环节,为此,一方面,要求执法者严格遵守宪法和法律,依照法定职权和程序,认定事实、适用法律、处理纠纷、解决争议、惩罚犯罪,严格纠正越权执法、违法执法、钓鱼执法、逐利执法,着力解决影响严格规范文明执法、公正司法的深层次问题,破解在社会主义核心价值观微传播过程中存在的体制性、机制性、保障性障碍。另一方面,我国微传播管理部门应该加大对社会主义核心价值观微传播的监管,依法严厉打击惩处传播不实信息、危害社会稳定的不法分子。建立综合治理协作机制,开发网络内容管理与审核的应用程序,将法律规定的内容和行业标准程序化、数据化、流程化,从运行机制、管理体系、追责机制、保障机制等方面着手,建立一套系统完善、科学合理的网络内容治理指令执行体系,努力提升内容管理的智能化水平,做到分级管理,分类实施,推行符合社会主义核心价值观的传播行为必定得到褒奖,反之,背离社会主义核心价值观的行为则必须受到制约和严惩,从而净化社会主义核心价值观传播的"微环境"。

第三,倡导全民守法,提升全民的法治思维。人人知法、全民守法是切实保障和有效推进核心价值观微传播的重要基石。面对新传播形态中的新伦理问题，亟待倡导全民自觉守法，使法治成为基本思维方式和个人习惯。微传播作为一种公共空间，由于各种传播数据不受时空限制，在信息场域中不同观点、价值和立场粉墨登场，诸如，鼓吹西方价值观的政治营销、危及国家安全的政治谣言、偏离主流意识形态的政治观点、摧毁个人理想信念的负面信息、诋毁党和国家形象的政治策划等，以上种种导致公众情绪极易被数据洪流诱导，产生价值误判，使局部事件上升演变为公共事件，如处理不好，可能陷入政治危机，甚至导致人亡政息。总之，今天的网络数据世界，已成为各种政治力量交锋、冲突和斗争的最前沿与主阵地。一些境外势力试图将网络世界当作"全球公域"，不断对我国进行渗透，一些境内不法分子也将网络数据视为"法外之地"，不断进行各种破坏活动。对此，要倡导全民守法。守法，即要求国家机关、企业事业单位、社会团体和公民个人，自觉服从法律法规，坚持依法办事，任何组织或者个人都必须在宪法和法律的范围内从事各种工作和活动，杜绝以权压法、以言代法、徇私枉法。为此，核心价值观微传播者要带头守法、依法传播，使法治思维成为个人的传播习惯和价值导向。一方面，要夯实社会主义意识形态的"红线"。警惕任何关于去意识形态、淡化意识形态或将意识形态工作边缘化的认识和做法，坚持以正面建设作为重中之重，不断壮大社会主义意识形态。另一方面，筑牢意识形态安全和文化安全的"底线"。深刻认识到西方反华势力的分化危险，多元思想文化对主流价值取向的侵蚀危险，网络负面信息对共同理想信念的蛊惑危险，要求全体网民守法守规，在保障网民的言论自由前提下规范发言限度，明确网络媒体人的各种底线，引导他们学会和习惯在理性和法治轨道内平衡利益、化解矛盾、处理纠纷，树立法治思维，维护法律权威，推进法治社会建设，共同维护社会主义核心价值观微传播的良好环境。

总之，随着微传播相关法律法规逐步细化与完善，随着受众法律素质的不断增强，从科学立法、严格执法、公正司法、全民守法等层面对微传播渠道、内容、主体、受众等进行严格规范，我国社会主义核心价值观微传播的失范失序现象必将逐渐得到整改，依法传播必将成为新媒体时代微传播场域的常态。

参考文献

一　中文部分

《马克思恩格斯文集》第一至十卷，人民出版社 2009 年版。

《马克思恩格斯选集》第一至四卷，人民出版社 2012 年版。

《毛泽东选集》第一至四卷，人民出版社 1991 年版。

《邓小平文选》第一至三卷，人民出版社第一、二卷 1994 年版，第三卷 1993 年版。

《江泽民文选》第一至三卷，人民出版社 2006 年版。

《习近平谈治国理政》第一、二、三卷，外文出版社 2018 年版、2017 年版、2020 年版。

中共中央宣传部编：《习近平总书记系列重要讲话读本》，学习出版社、人民出版社 2014 年版。

中共中央宣传部编：《习近平总书记系列重要讲话读本》，学习出版社、人民出版社 2016 年版。

中共中央宣传部理论局编：《世界社会主义五百年》，学习出版社、党建读物出版社 2014 年版。

艾四林、王明初主编：《社会主义主流意识形态与当今中国社会思潮》，人民出版社 2014 年版。

包永全：《政治、国家、民族之"三重认同"研究初探》，社会科学文献出版社 2014 年版。

常松：《微博舆论与公众情绪的互动》，社会科学文献出版社 2018 年版。

樊浩等：《中国大众意识形态报告》，中国社会科学出版社 2012 年版。

冯刚、沈壮海主编：《中国大学生思想政治教育发展报告》，北京师范大学出版社 2013 年版。

韩喜平、吴宏政主编：《国家核心价值与公民文化研究》，吉林大学出版社 2010 年版。

贺亚兰：《社会主义核心价值观若干重大理论与现实问题》，人民出版社 2016 年版。

黄楚新：《新媒体：微传播与融媒发展》，人民日报出版社 2018 年版。

焦德武、马玉春、贾雪枫：《微博情绪表达与舆论治理研究》，北京师范大学出版社 2018 年版。

荆学民：《政治传播活动论》，中国社会科学出版社 2014 年版。

荆学民：《中国政治传播策论》，中国传媒大学出版社 2017 年版。

李亚员：《社会主义核心价值体系引领大学生思潮研究》，人民出版社 2015 年版。

李彦冰：《政治的微传播研究》，中国传媒大学出版社 2017 年版。

李忠军：《意识形态安全与大学生政治价值观研究》，东北师范大学出版社 2015 年版。

刘建军：《当代中国政治思潮》，复旦大学出版社 2010 年版。

刘志明主编：《中国微传播指数报告（2018）》，中国社会科学出版社 2018 年版。

鲁宽民、姚鑫宇、易鹏：《网络时代社会主义核心价值观教育实效性研究》，中国社会科学出版社 2016 年版。

罗幸主编:《微时代的口语传播》,中国传媒大学出版社 2017 年版。

骆郁廷:《精神动力论》,武汉大学出版社 2003 年版。

梅宁华、支庭荣主编:《中国媒体融合发展报告(2019)》,社会科学文献出版社 2019 年版。

秦在东:《社会主义精神质量:逻辑关联与价值转换》,华中师范大学出版社 2010 年版。

佘双好等:《当代社会思潮对高校师生的影响及对策研究》,中央编译出版社 2012 年版。

沈卫星:《社会主义核心价值体系认同面临的挑战与应对》,学习出版社 2016 年版。

史卫民、周庆智等:《政治认同与危机压力》,中国社会科学出版社 2014 年版。

孙林主编:《培育和践行社会主义核心价值观案例解析》,中共中央党校出版社 2014 年版。

孙详飞:《2020 媒介热点透析与前瞻》,人民日报出版社 2019 年版。

王金水:《网络政治参与与政治稳定机制研究》,中国社会科学出版社 2013 年版。

吴潜涛、艾四林主编:《社会主义核心价值观研究前沿问题聚焦——社会主义核心价值观协同创新上海峰会文萃》,人民出版社 2018 年版。

吴玉军等:《现代性语境下的认同问题》,中国社会科学出版社 2012 年版。

夏建国:《和谐社会的实践基础研究》,武汉大学出版社 2013 年版。

相德宝:《自媒体时代中国对外传播能力建设》,人民日报出版社 2013 年版。

严宏伟:《微媒体舆论引导:策略、方法、案例》,国家行政学院出版社 2013 年版。

杨中举、公衍梅、路双:《微传播研究》,西安交通大学出版社 2016 年版。

张海涛、闫奕文:《政务微信信息传播机理及效果评价》,中国书籍出版社2019年版。

张铭:《政治价值体系建构:理论、历史与方法》,社会科学文献出版社2012年版。

赵莉:《中国网络社群政治参与:政治传播学的视角》,中国广播电视出版社2011年版。

赵壮道:《社会主义核心价值观的文化基因》,中国社会科学出版社2018年版。

郑爱龙:《网络社会与社会主义核心价值观认同》,安徽师范大学出版社2016年版。

郑洁:《网络媒体传播社会主义核心价值观研究》,中国社会科学出版社2012年版。

中共辽宁省委宣传部编:《指尖上的正能量——"郭明义微博"现象解析》,人民出版社2014年版。

周小华:《基于新媒体技术的马克思主义传播》,国家行政学院出版社2012年版。

二 译著部分

[法]阿芒·马特拉、米歇尔·马特拉:《传播学简史》,孙五三译,中国人民大学出版社2008年版。

[美]艾伯特-拉格斯·巴拉巴西:《爆发》,马慧译,中国人民大学出版社2012年版。

[美]彼得·卡赞斯坦主编:《国家安全的文化:世界政治中的规范与认同》,宋伟、刘铁娃译,北京大学出版社2009年版。

［英］布赖恩·麦克奈尔：《政治传播学引论》，殷祺译，新华出版社 2005 年版。

［英］戴维·莫利、凯文·罗宾斯：《认同的空间：全球媒介、电子世界景观和文化边界》，司艳译，南京大学出版社 2001 年版。

［英］丹尼斯·麦奎尔、［瑞典］斯文·温德尔：《大众传播模式论》，祝建华译，上海译文出版社 2008 年版。

［美］道德拉斯·凯尔纳：《媒体文化：介于现代与后现代之间的文化研究、认同性与政治》，丁宁译，商务出版社 2013 年版。

［美］弗雷德里克·S. 西伯特、西奥多·彼得森、威尔伯·施拉姆：《传媒的四种理论》，戴鑫译，中国人民大学出版社 2008 年版。

［日］加藤节：《政治与人》，唐士其译，北京大学出版社 2003 年版。

［英］杰弗里·托马斯：《政治哲学导论》，顾肃、刘雪梅译，中国人民大学出版社 2006 年版。

［美］迈克尔·G. 罗斯金：《政治科学》，林震等译，中国人民大学出版社 2014 年版。

［美］曼纽尔·卡斯特：《认同的力量》，曹荣湘译，社会科学文献出版社 2006 年版。

［法］让－马克·夸克：《合法性与政治》，佟心平、王远飞译，中央编译出版社 2002 年版。

［法］托克维尔：《论美国的民主》（上、下卷），董果良译，商务印书馆 2017 年版。

［美］威廉·G. 鲍恩：《数字时代的大学：拆掉常青藤的围墙》，欧阳淑铭、石雨晴译，中信出版社 2014 年版。

［英］维克托·迈尔－舍恩伯格、肯尼思·库克耶：《大数据时代》，盛杨燕、周涛译，浙江人民出版社 2013 年版。

［美］Werner J. Severin/James W. Tankard, Jr. ：《传播理论：起源、方法与

应用》，郭镇之主译，中国传媒大学出版社 2006 年版。

［美］约翰·帕夫利克：《新媒体技术：文化和商业前景》，周勇等译，清华大学出版社 2005 年版。

［美］詹姆斯·格雷克：《信息简史》，高博译，人民邮电出版社 2013 年版。

三　期刊资料

陈文旭、舒高磊：《当代美国媒体变革与核心价值观传播》，《南开学报》（哲学与社会科学版）2019 年第 2 期。

陈秀荣：《自媒体时代社会主义核心价值观的自我教育》，《学校党建与思想教育》2019 年第 16 期。

邓海林：《新时代网络空间治理及其文化秩序建构》，《江海学刊》2019 年第 3 期。

黄鸿业：《智能媒体：价值观传播的新阵地》，《青年记者》2019 年第 20 期。

李敬煊、范伟：《"互联网＋"环境下社会主义核心价值观的传播新生态探析》，《学校党建与思想教育》2019 年第 8 期。

李林英、卢鑫：《新时代网络空间价值观传播问题及其治理》，《思想教育研究》2019 年第 12 期。

孟燕、张健：《微媒体传播下大学生社会主义核心价值观培育路径》，《理论导刊》2018 年第 8 期。

孙立伟：《新媒体视域下社会主义核心价值观的传播主体研究》，《中国青年社会科学》2018 年第 5 期。

唐亚阳、黄蓉：《抖音短视频与社会主义核心价值观的融合共生：价值、矛盾与实现》，《湖南大学学报》（社会科学版）2019 年第 4 期。

王冬云:《社会主义核心价值观阐释与传播话语的价值探究》,《延边大学学报》(社会科学版)2019年第6期。

魏楠:《活用微媒体传播社会主义核心价值观》,《青年记者》2018年第21期。

吴宏政、辛欣:《"价值观先导"在解决社会矛盾中的基本功能》,《马克思主义理论学科研究》2019年第3期。

薛一飞、邢海晶:《社会主义核心价值观大众传播的现实情境与未来走向》,《马克思主义研究》2018年第9期。

杨宏伟:《国家仪式:传播社会主义核心价值观的有效载体》,《思想理论教育导刊》2015年第5期。

叶海涛、方正:《社会主义核心价值观新媒体传播研究述评》,《四川理工学院学报》(社会科学版)2018年第5期。

原黎黎、武玥:《社会主义核心价值观的"微"传播失序及其控制》,《河北大学学报》(哲学社会科学版)2016年第1期。

赵圣熠:《如何提升核心价值观的传播效果》,《人民论坛》2018年第27期。

钟键:《流行语的传播生态与价值引领》,《人民论坛》2019年第24期。

朱莉涛、陈延斌:《社会主义核心价值观传播体制机制论略》,《马克思主义理论学科研究》2019年第1期。

后 记

本书系本人主持的国家社科基金一般项目"社会主义核心价值观的微传播研究"（项目批准号：16BKS120）的最终研究成果，项目历经4年研究时间，经课题组成员通力协作、艰苦奋斗，以良好成绩顺利通过结项。

"忆往昔峥嵘岁月稠"，回望近年来研究历程，我感慨万千。2015年1月，首次申报的中国博士后科学基金面上资助项目未能获得立项，我甚感伤心、失望。但这也逼迫我不得不积极尝试申报其他课题，不得不反观内心、请教高手、探索创新。幸运的是，我得到博士后合作导师秦在东教授点拨，要我走出"宏大叙事"的研究范式，尝试"具体而微"的逻辑推演，着眼于"落地、落细、落实"的谋篇思考；也得到了身边诸多专家指导，要我在深入经典理论研究的同时，紧跟信息时代发展，努力解决时代焦点、痛点、难点问题。这些点拨指导，使我顿悟，开启了对学术研究的新视角之思、新探索之旅。在实践—学习—实践的循环反复中，我先后幸运地成功立项了中国博士后科学基金第58批面上（二等）资助项目、中国博士后科学基金第九批特别资助项目、国家社科基金一般项目。这三个项目都立足"微"的独特视角，聚焦政治认同、社会主义核心价值观等问题，注重运用系统思维、整体思维、底线思维和倒逼思维的合力引擎，整合微时代、微定位、微载体、微传播、微路径、微评估、微关怀等研究要素，试图实现研究内容和方法上的创新、突破。

近年来，伴随着微博、微信、微视频、穿戴媒体等微媒体的迅猛发展，社交媒体传播逐步深入人心，联结了不同的社会群体，引起了各界的广泛关注，这一定程度上激发不同行业的探索兴趣和研究热情，掀起了从不同视角探究社交媒体与社会核心价值观传播的热潮，基本奠定了社会主义核心价值观微传播研究的概念范畴和理论基础，为本书的研究提供了很好的学习借鉴和学术积累，开启了研究思路。然而，已有成果结合时代特征对社会主义核心价值观微传播的系统深入解析不够，对"星星之火、可以燎原"的微力量作用认识还不够深刻，对微媒体技术的颠覆性认识还不足，对微传播分众化、精准化等特征、规律研究不够深入。有鉴于此，本书对社会主义核心价值观的微传播研究进行了初步尝试，寄希望于日后有更多的高水平学者进行更为系统、更为深入的思考和研究，借助精准化的小众传播模式，实现"以小搏大""以微见著"的传播效果，使践行社会主义核心价值观成为全社会的思想自觉、行为自觉，使社会主义核心价值观对内凝聚强大力量，助力实现中华民族伟大复兴"中国梦"；对外展示中国崇尚和平、谋求合作共赢的大国价值取向，进而推动建构新型国际关系和人类命运共同体。

本书的宏观架构得到了华中师范大学秦在东教授、刘宏达教授的指导和帮助。本书的具体内容研究得到了武汉城市学院姜红明教授、武汉大学夏建国教授、湖南省衡阳市社科联邹燕矫副主席、华中师范大学文学院徐福刚老师、湖北警官学院曹礼海教授、周贵卯教授、罗丽娅老师、李琼博士和杨丽丽老师的支持。本书第四章所涉及的调研模型设计、统计分析工作由武汉城市学院姜红明教授、武汉理工大学理学院吴绪权副教授承担，并得到空军预警学院秦清副教授修正。在此一并表示深深的谢意。

感谢湖北长江报刊传媒（集团）有限公司谢成宇副总经理，为本书的出版提出了很多宝贵的意见建议，给予了很大的帮助。感谢武汉市公安局治安管理支队王小勇警官、十堰市公安局王志刚警官提供的实践经验和热情帮助。

感谢我的先生、父母、亲人、同事和所有在工作、生活中给予我无私帮助的朋友们,没有你们的大力支持,我是难以完成本书的。

最后,衷心感谢负责本书编辑出版的中国社会科学出版社的乔镜蕙编辑和其他为本书出版做了大量组织和协调工作的同志们。

徐　霞

2021 年 10 月 26 日于武汉